This Naked Mind
Control Alcohol, Find Freedom,
Discover Happiness & Change Your Life

벌거벗은 마음

알코올중독에서 벗어나
인생의 자유와 행복 찾기

Annie Grace 저

김성재 · 박경은 · 주세진 공역

학지사

역자 서문

이 책은 애니 그레이스(Annie Grace)가 알코올중독과 회복 과정에 대해 자신의 경험으로부터 깨닫게 된 내용을 쓴 『This Naked Mind』를 번역한 것이다.

국내에 출판된 다양한 알코올중독과 회복 과정에 대한 책이 있음에도 불구하고 이 책을 번역하게 된 이유는, 이 책의 저자가 글로벌 마케팅 분야에서 최고의 역량을 발휘하면서 눈부신 실적을 쌓아 가던 30대 중반의 한창나이에 알코올중독과 회복 과정으로부터 깨닫게 된 내용을 매우 현실적으로 제시하고 있기 때문이다. 그렇다고 저자가 겪은 개인적 경험을 서사적으로 다룬 수필은 아니다. 이 책은 현대 뇌과학적인 전문 지식과 신뢰할 만한 통계 자료뿐 아니라 인간 행동에 관한 다양한 심리학 이론을 근거로 하여, 술에 중독되는 과정을 체계적이고 이론적으로 설명하고 있다. 특히 저자는 마케팅 실무에서 일했던 전문가의 관점에서 알코올중독에 영향을 미치는 사회문화적 측면을 조망하면서, 현대 주류산업의 마케팅 홍보 전략이 어떻게 일반 대중의 무의식적 심리를 이용하는지 고발하고 있다.

이 책은 책 제목『벌거벗은 마음(This Naked Mind)』을 시작과 마지막 부분인 1장과 21장에 배치하고 있다. 이는 저자가 첫 잔을 시작한 이후부터 마지막으로 알코올을 떠나보내는 시간까지를 반추하면서 술을 마셔 본 적이 없었던, 술에 중독된 적이 없었던 참다운 자신을 되찾을 수 있게 된다는 의미로 해석된다. 특히 여덟 개의 '경계에서 생각하기(Liminal Points)'는 우리 사회가 알코올에 대해 가지는 통념과 긍정적인 기대를 술의 진실과 각자의 경험에 비추어 생각할 수 있도록 내용이 구성되어 있다. 그리고 저자 자신이 알코올중독에서 빠져나와 회복의 여정을 가는 데에 든든한 힘이 되어 주었던 과학적인 근거들이 포함되어 있다.

이 책의 저자 애니 그레이스는 자신의 경험을 통해 처음부터 마지막까지 두 가지를 지속적으로 주장하고 있다. 첫째, '단주를 하면서 모든 것이 처음보다 훨씬 유리해졌다'는 것이다. 이제는 알코올중독을 경험해 봤고, 알코올이 얼마나 비열하고 음흉한지를 알며, 술의 폐해를 직접 보았기 때문에 술을 마시지 않는 사람이 전혀 알지 못하는 관점도 가지고 있다. 이전보다 더욱 강해져 낙인이 아닌 훈장을 받을 자격이 있을 정도로 자신만만하게 살아갈 수 있게 된 것이다. 이제 술의 참혹함에 맞서는 경험적인 보호 갑옷의 방패를 가지게 된 것이다. 그렇기에 이 책의 사명은 이 사회가 술을 바라보는 시각을 바꾸고, 진실을 밝히며, 가야 할 방향을 바꿀 수 있는 방법을 제공하는 것이라고 당당히 외치고 있다. 둘째, '알코올중독은 사람들을 구분하지 않는다'는 것이다. 누구라도 지속적으로 술을 마시면 알코올중독자가 될 수 있다고 강력하게 경고하고 있다. 그러나 알코올에 중독되는 데 관여하는 의식적 · 무의식적 과정을 이해하고 이를 명확하게 알아차리게 되면, '나는 술을 마시지 않겠다'가 아니라 '나는 술을 마실 필요가 없다'는 자기통제력을 되찾을 수 있다는 희망의 메시지도 반복적으로 강조하고 있다.

우리는 2019년 6월 첫 모임에서 만나 번역 지침을 정한 이후에 2020년 9월 말 최종 편집회의를 할 때까지 총 다섯 차례 회의와 세 차례 편집회의를 가졌다. 그 과정 중에 COVID-19로 인해 회의를 취소하기도 했지만, 전화와 이메일 그리고 SNS 등을 이용하여 여러 가지 논의와 결정을 이어 나갔다. 특히 적합한 우리말 용어 한 가지를 결정하는 데에도 장시간의 논의가 필요했을 만큼 역자들의 알코올중독 회복에 대한 애정은 깊었다. 이 책이 알코올중독 회복에 현실적인 도움이 될 것이라는 역자들의 믿음은 검독 과정과 교정 작업까지 지속적으로 이어졌다. 전문가의 열정과 중독 회복에 대한 공감을 나누면서 공유했던 건강한 에너지가 이 책을 읽는 알코올중독자와 그의 가족 그리고 중독 전문가들에게 전해지기를 바라는 마음이다.

원저에는 미국의 음주 문화와 실태에 대한 내용이 많이 포함되어 있다. 역자들은 알코올중독과 회복에 대한 세계적인 사회문화적 특성을 이해할 수 있는 기회라고 판단하여 이 내용을 그대로 충실하게 번역하였다. 단, 우리에게 친숙한 표현으로 가능한 한 매끄럽고 쉽게 번역하려고 최선을 다했으나 여전히 미흡하다는 아쉬움이 크다. 그래도 중독에 대한 관심을 바탕으로 마음을 모아 작업한 이 역서가 여성 알코올중독자를 포함한 모든 알코올중독자로부터 전국적으로 회복 운동을 촉진하여 수천, 수만 명의 사람이 알코올과의 관계를 영원히 바꿀 수 있기를 기대한다.

끝으로, 이 역서의 편찬을 지원해 주신 학지사의 김진환 사장님께 감사드리며, 책이 나오도록 애써 주신 출판사 관계자분께 고마움을 전한다.

2021년 2월
역자 일동

새벽 3시 33분. 매일 같은 시간에 잠에서 깬다. 혹시 무슨 이유가 있는 건 아닌지 잠시 생각해 본다. '아마 아무것도 아닐 거야. 그냥 우연의 일치일 거야.' 나는 그다음에 무슨 일이 일어날지 알고 있기에 스스로 마음을 다잡는다. 이젠 일상이 되어 버린 생각들이 떠오르기 시작한다. 전날 저녁을 기억해 내면서 얼마나 술을 마셨는지 세어 보려고 애를 쓴다. 포도주를 다섯 잔까지 마셨고, 그다음부터는 기억이 흐릿하다. 몇 잔 더 마셨다는 건 알지만 셀 수가 없다. 어떻게 술을 그렇게 많이 마실 수 있는지 의아할 뿐이다. 이렇게 계속 지낼 수 없다는 걸 안다. 두려움과 자기질책으로 가득한 생각이 이어지면서 내 건강에 대해 걱정하기 시작한다. '도대체 생각이 있는 거니? 무슨 짓을 하고 있는 거야? 이러다 암에라도 걸리면 어떻게 하려고? 그게 나을지도 몰라. 그럼 아이들은? 아이들을 위해 멈추어야 하지 않을까? 아니, 브라이언(Brian)을 위해서라도? 가족은 날 사랑하잖아. 가족은 날 무조건 사랑한다고. 그런데 넌 왜 그렇게 나약하니? 왜 그렇게 멍청하니?' 내가 얼마나 깊은 나락으로 떨어지고 있는지 그 끔찍함을 스스로 알 수 있다면 통제력을 되찾을 수 있을 텐데. 그다음으로 이걸 바로잡기 위해서 내일은 오늘과 다르게 살겠다고 나 자신에게 약속한다. 결코 지킬 수 없는 약속을 한다.

그렇게 나는 한 시간 정도 깨어 있는데, 울기도 하고 너무 역겨워 분노에 찰 때도 있다. 결국 마지막에는 부엌으로 몰래 들어가 술을 더 마신다. 그저 뇌를 정지시킬 수 있을 정도의 술을 마시면 다시 잠이 들고 고통도 멈춘다.

이른 새벽은 내가 술을 너무 많이 마셔서 변화가 필요하다는 것을 인정하며 나 자신에게 정직해지는 유일한 시간이다. 이 시간은 매일 반복되는 하루 중에서 최악의 시간이다. 그러나 다음 날이면 마치 기억상실증에 걸린 것처럼 행복한 사람으로 되돌아간다. 이 비참함을 어떻게 해야 하는지 알 수 없어서 그냥 무시해 버린다. 만약 누군가 나에게 술 마시는 것에 대해 묻는다면 "술을 좋아해요." "술을 마시면 편안해지고 삶이 즐거워지거든요."라고 말할 것이다. 누군가 나와 함께 술을 마시지 않으려 한다면 매우 놀라 "도대체 왜 술을 안 마셔?" 하고 의아해진다. 낮에는 성공한 삶을 사느라 너무 바빠서 술을 자제하는 것 같다. 내가 얼마나 술을 마시는지 겉보기에는 확인이 전혀 불가능하다. 너무 바쁘기 때문에 스스로에 대한 정직함, 질문 그리고 어겨 버린 약속들에 신경 쓸 겨를이 없다. 그러나 저녁이 되면 다시 술을 마시기 시작하면서 같은 상황이 매일 반복된다. 자제력을 완전히 잃어버린다. 용기를 갖고 '난 알코올에 무력해'를 인정할 수 있는 유일한 시간은 혼자 남겨진 어두움 속, 새벽 3시뿐이다.

정말 끔찍하다. 나에게 문제가 있는 거라면? 내가 알코올중독자라면? 내가 정상이 아니라면? 그리고 가장 끔찍한 것은 만약 내가 술을 끊어야 한다면? 내 자존심이 나를 죽일까 봐 걱정이 된다. 알코올중독자라는 오명을 절대로 달고 싶지 않는데, 특히 수치심과 낙인이 가장 두렵다. 혹시 병들어 술을 끊고 비참하게 살아갈지, 술을 마시면서 좀 더 일찍 죽을지를 선택해야 한다면 나는 후자를 선택할 것이다. 소름 끼치지만 사실이다.

이런 내게 감옥에서 지냈던 남동생이 A.A.를 알려 주었다. 미국의 감옥에는 단주 모임(익명의 알코올중독자들 모임, Alcoholics Anonymous: A.A.)이 있는데, 그곳에서는 자신을 알코올 앞에서 무력한 알코올중독자라 시인하는 것으로 모든 모임을 시작한다고 했다. A.A.에 참석하는 사람들은 알코올중독을 치료 불가능한 치명적인 질병이라고 믿는다고 했다. 또한 술을 다시 마셔 평화를 찾기보다 매일 단주하기 위해 투쟁하는, 스스로를 알코올중독자라고 자처하는 사람들을 몇 명 안다. 그런데 우리 문화에서 술 없이 살아간다는 건 비참해 보인다. 마치 유혹을 피하면서 삶을 살아가는 것처럼 말이다. 회복을 한다면서 '이렇게 사는 게 낫지'라고 수긍하고 뭔가 빠져 버린 현실에 적응하는 것 같다.

회복이라는 이름으로 술에게 더 많은 힘을 실어 주는데, 특히 나는 더 그랬다. 나는 술로부터 자유롭고 싶었다. 술이 내게 무언가를 주기보다 내게서 더 많은 것을 빼앗고 있음이 분명해졌다. 술이 내게 더 큰 권한을 행사하기 전에 내 삶과는 관련 없는 것, 소소한 것으로 만들고 싶었다. 나는 변화를 원했고, 방법을 찾기 시작했다. 그리고 마침내 찾았다.

이제 나는 자유를 얻었다. 다시 통제력을 갖게 되었고 자존감도 되찾았다. 특히 술과 더 이상 싸우지 않는다. 내가 원하면 언제든지 마시고 싶은 만큼 술을 마신다. 더 정확하게 말하면 술을 마시고 싶은 마음이 전혀 없다. 이제 술이 중독 물질이라는 것과 내가 중독되어 있었다는 것을 알았다. 그런데 진짜 내가 중독자일까? 꼭 그렇지만은 않다. 오늘날 우리 음주 사회에서 술을 마신다고 모두가 중독되는 것은 아니다. 알코올이 니코틴, 코카인, 헤로인과 같은 위험하고 중독성이 있는 마약임을 인정한다는 것은 중대한 의미를 지닌다. 그래서 우리 자신도 온갖 난해한 이론으로 혼란스러운 것이다.

나는 지금 너무도 행복하다. 그 어느 때보다도 더 재미있게 지내고 있다. 정신을 바짝 차리면서 술이 내 삶을 윤택하게 만들기보다는 나의 감각을 무디게 하고 나를 함정에 빠뜨린다는 것을 깨달은 것 같다. 변화된 내 모습을 믿기 어려워한다는 걸 안다. 그래도 괜찮다. 당신에게 내가 누리는 자유와 기쁨 그리고 술에 대한 통제력을 함께 나누고 싶다. 내가 경험한 여정─신경과학과 사실과 논리의 여정─에 함께하기를 원한다. 그것은 당신을 무력하게 만들기보다 힘을 주는 여정이다. 박탈의 고통이 수반되지 않는 여정이다.

나는 당신이 가진 음주에 대한 욕구를 제거하여 다시 통제력을 되찾도록 할 수 있다. 그러나 미리 경고할 게 있다. 술에 대한 자신의 욕구를 없애는 것은 오히려 쉽다. 어려운 것은 집단적 생각, 즉 알코올이 만연한 문화의 집단 사고방식을 거스르는 것이다. 결론적으로 말해서, 술은 정당한 이유를 들어서 절대 마시지 말아야 하는 지구상의 유일한 마약이다.

전문가들은 술을 끊는 데 수개월, 심지어 수년이 걸린다고 말한다. 즉, 우리는 알코올중독이라는 수수께끼를 풀어야 한다. 그런데 전혀 풀리지 않아 미칠 것 같고, 어쩌면 영원히 풀어야 할지도 모른다. 하지만 누군가가 답을 준다면 힘들이지 않고 수수께끼를 풀 수 있다. 이 책이 우리가 찾고 있는 답이 되기를 바란다.

나는 이 책에서 상식에 기초한 교육과 깨달음의 관점 그리고 심리학 및 신경과학 분야의 최신의 통찰력을 제공하고자 한다. 그 결과, 우리 모두 술과의 관계를 영원히 바꿀 수 있는 힘을 얻고 기쁨을 누리게 된다. 단, '우리가 찾고 있는 것은 목적지가 아닌 여정 중에 있다'는 것을 절대로 잊지 말아야 한다.

최선을 다해
애니 그레이스

차례

13

들어가면서

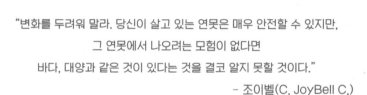

"변화를 두려워 말라. 당신이 살고 있는 연못은 매우 안전할 수 있지만,
그 연못에서 나오려는 모험이 없다면
바다, 대양과 같은 것이 있다는 것을 결코 알지 못할 것이다."
                                                    - 조이벨(C. JoyBell C.)

　만약 당신이 술에 길들여져 온 수년간의 무의식적 훈련을 되돌려 술을 마시지 않는 사람으로 돌아가게 된다면 어떨까? 회복 중이거나 단주 중인 알코올중독자가 아니라 진짜 술을 마시지 않는 사람, 술병을 들어 본 적조차 없는 사람으로 말이다. 글쎄, 그럴 수도 있다. 이 책이 끝날 때쯤이면 술의 장단점을 자유롭게 따져 보고, 감정적이거나 비논리적인 갈망 없이 자신의 삶 속에서 술이 차지하는 역할을 결정할 수 있게 된다. 의무나 강요에 의해서가 아니라 온전히 스스로 자유롭게 결정했기 때문에 자신의 선택에 대해 행복해할 것이다. 술을 마시고 싶은 욕구는 사라질 테니 무엇을 선택하든지 놓치고 있다는 느낌을 갖지 않게 된다. 술을 갈망하지도 않고, 술이 자신을 유혹할 것이라는 두려움 때문에 사람들과 함께하는 자리를 피하는 일도 없어진다. 욕구가 없으면 유혹도 없다. 중요한 것은 자신을 병든 사람 혹은 무력한 사람으로 취급하지 않게 된다는 것이다.

이 책은 심리학적으로, 신경학적으로 술을 마시는 이유에 대해 알려 줌으로써 생각을 변화 시키는 데 도움을 줄 것이다. 당신은 이미 자신이 왜 술을 마시는지 알고 있다고 믿을지도 모른다. 스트레스를 해소하기 위해, 사회생활을 위해, 혹은 파티 분위기를 띄우기 위해서 말이다. 그러나 이런 이유는 술을 마시는 것에 대한 합리화일 뿐이며, 실제로는 파악하기 어려운 무의식적인 더 많은 이유 때문에 술을 마신다. 드러나지 않는 무의식적 이유를 이해하면 다시 통제력을 되찾을 수 있게 되고, 그간의 혼란이 제거되며 비참함도 제거 가능해진다. 하지만 우선적으로 수십 년 동안 술에 길들여 왔던 무의식적 훈련을 돌이켜서 훈련 전의 상태로 되돌아가야 한다.

그리고 술을 끊으려다 실패했던 경험들처럼 과거에 고군분투했지만 성공하지 못했던 일들로 자신을 질책하는 행동은 하지 말아야 한다. 역효과를 초래할 뿐이다. 술을 절제하지 못하는 사람이 의지가 약하다고 생각하는 것도 큰 오해이다. 내 경험으로 볼 때, 술꾼들은 보통 아주 강하고, 매우 똑똑하며, 가장 성공한 사람들이었다. 술을 마시거나 마시고 싶어 한다고 해서 자신을 나약하게 취급하는 것은 옳지 않다. 믿기 힘들겠지만 술의 양을 조절하지 못하는 것은 나약함의 표시가 아니다. 그러니 지금 당장 어떠한 자기혐오도 멈추자.

혹시 '술을 더 적게 마셔야 박탈감을 갖지 않게 된다고? 믿을 수 없어'라고 생각할지도 모른다. 나도 그랬듯이 술을 적게 마셔야 한다는 생각이 자신을 두렵게 한다. 그리고 파티와 사교 모임이 지루해지고 참석하기가 어려워질 것을 걱정한다. 만약 스트레스를 해소하기 위해 술을 마신다면, 술이 주는 부가적인 도움을 잃는다는 생각에 무서울 수 있다. 하지만 술을 적게 마셔야 박탈감을 갖지 않게 된다는 것은 사실이다. 그래야 힘들이지 않고 술을 덜 마실 수 있고 이로 인해 행복해질 수 있다. 이 얼마나 인생을 변화시키는 행복한 경험인가! 친구들을 만나 술집에 간다 해도, 자신이 술을 입에 한 방울도 대지 않을 것을 알기 때문에 무척 신이 난다.

술을 적게 마신다는 것이 술을 마시지 않는다는 것을 의미할까? 영원히 술을 끊어야 할까? 그것은 선택하기 나름이다. 하지만 음주 사이클의 모든 측면을 탐구하면 자신에게 규칙을 강요하기보다 통제권을 되찾고 정보에 근거하여 스스로 결정을 내릴 수 있게 된다. 지금 당장은 술을 얼마나 마셔야 하는지, 얼마나 자주 마실지 결정하는 것에 대해 걱정하지 말라. 이 순간 중요한 것은 자신에게 희망이 있다는 것이다. 술을 적게 마시는 것은 실현 가능하고 효과가 있음을 알아야 한다. 그리고 마침내 술의 손아귀에서 벗어나게 된다.

어쩌면 당신은 저자인 내가 당신의 상황을, 당신이 어떻게 술에 의존하게 되었는지를 잘 모른다고 생각할 수 있다. 수년 동안 엄청나게 술을 마셔 온 당신에게 이러한 나의 주장들이 터무니없어 보일지 모른다. 그래도 괜찮다. 그렇게 의심한다 해도 결과는 크게 달라지지 않을 테니까 말이다.

당신이 이 책을 어떤 이유에서 읽게 되었든, 앞으로 오로지 좋은 소식만을 접하게 될 것이다. 각 페이지의 내용을 읽고 비판적으로 검토하고 흡수한다면, 박탈감을 느끼지 않으면서 술과의 관계를 끊거나 줄이는 영감을 받고, 자신의 결정에 대해 행복감과 기쁨을 느끼게 된다. 통제력을 되찾고, 자신의 인생에서 술의 위치를 의식적이고 논리적이며 사실에 근거하여 선택 할 수 있는 힘을 갖게 된다. 그러기 위해 이 책을 하루에 한두 장(chapter)씩 읽기를 권장한다. 추진력을 가지고 진행하되 책의 내용을 흡수할 수 있는 충분한 시간을 갖기를 바란다.

설사 지금 술을 마시고 있어도 그 일상을 그대로 유지하라. 맞다. 잘못 들은 게 아니다. 책을 읽는 동안에 계속해서 술을 마셔도 된다. 납득이 잘 안 될 수도 있겠지만, 술 마시는 일상을 바꾸지 않는 것이 중요하다는 걸 알게 될 것이다. 물론 지금 술을 끊은 상태라면 술을 다시 마실 필요는 없으며 술을 다시 마시라는 게 아니다. 중요한 것은 이 책의 정보를 흡수하려 노력하는 동안 자신의 일상을 유지하면서 스트레스를 적게 받고 박탈감을 갖지 않아야 한다는 것이다. 이 책 『벌거벗은 마음』이 무엇을 보여 주려는지 집중하고 비판적으로 고려할 필요가 있다. 그러나 가능하다면 그 내용을 완전히 이해하기 위해서 맑은 정신으로 책을 읽는 것이 중요하다. 그리고 읽고 싶은 것만 읽거나 띄엄띄엄 읽지 말아야 한다. 왜냐하면 책 속에 담긴 개념들은 그 개념들 자체에 기초하여 전개되기 때문이다. 분명 이 책은 당신에게 도전장을 내놓게 될 것이다. 부디 기꺼이 마음을 열고 오랫동안 지켜 온 믿음에 의문을 품어 보기 바란다.

마지막으로, 희망을 가지자. 이제 당신은 통제력을 되찾는 놀라운 것을 이루게 된다. 아직 통제력을 되찾은 건 아니지만 지금이라도 통제력을 되찾은 자신을 충분히 기대하고 기뻐해도 된다. 그리고 책을 읽는 동안 긍정적인 마음을 유지하기 위해 최선을 다해야 한다. 일반적으로 변화는 현재 상황이 너무 힘들어 바꾸어야 한다고 희망할 때 발생한다. 단, 미래가 어떨지 전혀 몰라야 변화가 가능하다. 그러나 술을 끊으면 자신의 삶이 고통스럽고 심지어 무섭다고 여기기 때문에 변화를 계속해서 미루게 되는 것이다. 나는 자신의 음주 습관을 어떻게 바꿔야 전혀 고통스럽지 않으면서 그 대신 상상 이상으로 자신의 삶을 즐길 수 있는지 보여 주려한다. 이런 접근 방식으로, 속담에 나오는 불타는 플랫폼(burning platform)에 매달리지 않아도 된다. 두 가지 불행, 즉 '계속 술을 마신다'와 '박탈감의 삶을 살아야 한다' 중에서 하나를 선택할 필요는 없다. 그 대신 '자신의 현재'와 '밝고 신나는 미래' 중에서 선택하면 된다. 자신에게 희망을 갖는 것은 좋은 일이며, 오히려 격려할 일이다. 이 책의 혁명적인 접근법에 따라 삶이 더 나은 방향으로 변화될 것이다.

1장

벌거벗은 마음:
어떻게 그리고 왜

- 무의식적인(unconscious): 사람이 인식하지 못하는 마음의 일부분이지만 행동을 통제하는 데 강력한 힘을 발휘하는 것
- 의식적인(conscious): (사실이나 감정과 같은) 무언가를 인식하는 것, 무엇이 존재하거나 혹은 어떤 일이 일어나고 있다는 것을 아는 것
- 의식(consciousness): 의식이 있는 상태, 특히 자신의 내면을 의식하고 있는 상태, 무의식적인 과정과 대조되는 정신적 삶의 상위 단계

출처: 미리엄-웹스터(Merriam-Webster) 사전 정의

의식인가, 무의식인가

인간의 욕망은 무의식적인 마음에 의해 좌우된다고 한다. 일반적으로 우리는 의식적인 사고와 무의식적인 사고가 다르다는 것을 깊이 생각해 본 적이 없지만 둘을 구별하는 것은 술이 가진 수

수께끼를 푸는 데 상당히 중요하다. 연구에 의하면 인간은 의식과 무의식이라는 두 개의 개별적인 인지(사고) 시스템을 가지고 있는데,[1] 우리가 무의식적인 선택과 이성적이고 의식적인 목표 사이의 상호작용을 이해한다면 당혹스러운 술의 현실을 설명하는 데 도움이 될 것이다.[2]

우리는 의식적인(혹은 표면적인) 마음에 상당히 익숙하다. 의식적인 학습은 특정한 지식이나 절차에 대한 지적인 이해를 필요로 하며, 그 결과로 이 지식과 절차를 외우고 분명하게 표현할 수 있게 된다.[3] 삶에서 무언가를 바꾸고 싶을 때도 의식적으로 결정하기 시작한다. 그러나 술은 더 이상 삶에서 의식적인 선택이 아니다. 술을 덜 마시겠다고 의식적으로 결정을 내려도, 더 크고 강력한 무의식적 마음이 의식적 결정을 지워 버리기 때문에 이런 의식적 결정을 유지하는 것은 거의 불가능하다.

무의식적 학습은 경험, 관찰, 조건화와 연습을 통해 자동적으로 그리고 의도하지 않게 일어난다.[4] 우리는 자신이 술을 즐긴다고 믿도록 조건화되어 왔고, 술이 사회생활을 향상시키고 지루함과 스트레스를 낮춘다고 여기며 지냈다. 이런 술에 대한 생각들은 모두 무의식적인 것이 분명한데, 술로 고통스럽다는 걸 의식적으로 인정한 후에도 술을 마시고 싶은 욕구가 무의식으로부터 올라오게 된다.

술로 인해 뇌에서 일어나는 신경학적 변화들은 이 무의식적인 욕구와 혼합된다. 신경과학자이자 『중독된 뇌(The Addictive Brain)』(2015년 최신 중독과학 강좌)의 저자인 태드 포크(Thad A. Polk) 교수는 신경과학적인 눈으로 중독을 들여다보면 "중독자들의 외견상 이상하게 보이는 행동 너머의 것으로 그들의 뇌 안에서 무슨 일이 일어나고 있는지 확인할 수 있다."고 말한다.[5] 예를 들어, 알코올중독 과정의 초기 단계에 술을 적게 마시기로 마음먹어도 술을 더 마시고 싶다는 이상한 욕구 때문에 술을 마시게 되는 건 이상한 게 아니라는 것이다.

마음, 특히 무의식적인 마음은 우리의 행동을 강력하게 통제한다. 우리는 주위에 넘쳐 나는 술의 장점을 담은 정보를 거의 의식적으로 인지하지 못한다. 신경언어 프로그래밍(Neuro-Linguistic Programming: NLP) 소통 모델에 따르면, 매 초 200만 비트 이상의 데이터가 우리를 공격하지만 의식적으로 인식하는 정보는 7비트 정도 뿐이다.[6] 텔레비전, 영화, 광고, 모임 등 모두가 우리의 믿음에 영향을 미친다. 어린 시절부터 부모님, 친구, 지인들이 적당하고 '책임감 있게' 술을 마시는 걸 보면서, 무의식적으로 술을 즐겁고 편안하며 세련된 것으로 보게 된다.

술에 대한 당신의 생각과 술을 마시고 싶은 욕구는 무의식적인 마음이 평생 거쳐 온 정신적인 조건화에서 비롯된 것이다. 이 욕구는 뇌의 특정한 신경학적 변화에 의해 복합적으로 작용했을 것이다. 이 책 『벌거벗은 마음』의 목표는 의식적인 마음을 교육함으로써 무의식적인 마음의 조건화를 뒤집어 놓는 것이다. 무의식적인 마음을 변화시켜 술을 마시고 싶은 욕구를 제거하려 한다. 술에 대한 욕구가 없으면 유혹도 없고, 유혹이 없으면 중독도 없다.

우리는 어린 시절부터 마음속에 스며들어 온 대부분의 것, 예컨대 하늘이 파랗다고 믿는 것과 같이 의심 없이 술을 믿어 왔지만, 이 책을 통해 술에 대한 오래된 믿음을 비판적으로 생각하고, 그 잘못된 믿음을 벗겨 내어 제거하게 된다. 그 결과, 막강한 힘을 가진 무의식적 마음을 설득하고, 의식과 무의식적인 마음들 사이의 조화와 합의가 가능하게 될 것이다.

뇌가 통증을 만들 때

무의식적인 마음은 엄청나게 중요하다. 나는 무의식적 마음의 중요성을 존 사노(John Sarno) 박사에게서 배웠는데, 그는 신체적 고통과 감정의 연관성을 연구하는 유명한 의사이다. 『포브스(Forbes)』지의 한 기사에는 사노 박사를 '미국 최고의 의사'라고 기록하는데,[7] 그의 방법으로 라디오 진행자인 하워드 스턴(Howard Stern)을 포함한 많은 사람이 성공적으로 치유되었다. 사노 박사는 '심신 증후군(Mindbody Syndrome)'이라는 말을 만들어 냈다. 심신 증후군이란 신체적 부상이나 질병보다는 무의식적인 마음이 통증의 원인일 수 있다는 이론이다. 둘째 아들이 태어난 후 나는 요통을 경험했다. 몇 주씩 정상적인 생활을 못할 정도였고, 치료를 받기 위해 수천 달러를 썼다. 지압 치료, 침술, 한의사, 근육 이완제, 진통제를 써 보고 견인과 마사지를 포함한 물리치료를 매주 받았지만, 3년 동안 아이들을 데리러 갈 수 없었고, 어떤 종류의 치료도 도움이 되지 않았다.

그러나 사노 박사의 방법으로 통증의 진정한 근원이 무엇인지 알게 되었고, 그의 책을 읽은 뒤에 통증이 사라졌다. 믿을 수 없겠지만, 몇 년 동안 통증이 전혀 없었다. 많은 사람이 사노 박사의 방법으로 만성적인 통증을 완전히 치유해 왔다. 심지어 그가 치료한 사람들은 웹사이트를 만들어 자신들의 삶을 돌려준 것에 대한 감사를 표하기 위해서 감사 편지를 남기고 있다. 사노 박사의 방법은 정말 놀라운데, 자신의 무의식적 마음에게 말을 하는 것으로 웹사이트(thankyoudrsarno.org)에 잘 소개되어 있다. 그런데 이 방법은 내가 술에 대한 통제력을 회복하기 위해 사용한 것과 동일한 접근법이다.

사노 박사는 내가 느끼는 요통(어떤 의학 전문가도 진단할 수 없는 고통)이 억압된 스트레스 및 분노와 관련이 있다는 것을 체계적으로 증명해 주었다.[8] 어떻게 이 모든 억압된 스트레스와 분노가 쌓여 있었던 걸까? 젊은 아빠를 상상해 보자. 아기를 돌보느라 지친 아내가 쉬고 싶어, 소리 지르며 우는 아기를 남편에게 넘겨 준다. 남편은 아기를 안고 진정시키기 위해 온갖 노력을 다한다. 하지만 40분이 지났는데도 아기는 여전히 비명을 지르며 울고 있다. 젊은 아빠는 좌절하고 화가 난다. 당연한 일이다. 젊은 아빠의 욕구는 충족되지 않았고, 아기의 행동은 비논리적이다. 그리고 젊은 아빠는 자신이 쓸모없다고 느낀다. 무력한 아기에게 분노를 느낀다는 것은 있을 수 없는 일이기 때문에 마음 안에서 이런 감정들을 잠재의식 속에 묻어 버리는데, 정신과 의사 카를 융(Carl Jung)은 이것을 '그림자(shadow)'라고 부른다.[9]

우리는 '그림자' 안에 용납할 수 없다고 느끼는 감정들을 숨기며, 자신의 이런 감정들을 인정하기 꺼린다. 그래서 "나는 좋은 사람이야. 내가 이 힘없는 아기를 해치고 싶은 마음이 있을 리가 없지."라면서 무의식적으로 자신의 부정적인 감정을 억누른다. 비난받을 만한 감정을 깊이 묻기 위해 뇌는 육체적 통증을 야기하여 주의를 산만하게 할 수 있다. 이 통증은 진짜이다. 실험 결과는 뇌가 아픈 부위에 산소를 차단할 때 통증이 발생한다는 것을 말해 준다. 역학자들은 이처럼 증상이 이동되는 상황을 **확장**(amplification)이라고 부른다.[10] 확장은 용납할 수 없는 생각들이 표면화되는 것을 막는다.

무의식적 마음의 작동

"무의식은 의식의 빛을 비추면 분해된다."
– 에크하르트 톨레(Eckhart Tolle)

내가 왜 요통에 대한 이야기를 꺼냈을까? 술과 요통은 아주 다른 문제처럼 보인다. 그렇다면 '그림자'와 '확장'은 술과 무슨 관계가 있는 걸까? 단지 책을 읽고 요통 증상이 호전되었다는 걸 믿기 힘들 수도 있다. 하지만 육체적인 통증이 어떻게 감정에서 비롯될 수 있는지는 알 수 있다. 이미 당신의 의식적인 마음은 사노 박사의 이론을 인정했는지 모른다. 그런데 통증이 신체적 부상보다 감정들에 뿌리를 두고 있다는 사실을 의식적으로 받아들이기만 하면 순식간에 치료되었을지 모른다. 나 또한 사노 박사의 이론을 듣고 의식적으로 받아들이면 요통이 치료될 줄 알았다. 그러나 의식적으로는 비교적 쉽게 그 개념을 파악할 수 있었지만 통증은 여전했다. 상황의 본질을 파악하기 위해서 의식적 마음보다 무의식적 마음을 이해할 필요가 있었기 때문이다. 그래서 나는 사노 박사가 '무의식적인 마음에게 이야기하는 과정'이 담긴 300쪽짜리 책을 읽었다.

무의식적인 마음은 의식적인 마음과 다르게 논리적이지 않다. 모두 감정에 관한 것이며, 사랑, 욕망, 두려움, 질투, 슬픔, 기쁨, 분노 등의 근원이다. 무의식적인 마음은 감정과 욕망을 움직인다. 술을 끊거나 줄이려는 의식적인 결정을 내린다 해도 무의식적인 욕구는 변하지 않는다. 자신도 모르게 내적인 갈등을 일으킨 것이다. 술을 끊거나 줄이고는 싶지만 여전히 한잔 마시고 싶고, 술을 마시지 못할 때 박탈감을 느낀다.

또한 무의식적인 마음은 지식이나 의식적인 마음의 통제 없이 작용하는 경우가 많다.[11] 1970년에 이미 증명된 연구에 의하면, 우리가 의식적으로 행동을 결정하기 1/3초 전에 뇌는 실제로 행동을 준비한다. 즉, 우리가 의식적인 결정을 하고 있다고 생각할 때조차도 실제로는 무의식적인 마음이 우리를 위해 결정을 내린다는 것이다.[12]

간단한 시험을 통해 무의식적인 마음이 의식적인 결정을 어느 정도 조절하는지를 밝힐 수 있다. 이유 없이 기분이 나빴던 날을 기억해 보자. 무엇이 잘못되었는지 정확히 알 수 없는데, 그냥 기분이 언짢았다. 만약 의식적인 마음이 감정을 다스린다면 '나는 행복할 거야'라는 생각에 기분이 흐림에서 맑음으로 바뀔 것이다. 시도해 본 적이 있었나? 효과가 있던가?

내 경우 기분이 나쁠 때 더 행복해지려고 의식적으로 노력해도 전혀 기분이 나아지지 않았다. 오히려 누군가가 나에게 행복해야 한다고 말하면 더 기분이 나빴다. 정반대인 것이다. 왜일까? 그것은 바로 의식은 감정을 조절하지 못하기 때문이다. 물론 더 긍정적 또는 부정적인 사고 패턴이 되도록 자신의 의식적인 마음을 훈련시킬 수 있고, 이는 궁극적으로 기분을 변화시킬 수 있다. 이러한 반복된 의식적인 사고는 결국 무의식적인 마음에 영향을 주어 결과적으로는 감정에 영향을 미치게 된다.

그렇다면 무의식적인 마음은 술에 대해 어떻게 느끼는 걸까? 오늘날의 사회는 술이 기쁨과 즐거움 그리고 도움을 제공한다고, 그래서 술은 사회 상황과 스트레스 상황 모두에서 없어서는 안 되는 것이라고 믿도록 무의식적 마음을 조건화시켜 왔다. 이 책은 술에 대한 잘못된 믿음을 제거하여 그 조건화를 뒤집어 버리려 한다. 특히 작가 데이브 그레이(Dave Gray)가 개발한 '경계에서 생각하기(liminal thinking)'라는 방법에 도움을 받아 무의식적 마음 상태를 바꾸려고 한다. '경계에서 생각하기'란 새로운 아이디어와 진리를 의식적으로 탐구하거나 수용함으로써 무의식적인 마음에 영향을 주는 방법이므로 비논리적이고 감정적이거나 비합리적인 욕구에 더 이상 영향을 받지 않고, 술에 대해 합리적이고 논리적인 결정을 내릴 수 있는 능력을 되돌려 줄 것이다. 특히 술에 대한 자신의 생각을 바꾸어 술과의 관계를 변화시킴으로써 통제력과 자유를 가져다줄 것이다. 전통, 광고 그리고 사회 규범들이 술은 유익한 것이라고 믿도록 우리의 무의식을 조건화시키는 반면, '경계에서 생각하기'와 이 책의 내용은 그 무의식적 조건화를 노출시키고 무의식을 재조건화하여 술의 가면을 벗기고 당신에게 자유를 가져다줄 것이다.

경험과 무의식적 마음[13]

무의식적 마음을 자극하기 위해서는 우선 개인적인 경험이 무의식과 어떻게 연결되는지를 탐색할 필요가 있다. 아마 당신은 장님과 코끼리에 대한 옛날이야기를 들어 봤을 것이다. 코끼리 한 마리가 있는 방으로 장님 세 명이 들어와 각자 다른 부위, 즉 한 명은 꼬리, 또 한 명은 코, 그리고 다른 한 명은 몸의 옆구리를 만진다. '무엇을 만지고 있습니까?'라는 질문에 그들은 서로 말다툼을 하기 시작한다. 코를 만진 사람은 뱀이라고 믿고, 몸을 만진 사람은 벽, 꼬리를 만진 사람은 밧줄이라고 믿는다.

장님들은 각자 자신이 진실이라고 믿는 것을 말하고 있을 뿐이다. 우리는 암묵적으로 자신의 경험을 신뢰하는 경향이 있기 때문에 이들의 논쟁이 어떻게 시작되었는지 이해할 수 있다. 물론

진실은 그들 중 누구도 옳지 않다는 것이다. 장님들은 모두 현실의 한 부분을 경험하고 있으며, 매우 다른 각자 자신만의 의견을 갖고 있을 뿐이다.

그레이는 우리가 현실의 일부분만을 보고 경험한다고 설명하며, 아무리 많은 경험을 했어도 우리의 뇌는 모든 것을 경험하고 관찰할 만큼 강력하지는 않다고 말한다. 그는 "당신 자신이 경험하고 있는 것에만 집중하면 할수록 그것을 제외한 다른 모든 것을 덜 알아차리게 된다."라고 말하며, 우리가 무엇에 집중하는지에 따라 관심이 그것에만 제한된다고 지적한다.[14] 우리는 대개 자신이 처한 현실에서 특정한 것들만, 예를 들어 자신이 성장한 사회, 미디어, 삶에 영향을 주는 사람들, 실제 생활 경험 등 만을 알아차린다.

그레이에 따르면, 우리는 자신의 경험과 관찰에 근거해서 가정을 만들고, 그러한 가정으로부터 결론을 얻으며, 그러한 결론으로부터 믿음을 형성한다.[15] 이때 우리가 진실이라고 '알고 있는' 모든 것을 믿음이라고 정의한다.[16]

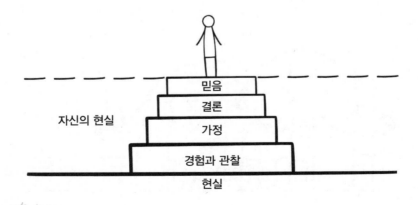

이 그림은 우리가 진실이라고 '알고 있는' 것은 실제로 현실에 의해 형성되는 것이 아니라 자신의 경험, 관찰, 가정, 결론으로부터 스스로 해석한 자신의 현실에 의해 형성된 것임을 보여 준다. 그렇다면 이것이 술에 어떻게 적용되는지 생각해 보자. 대중적으로 통용되고 있는 술에 대한 믿음들은 현실의 토대 위에 세워진 것이 아니었다.

다음의 진술은 모두 자신의 현실에 의해 형성된 믿음이다.

- 술은 즐거움을 준다.
- 술은 편안함을 준다.
- 술은 사회생활의 핵심이다.
- 술이 없으면 진정한 파티가 될 수 없다.
- 술은 우리를 더 재미있게 하거나 더 창조적으로 만든다.
- 술은 우리의 스트레스나 지루함을 덜어 줄 수 있다.
- 특정한 사람에게만 술을 끊는 게 어렵다.
- 나는 알코올중독자와 다르다.

이러한 믿음들은 여러 가지 이유에서 우리 사회에 굳게 뿌리를 내리고 있는데, 그중 한 가지는 자신의 믿음과 일치하는 믿음들만을 찾아내어 무의식적으로 묶어 버리기 때문이다. 이것을 **확증 편향**(confirmation bias), 즉 자신의 선입견을 확인하는 방식으로 정보를 찾거나 해석하는 경향이라고 한다. 우리는 미디어, 함께 술 마시는 사람들, 우리의 내적 합리화 등을 포함한 다양한 형태로 자신이 술에 대해 어떤 선입견을 갖고 있는지 확인할 수 있다. 많은 세대에 걸쳐 내려온 술에 대한 금언(adages)은 확증 편향의 예이다. 내가 가장 좋아하는 금언은 다음과 같다.

- 아이들과 집에 있을 때 술을 마시는 건 혼자서 술 마시는 게 아니다.
- 누구도 "와인을 너무 많이 마셨어요."라고 말하지 않는다.
- 술에 취한 게 아니라 와인 독감에 걸린 것이다.
- 와인으로 요리를 하다 음식에 넣기도 한다.
- 와인 없이 샐러드만 먹는 사람과는 진정한 대화를 시작할 수 없다.

결국 이러한 믿음이 우리의 마음과 사회에 너무나 깊게 스며들어 있고, 너무나 반복적으로 접착되어 우리의 무의식 속에 프로그램화되어 버린다. 그리고 이렇게 프로그램화된 무의식이 감정과 욕망을 조절한다.[17] 무의식이란 무엇인가라는 정의에 따르면, 무의식은 쉽게 접근할 수 없을뿐더러 쉽게 바뀌지도 않는다.[18] 그러므로 이 믿음의 근본으로 더 깊이 들어가 무의식을 조사하고, 자신이 믿고 있는 현실을 바꾸는 특별한 과정이 필요하다.

그렇다면 술에 대한 자신의 경험이 무의식에 단단히 묶어 둔 믿음의 거품과 모순되기 시작하면 어떻게 될까? 아마도 이 경험은 이전과 다르게 긍정적으로 보지 않게 되고, 술을 마셔야 하는지 의문을 품기 시작하거나 또는 술의 위험성에 대한 새로운 정보를 얻게 될 것이다.

그레이는 자신의 현재 믿음에 맞지 않는 새로운 생각들을 이해하려 노력하는 방법 중의 하나로, **외적 타당성**(external validity)을 찾아보라고 말한다. 우리는 새로운 정보를 택하고 그 정보의 장점을 증명하기 위해 검증을 해 볼 수 있다. 그러나 우리 대부분은 특히 술의 경우에는 거기까지 진행하지는 못한다. 왜냐하면 새로운 정보가 **내적 일관성**(internal coherence)을 갖고 있지 않기 때문이다. 즉, 술에 대한 정보가 자신이 '알고 있는' 진실과 맞지 않기 때문이다. 그리고 내적 일관성이 없기 때문에 **그 정보를 의식적으로 고려할 기회를 갖기도 전에 무의식적으로 그 정보를 거부**하게 될 것이다. 이런 일은 항상 벌어진다. 우리는 의식적으로나 무의식적으로 듣고 싶지 않은 정보를 무시한다. 그리하여 새로운 정보가 정말 사실인지를 확인할 기회조차 없다. 다시 말해서, 우리는 새로운 정보를 현실과 비교해서 검증해 보려고 하지도 않는다.[19]

왜 이런 일이 생기는 걸까? 그건 우리가 확실한 것을 좋아하기 때문이다. 확실한 것이 안전하다고 느끼기 때문이다. 그레이는 우리가 불편하게 느끼는 삶의 현실을 다루는 데 이런 무의식적인 행동이 도움을 준다고 설명한다. 무의식적인 행동은 우리가 어떤 진실에 직면했을 때 우리를 공격하는 두려움을 다른 쪽에 맡길 수 있게 해 준다. 현실은 불확실하고, 불확실성은 두려움을 유발한다. 우리는 무시할 수 없는 일이 일어나기 전까지는 믿음의 거품 속에 머물면서 이 두려움으로부터 자신을 보호하려고 노력한다. 그러나 그 지점에 도달하면 결국에는 현실에 직면할 수밖에 없다.

내 경우에는 밤에 술을 너무 많이 마셔서 낮에 제대로 활동을 할 수 없을 정도로 숙취가 너무 심했다. 결국 술이 나의 인간관계와 커리어에 영향을 미치고 있다는 사실을 더 이상 무시할 수 없는 지경에 이르렀다. 이 때문에 와인(술)이 내가 믿었던 기쁨의 주스가 아니었다는 새로운 정보에 맞닥뜨릴 수밖에 없었다.

하지만 이 단계에서 술을 적게 마셔 보는 시도가 사실상 불가능하다고 느꼈다. 왜일까? 지금까지 나는 술을 둘러싸고 있는 단단히 묶여진 믿음의 거대한 거품과 함께 살아왔다. 술이 나의 창의력을 향상시키고, 나를 더 재미있고 더 외향적인 사람으로 만들며, 사회적 상황을 즐길 수 있게 해 주고, 긴 하루의 끝에 스트레스를 풀어 주며, 무슨 일이 생기면 위로해 준다고 믿었다. 술을 끊는 것은 마치 친한 친구를 잃는 것과 같은 엄청난 희생처럼 느껴졌다. 이러한 믿음들은 내가 평생 동안의 경험, 관찰, 가정, 결론을 통해 쌓아 온 것으로, 이전에는 결코 의문을 품어 본 적이 없는 믿음들이었다.

나는 이러한 믿음을 진실이라고 **알고 있었다**. 한 잔의 포도주 없이는 결코 긴장을 풀 수 없을 것 같았고, 술 없이는 사회생활이 지루하고 심지어는 우울할 것이라고 믿었다. 이러한 믿음이 비논리적이라는 것을 깨달았을 때에도 그것을 여전히 진실이라고 **느꼈다**. 왜냐하면 그 믿음이 나의 무의식 속에 단단히 박혀 있어서 논리적이고 의식적인 판단보다 훨씬 강했기 때문이다. 그레이가 말했듯이 "믿음의 건설은 우리가 의식적으로 하는 것이 아니라 무의식적으로 하는 것이다."[20] 다음 그림에서 우리의 믿음 아래에 빗금 쳐진 모든 부분은 우리가 의식적으로는 절대로 인식하지 못하는 것들이다.

그렇다면 우리는 무엇을 할 수 있을까? 어떻게 하면 우리가 현

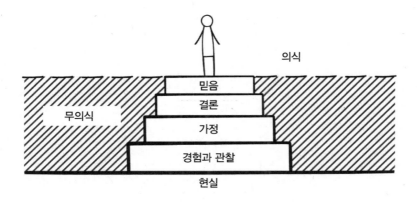

의식

무의식

믿음

결론

가정

경험과 관찰

현실

실을 탐구하여 술이 '삶의 특효약'이라는 자신의 무의식적 믿음을 '덜 마셔야 한다'는 의식적인 욕구에 맞게 바꿀 수 있을까? 그것은 비교적 간단하다. 우리는 무의식적인 경험, 관찰, 가정, 결론을 의식적인 사고 속으로 이끌어 낼 필요가 있다. 그 결과로 무의식이 바뀌게 된다. 이 개념은 이미 과학적으로 증명되었는데, 우리의 뇌는 **신경가소성**(neuroplasticity)이라 불리는 과정을 통해 새로운 경험에 반응하여 변화하고 적응할 수 있다는 것을 과학자들은 알게 되었다.[21]

믿음을 갖게 한 경험, 관찰, 가정, 결론을 비판적으로 확인하여 무의식적인 마음을 뒤집으려 한다. 이를 위해 나는 논리적이고 비판적으로 술과 중독에 대한 정보를 제공하려 한다. 그리고 당신이 의문을 제기하고 평가할 수 있도록 체계적이고 사실적이며 합리적인 주장을 제시하여 당신의 믿음과 가정, 결론을 폭로할 것이다. 그 결과, 당신은 완전히 통제력을 되찾게 된다. 즉, 나는 잘못된 정보를 제거하고 당신이 아직 비판적으로 고려하지 않은 새로운 개념 및 진실이라 믿고 있는 현실을 발견할 수 있는 도구를 제공하려 한다. 그 결과, 당신이 잡고 있다고 생각하는 밧줄이 코끼리의 꼬리일지도 모른다고 이해할 수 있도록 말이다. 자, 이제 시작해 보자.

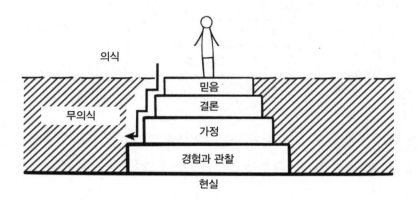

술: 인생의 특효약?

술은 중독성이 있다. 이 사실은 거듭 증명되어 왔다. 중독성은 술의 본질적인 특성이기에 당신이 누구이든 또는 스스로 술에 대한 통제력이 얼마나 있다고 믿든 아무런 상관이 없다. 누구나 술을 마시면 술을 더 마시고 싶은 신체적 반응을 보인다. 이는 술의 중독성과 탈수성 때문이다. 다시 말하지만, 이것은 생리학적인 사실이다. 술을 한 번도 마셔 본 적이 없을 때에는 술을 원하지도 생각하지 않았고 진짜 행복하고 자유로웠다.

만약 당신에게 술 문제가 있다면, 이미 술이 기적의 특효약이 아니라는 것을 알아챘을 것이다. 술 때문에 돈, 건강, 우정 그리고 어쩌면 결혼생활까지 파괴되고 있음을 안다. 즉, 의식적 마음은 이 모든 것을 알고 있다. 문제는 무의식이 술은 '즐거움'을 가져다주고 스트레스를 풀어 준다고 계속 메시지를 보낸다는 것이다. 이러한 메시지는 친구나 가족 그리고 광고와 같은 외적 자원으로부터 듣는다. 또한 술에 대한 자신의 과거 경험이라는 내적 자원을 통해서 이러한 메시지를 확인한다. 따라서 이 책은 술에 대한 내적 자원과 외적 자원 모두를 점검해 보려 한다.

앞으로 며칠 동안 주변에서 술의 '즐거움'과 '유익'에 대한 메시지를 얼마나 많이 접하게 되는지 탐색해 보자. 친구들에서부터 텔레비전 내용에 이르기까지 우리 사회의 거의 모든 것에서 **의식적**으로나 **무의식적**으로 술이 '삶의 특효약'이라고, 그러니 술이 없다면 당신의 삶은 핵심적인 요소를 놓치게 되는 거라고 강조되고 있음을 확인하게 될 것이다.

열두 번째 배심원

"진실은 언제나 소수의 의견에 담겨 있다.
왜냐하면 진짜 의견을 가진 사람들이 소수를 만들기 때문이다."
– 쇠렌 키르케고르(Søren Kierkegaard)

알코올중독은 음주자와 그 가족뿐만 아니라 전문가들도 잘못 이해하고 있기 때문에 복잡해 보인다. 따라서 우리는 술에 대한 여러 가지 착각을 꿰뚫어 보아야 한다. 요컨대, 우리는 형사가 되어 술에 대한 정보를 폭로하고 그 정보를 평가하여 진실을 밝혀내야 한다.

술이나 중독에 대한 상식적인 지식이 거짓이라면 왜 이런 지식을 믿는 걸까? 어떻게 사회적으로 사실이 아닌 정보들을 사실로 받아들일 수 있는 걸까? 좋은 질문들이다. 이에 답하기 위해 재판에서 심의하는 배심원을 살펴보도록 하자. 배심원은 12명이나 된다. 그들 중 11명은 피고의 유죄를 확신하고 있으며 단 한 사람만이 피고의 무죄를 믿는다고 해 보자. 우리는 11명의 배심원을 믿을까, 아니면 한 명을 믿을까? 배심원 단 한 사람이 지칠 대로 지친 11명의 배심원을 설득하기 위해서는(결정은 만장일치여야 한다) 자신의 입장을 절대적으로 확신하고 있어야 한다. 사실 한 명의 배심원이 나머지 11명보다 더 확실하다고 주장할 수 있다. 그러나 보편적인 것에 반대하는 건 쉬운 일이 아니다. 아마도 이 한 명의 배심원은 11명이 보지 못하는 것을 보고 있을 것이다. 만약 11명의 배심원이 전문가라면 어떨까? 그렇다면 그 한 명의 배심원의 입장은 얼마나 더 굳건해야 할까? 분명 그 한 명의 배심원은 11명이 보지 못하는 관점을 고려하고 있는 것으로 보인다.

내가 가장 좋아하는 작가 중 한 사람인 테리 프래쳇(Terry Pratchett)은 "우리는 언제든지 우리 모두가 절대적으로 완전히 틀릴 수 있다는 사실을 받아들일 수 있어야 한다."라는 유명한 말을 남겼다. 대다수가 틀릴 수도 있다고 인정하는 게 어려울 수 있지만 그것은 우리가 기꺼이 받아들여야 하는 가능성이다. 음주자들이 많은 것에 대해서는 엄청나게 개방적이면서도 어떻게 술에 대해서만큼은 그렇게 완고한지 놀라울 따름이다. 그 이유는 물질에 중독된 사람의 마음속에서 나타나는 **구획화**(compartmentalization) 때문이다. 그러므로 당신은 마음을 열어야만 한다.

성공을 시각화하자!

당신은 이제 판단을 보류할 준비가 되었다. 술을 마시고 싶은 무의식적인 욕구를 탐구하고, 술을 마시는 이유를 이해하기 위해서이다. 훌륭한 선택이다. 자기 자신에게 기꺼이 솔직하고 자신의 믿음 체계를 깊이 들여다볼 용의가 있다면 반드시 성공할 것이다.

이 책『벌거벗은 마음』은 당신의 무의식을 탐구하는 데 도움을 줄 것이고, 그 탐구 결과는 당신의 무의식에 영향을 줄 것이다. 실제로 이 책을 읽고 있지 않을 때에도, 심지어는 잠을 잘 때에도 자신의 마음이 책 속의 정보들을 고려해 보려고 노력해야 한다. 말하자면, 당신은 확실한 성공을 위해서 몇 가지 행동을 실천할 수 있게 된다. 그리고 책 전체에서 내용이 반복되고 있음을 알아챌 것이다. 만약 당신이 바쁜 일정을 보내는 사람이라면 반복되는 내용 없이 전개되기를 원할 수 있다. 안심해도 된다. 반복적으로 내용을 전개한 이유가 있기 때문이다. 살아가는 대부분의 시간 동안, 당신은 미디어, 동료들의 압력 그리고 많은 다른 자극에 반복적으로 노출되어 왔다. 일생 동안 뿌리내린 믿음을 되돌리는 데에는 반복이 필수이다. 단, 내용들이 반복된다 해도 그 내용을 가능한 한 흥미롭게 만들려고 노력했다.

감정과 이미지—눈에 보이는 이미지뿐만 아니라 마음속에 그려지는 이미지도 포함—는 무의식적인 마음의 언어를 구성한다. 당신이 어떤 내용과 관련된 감정을 경험하게 될 때, 자신의 무의식에 더 직접적으로 말을 하게 될 것이다. 그러므로 중요한 것은 이 책을 읽을 때 희망을 느껴야 한다는 것이다. 이 책의 토대가 되는 이론은 견실하며, 최신의 과학, 의학, 심리학적인 정보들이 포함되어 있다. 이 책의 내용은 효과적이며, 당신에게도 상당히 도움이 될 것이다. 그러니 그 내용에 집중하고 희망을 가져라.

성공을 시각화하는 것은 항상 도움이 된다. 축적된 많은 연구 결과에 따르면, 우리의 무의식적인 마음은 '실제 경험'과 '생생하게 상상한 가짜 경험'의 차이를 구별할 수 없다.[22] 그러니 성공을 시각화해 보자. 예를 들어, 믿을 수 없을 정도로 행복하게 웃으며 친구들과 레모네이드를 마시면서 즐거운 시간을 보내는 것을 상상해 보자. 매일 아침과 밤에 몇 분씩 긍정적인 감정을 느끼면서 자신이 원하는 삶을 상상하며 시간을 보낼 수도 있다. 이런 상상은 성공을 고무시킨다.

펼쳐질 미래를 기대하며 흥분감을 가져보자. 성공하기 전부터 성공의 감정을 키워 보자. 당신은 술에 대한 통제력을 되찾는 데 필요한 모든 도구를 가지고 있다. 자신의 마음과 몸이 지닌 힘에 대해 생각할 시간이 되었다. 이 얼마나 신나는가! 내 경우, 실제로 이 책을 통해 삶에 대한 통제력을 되찾은 것이 인생에서 가장 흥미진진하고 긍정적인 것 중에 하나였다. 당신도 나와 똑같아질 수 있다.

과거의 경험을 곱씹으면 안 된다. 과거는 과거일 뿐이다. 이 책을 통해 자신의 술 문제가 자신의 잘못이 아니라는 것을 알게 될 것이다. 자신을 용서하자. 당신은 이 이야기의 주인공이다. 과거의 부정적인 면이나 자신을 용서하기 위한 모든 변명을 오래 생각할 이유가 없다. 놀라운 미래를 기대하면 된다.

마지막으로, 긴장을 풀자! 예측은 그만하고 긍정적으로 모든 것이 자연스럽게 일어나도록 내버려 두자. 숀 어커(Shawn Achor)의 저서 『행복의 이득(The Happiness Advantage)』에 따르면, "긍정적인 감정은 우리의 인지와 행동의 범위를 넓혀 준다. …… 우리 두뇌의 학습 센터를 더 높은 수준으로 끌어올린다. 긍정적인 감정은 우리가 새로운 정보를 조직하고, 그 정보를 뇌에 더 오래 보관하고 나중에 더 빨리 기억할 수 있도록 도와준다. 또한 우리가 더 많은 신경 연결을 만들고 그것을 유지할 수 있게 해 주며, 더 빠르게 생각할 수 있게 해 준다. …… 그리고 일을 하는 새로운 방법을 발견하게 해 준다."

이 책을 읽는 동안 긍정적인 마음가짐을 가질 수 있도록 해 보자. 앞으로 기대할 게 너무도 많다! 이 책에서 소개하는 방법을 믿어 보자. 그리고 더 중요한 것은 자신의 무의식이 당신을 위해 옳은 일을 한다고 믿어 보자. 당신은 자신의 무의식을 통제하거나 세밀하게 관리할 수 없다. 걱정과 스트레스는 의식적인 활동이니 신경 쓰지 말자.

2장

술꾼인가, 술인가? 술꾼이다

"우리가 만든 세상은 우리가 사고한 과정이다.
생각을 바꾸지 않고는 이 세상을 바꿀 수 없다."
– 알베르트 아인슈타인(Albert Einstein)

　문제의 치료법을 찾으려면 먼저 그 문제를 이해해야 한다. 무엇이 사회에 술을 만연하게 했는가? 술꾼인가, 아니면 술인가? 지금부터 각각을 주의 깊게 살펴볼 것이다.

탓하기 게임 1.0: 나

　과연 누구 탓일까? 사회는 당신, 즉 술꾼의 탓이라고 둘러댈 것 같다. 당신이 술을 통제하지 못하는 것은 술을 조절하는 사람들이 갖고 있지 않은 결함을 가지고 있기 때문이라고 믿도록 말이다. 하지만 만약 그게 사실이 아니라면?

당신이 평소보다 더 많은 양의 술을 마셨거나 숙취로 잠에서 깨게 되면 자신을 탓하게 된다. 나도 그랬기 때문에 잘 안다. 나는 매일 저녁 한 병 이상의 와인을 마시고는 빠르게 잠이 들곤 했다. 그러나 술에서 나오는 탄수화물과 에너지가 체내에 넘쳐흐르는 새벽 3시쯤이 되면 잠에서 깬다. 이렇게 매일 잠에서 깨면 내일은 좀 더 나아지리라 다짐하면서 지나치게 술을 탐닉한 나 자신을 심하게 책망하곤 했다.

다음 날 변함없이 길고 피곤한 늦은 오후가 되면 다시 와인을 갈망했다. 저녁이 되면, 내가 했던 맹세를 마음 한구석으로 밀어 넣는다. 익숙하게 들리는가? 당신이 마셨던 술의 종류가 다르거나 술을 마시던 과정이 달랐을 뿐이다. 어쩌면 술이 당신에게 그렇게 나쁘지 않을 수도 있고, 더 나쁠 수도 있다. 정리하면, 우리가 술을 통제할 수 없다는 것을 알게 되었을 때 우리는 자신을 탓한다. 탓하는 것은 쉽다. 사회도 우리를 탓한다. 친구들은 왜 자신의 삶을 통제할 수 없는지 궁금해하며 우리를 연민으로 바라본다. 우리는 끊임없는 자기혐오 상태에서 산다. 그렇지만 만약 이것이 당신의 잘못이 아니라면?

당신이 마시고 싶은 것보다 더 많이 마시는 것은 쉬운 게 아니다. 당신은 자신을 통제할 수 없게 되면서 그리고 나약함을 느끼면서 스스로를 증오하기 시작한다. 만약에 당신이 술을 마시면서 자신의 문제를 그렇게 잘 숨기지 않았다면 더 많은 사람이 당신을 "정신을 차릴 수가 없나 보네요." "책임감이 없군요." "통제력이 없군요."라고 판단했을지도 모른다. 결론적으로 말해 그들도 우리처럼 술을 마시지만 문제는 없어 보인다.

만약 당신이 자신을 대부분의 문제 음주자처럼 술에 문제가 있다고 시인하면, 자신이 술을 통제하지 못하는 것은 약한 의지력이나 성격적인 결함 때문이라고 해석한다. 의지력이 강했다면 술을 적게 마시거나 아예 안 마실 수 있었을 것이라고, 만약 일정 기간 동안 술을 끊을 수만 있다면 술에 대한 욕구는 줄어들지도 모른다고 생각한다. 그러다 보면 주변의 다른 사람처럼 절주를 할 수 있게 되지 않을까? 술을 통제하면서 마실 수 있게 될지 모른다. 하지만 여기서 잠깐! 당신은 삶의 다른 부분에서도 의지가 약한가? 아니면 술에 대해서만 이상하게 예외적인가? 나를 아는 사람들이 증언할 수 있듯이 나의 의지는 전혀 약하지 않다. 단지 술을 통제하는 부분에서만 의지력이 약하다는 게 이상하지 않은가?

알코올중독자들도 보통의 동일한 사람들인데 다른 부분은 통제가 가능하면서 술은 통제가 불가능하다니 말이 안 된다. 왜 알코올중독자들은 자유롭게 자신의 의지로 술을 끊을 수 없는 걸까? 특정 사람들이 다른 사람들보다 술을 통제할 수 없는, 분명히 파악할 수 없는 무언가가 있다는 것인가?

나는 알코올중독자인가

그렇다면 알코올중독자란 무엇인가? 그리고 자신이 알코올중독자인지 어떻게 알 수 있을까? 대다수의 성인은 술을 마신다. 미국 국립알코올남용 및 알코올중독연구소(National Institute on Alcohol Abuse and Alcoholism: NIAAA)에 따르면, 미국 성인은 무려 87%가 술을 마신다.[23] 사교적 음주자, 적정 음주자, 과음자, 문제 음주자 그리고 알코올중독자를 왜 구별하는 걸까?

필립 쿡(Philip J. Cook)의 『Paying the Tab』에 따르면, 매일 밤 와인 한 잔을 마신다면 전체 음주자 중 상위 30%에 속한다. 두 잔을 마시면 20%, 다시 말해 성인의 80%가 매일 밤 와인 두 잔 정도의 술을 마신다.[24] 그러나 저녁 식사를 하면서 와인 한두 잔을 마시는 많은 사람과 전형적인 알코올중독자는 전혀 다르다. 알코올중독은 마시는 술의 양이나 횟수로 표준화해서 정의하지 않는다. 대신 눈에 보이지 않는 불명확한 기준, 상황마다 그때그때 다른 기준으로 정의를 내린다. 그런데 당신이 실제로 술에 문제가 있는지를 어떻게 알 수 있을까?

구글(Google) 검색에 '내가 알코올중독자인가?'라는 질문을 하면 그에 대한 답으로 수십 개의 테스트 질문을 확인할 수 있다. 이 질문들은 하나같이 '본 질문만으로는 알코올중독을 진단 내릴 수 없습니다'라고 명시되어 있다. 알코올중독자인지 아닌지에 대한 결정은 자기 스스로 내려야 한다는 것이다.

대다수의 미국인이 술을 마시지만 왜 알코올중독이라고 스스로 진단한 소수의 선택자들에게만 이 재미있는 사회적 즐거움이 어둡고 파괴적인 비밀로 변하는 것일까? 그리고 왜 그들은 완전히 통제력을 잃기 전까지 가능한 한 오랫동안 자신들의 문제를 부인하고 도움을 요청하는 것을 미루는 것일까?

우리가 술에 문제가 있다고 생각하기 시작할 때, 자신을 '비알코올중독자(일반 음주자)'로 자가진단을 하는 것은 아주 쉽다. 왜냐하면 대부분의 사람은 알코올중독자들과 '우리(일반 음주자)'가 서로 다르다고 믿기 때문이다. 즉, 많은 사람은 알코올중독이 어떤 결함을 가졌기 때문에 생긴다고 가정한다. 우리는 그 결함이 신체적인 것인지, 정신적인 것인지, 또는 감정적인 것인지 확신하지는 못하지만 '그들(알코올중독자)'은 '우리(일반 음주자)'와 같지 않다고 확신한다.

제이슨 베일(Jason Vale)은 대부분의 의사를 '당연한 사실을 진술하는 사람들'로 표현한다. 의사들은 "당신은 술을 많이 마시고 있고, 술이 당신의 건강에 해를 끼치기 시작했네요. 제가 권하는 것은 술을 적절하게 마시거나 아니면 끊는 것입니다."라고 말한 뒤,[25] 계속해서 "당신만이 자신이 알코올중독자인지 아닌지를 결정할 수 있습니다."라고 말한다. 정말 그럴까? 내가 치명적인 병에 걸린 것일 수도 있는데 아무도 나를 진단할 수 없다? 술 마시는 사람으로서 내가 심각한 문제를 가지고 있다는 의심을 하게 되면 술을 더 많이 마시게 될 것 같은데, 그렇지 않는가? 술은 스트레스를 해결한다고 믿고 있는데, 부정하는 것을 극복하고, 자존심을 벗어던지며, 자신이 알코올중독자인지 아닌지를 결정하는 기나긴 여정은 정말 끔찍한 스트레스이기 때문이다.

알코올중독의 원인이 되는 특정한 신체적·정신적 특징이 있다면 그 속성을 검사하여 사람들을 알코올중독자와 일반 음주자로 나눌 수 있지 않을까? 그러면 알코올중독이 될 속성을 지닌 사람들을 술에 희생되지 않도록 막을 수 있을 것이다. 만약 알코올중독자들에게 본질적으로 다른 무언가가 있다면, 그들이 자기 자신과 가족 그리고 사회 전체에 해를 끼치기 전에 분명히 알코올중독에 대한 어떤 징후를 발견할 수 있을 것이다.

우리가 과학자들이 이룬 의학의 발전에 박수를 보내는 데에는 그럴 만한 이유가 있다. 의족을 찬 사람은 이제 뇌에서 보내는 전기신호를 의족으로 전달함으로써 생각만으로도 의족의 움직임을 조절할 수 있게 되었다.[26] 이탈리아의 신경과학자 세르지오 카나베로(Sergio Canavero) 박사는 인간의 뇌를 이식할 준비를 하고 있다.[27] 최근의 의학 발전은 우리의 마음을 사로잡는다. 그러니 만약 알코올중독을 일으키는 특정한 신체적·정신적 결함이 있다면 지금 이 시대에 아직까지도 우리가 알코올중독을 진단하고 예방할 수 없다는 게 나는 믿겨지지 않는다.

혹시 사람은 유전적 성향이나 신체적 기질이 다른데, 이에 상관없이 술에 대해서만큼은 모두 같은 방식으로 반응한다고 말하는 것인가? 전혀 그렇지 않다. 동일한 한 잔의 와인도 두 사람에게 다르게 영향을 미치듯이 장기간 술을 마시게 되면 개개인에게 미치는 영향이 다르다. 또한 알코올중독이 될 경향을 증가시키는 유전자가 있다는 근거도 있다. 즉, 유전자와 술 사이의 관련성이 다양하게 발견되고 있지만, 아직까지 둘 사이에 분명한 관계가 있다고 밝힐 만큼 결정적인 발견은 없었다.

유타 대학교의 유전학 연구소에서 중독에 대한 유전자의 역할을 연구한 결과, 유전적 구성만으로 중독자가 될 운명이 되는 것은 아님을 확인하였다.[28] 포크 박사는 중독에 대한 유전적 연관성이 확인되었다 해도 반복적으로 술을 마시지 않는다면 알코올중독자가 될 수 없다는 것을 확인했다.[29]

'alcoholic'이라는 단어를 쓰는 것이 이상해 보인다. 담배를 피워 담배에 중독된 사람들을 cigarette-o-holics라고 부르지 않으며, 코카인중독자를 cocaineism으로 고통받고 있다고 말하지도 않기 때문이다[30](역자 주: 마약중독자는 drug addict, 즉 마약에 중독된 사람이고, 커피중독자는 coffee addict, 즉 커피에 중독된 사람이라고 하듯이, 알코올중독자도 술을 많이 마신 사람이다. 그런데 왜 알코올중독자들은 alcohol addict라 하지 않고 alcoholic이라고 칭할까? -holic이라는 단어는 어떤 것에 대해 '비정상적인 욕구를 가지고 있거나 지나치게 의존적이 사람'들을 나타내는 말이다. 결국 알코올중독자는 술에 대한 비정상적인 욕구를 가지고 지나치게 의존함을 강조하고 있는 것이다). 당신이 자기 자신을 일반 음주자라고 생각한다면 아마도 이런 생각을 문제 삼을 것이다. 그 이유는 만약 알코올중독자와 '책임 있는' 음주 집단을 구분 짓는 특정한 신체적 결함이 없다는 것에 동의한다면, 술을 마시는 사람은 모두 알코올중독을 갖게 될 가능성이 있고, 알코올의존으로 가는 길 위에 있는 것이 되기 때문이다. 내가 단언컨대, 오랜 기간 어느 정도 수준으로 술을 마시면 그 누구라도 술에 대한 신체적 의존을 일으키게 된다. 단, 우리 모두는 다양한 신체적 · 정신적 · 사회적 환경에 놓여 있기 때문에 어느 시점에서 술에 의존하게 될지 아무도 결정할 수 없다. 그런데 모든 사람이 술에 대한 이런 주장에 동의하는 건 아니다. 왜냐하면 번성하는 주류산업, 약물에 대한 사회적 의존 그리고 통제력을 유지하고 있다고 자부하는 '일반' 음주자와 '책임 있는' 음주자들의 태도를 보면서 이런 주장이 꼭 옳은 건 아닐 것이라고 생각하게 되기 때문이다.

탓하기 게임 2.0: A.A.와 술 알레르기 이론

나는 알코올중독자가 일반 음주자와 다르다는 의견에 동의해왔다. 분명히 다를 것이다. 내가 아는 알코올중독자들도 자신들이 장애나 결함을 가지고 있다고 말했다. 그 이후로 나는 엄청난 양의 연구 결과물을 조사했는데, 그 믿음이 어디서 시작되었고 왜 받아들여졌는지 알아내는 데 상당한 시간이 걸렸다. 동시에 나는 유전학이 어떻게 알코올중독을 진단하는지 알아냈다. 신경과학자 태드 포크는 "중독을 결정하는 단 하나의 유전자는 없다. 중독의 취약성에 영향을 미치는 수십 개의 유전자가 확인되었고, 대부분의 유전자 각각은 작은 영향을 미칠 뿐이다."라고 말한다.[31] 우리는 아직 유전학을 바탕으로 중독을 진단하거나 예방할 수 있는 방법을 찾지는 못했다.[32] 따라서 알코올중독자들이 정상 사람들과 어떤 이유에서 다른지를 믿는 게 더욱 어려워지고 있다.

우리는 몇 가지 간단한 이유로 '알코올중독자와 일반 음주자는 다르다'는 의견을 받아들이고 있다. 일반 음주자들은 이 의견을 좋아하는데, 자신은 술을 통제하고 있기에 알코올중독으로 빠질 경계선을 넘을 거라는 걱정 없이 계속 술을 마셔도 안전하다고 믿을 수 있게 해 주기 때문이다. 알코올중독자들도 이 의견을 좋아하는데, 일단 자신들이 알코올중독자로 '알려지게 되면' 친구들이 술을 마시라고 강압하기보다 술을 끊고 맑은 정신으로 살게끔 도우려 노력하기 때문이다. 즉, 친구들은 무알코올 칵테일을 만들고, 알코올중독이라는 병과 싸우려는 당신의 여정을 지지해 준다. 이처럼 아무도 술을 권하지 않을 때 단주가 더 쉽다. 또한 알코올중독자와 일반 음주자 사이의 신체적 차이는 당신에게 책임을 덜 묻게 한다. 우리는 암에 걸린 사람들을 탓하지 않는다. 다시 말해서, 질병은 용서를 허용한다. 더구나 한 번의 실수(재음주)로 인해 회복이 중단되고 치명적인 질병이 재발된다는 것을 믿는다면 단주를 유지하는 것은 더욱 쉽다.

A.A.는 175개국에 200만 명 이상의 회원이 있는 세계적으로 가장 활발한 알코올중독 치료 접근법이다.[33] 우리 사회가 알코올중독을 어떻게 보고 있는지 그리고 우리가 세운 가정이 알코올중독에 대한 믿음으로 어떻게 바뀌는지 이해하기 위해 A.A.의 접근 방식을 검토해 볼 필요가 있다. A.A.의 주요 문서는 비공식적으로 『빅 북(Big Book)』이라고 불린다. 이 책의 공식 명칭은 『익명의 알코올중독자 수천 명의 남녀가 어떻게 알코올중독에서 회복되었는지에 대한 이야기(Alcoholics Anonymous, the Story of How Many Thousands of Men and Women Have Recovered from Alcoholism)』이다. 이 책에서 의사 윌리엄 실크워스(William D. Silkworth)는 자신이 A.A. 창시자인 빌 윌슨(Bill Wilson)을 치료했지만 성공하지 못

했다고 서술하고 있다. 실크워스는 알코올중독 치료를 전문으로 했는데, 1934년에 치료에 실패하고 희망이 없다고 결론을 내렸던 한 환자가 있었다. 나중에 A.A.에서 이 환자가 치료되었을 때 실크워스는 빌 윌슨에게 다음과 같은 편지를 썼다.

> 우리 의사들은 알코올중독자들에게 도덕 심리학이 절박하게 중요하다는 것을 오랫동안 알고는 있었습니다. 그러나 우리 의사의 이해 영역을 넘어서기 때문에 도덕 심리학을 적용하기 어려웠습니다. 우리는 모든 것에 대해 초현대적인 기준과 과학적 접근을 사용하기에 아마도 우리의 종합적 지식을 벗어나 있는 선함의 힘(the powers of good)을 적용할 준비가 잘 되어 있지 않은 것 같습니다.[34]

여기서 실크워스는 A.A.가 제시한 해결책이 의학계에서 제공할 수 있는 것 이상으로 성공적이라는 것을 인정하고 있다. 그리고 1939년의 '초현대(ultra-modern)' 의학은 오늘날에도 여전히 사용되고 있다.

그의 편지에는 의료 도움이 부족한 곳에서 '고통받고 있는 중독자를 돕고자 하는 회복된 A.A. 회원들의 비이기심과 공동체 정신이 상당히 놀라운 성공을 거두었다'는 것에 대해서 말하고 있다.[35] 이 편지의 가장 중요한 부분을 직접 인용하면 다음과 같다.

> 만성 알코올중독자에게 보이는 술의 작용은 일종의 알레르기 증상이라고 믿습니다. 즉, 갈망 현상은 만성 알코올중독자에 한정되어 나타나며 보통의 음주자에게는 결코 일어나지 않습니다.

이러한 알레르기 유형은 절대 어떤 형태로든 술을 안전하게 사용할 수 없습니다. 다시 말해서, 일단 술에 대한 알레르기 증상으로 보이는 습관이 형성된 후에는 절대로 고칠 수 없게 됩니다.[36]

실크워스의 편지에는 의사가 알코올중독자들을 돕는 데 있어 충분하지 않다고 느낀 것과 알코올중독자들이 A.A.에 참여하면서 나타난 심리적 변화로 어떻게 치유되는지 직접 확인하면서 놀랐다는 내용이 적혀 있었다. 그런데 이 편지에 모순이 있는 것 같지 않은가? 어떻게 술이 습관이 형성되고 나서야 활성화되는 알레르기의 원인이 될 수 있을까? 알코올중독이 알레르기의 징후라고 믿으면서도 그 알레르기가 나타나기 위해서는 '습관을 형성해야 한다'고 믿는 것 같다. 이런 해석보다 '술은 중독성 물질이어서 누구라도 계속해서 마시면 중독될 수 있다'고 믿는 것이 훨씬 더 이치에 맞지 않을까?

알코올중독자가 일반인들과 신체적으로 다르다는 의견은 알코올중독이 술 알레르기 때문이라고 의심한 어느 의사가 확증적인 실험도 없이 내놓은 가설이었다. 그리고 76년이 지난 지금까지 알코올중독이라는 질병의 원인이 되는 알레르기를 발견하지 못했다. 하지만 실크워스는 의학적으로 실패했던 알코올중독자들을 A.A.가 어떻게 돕는지에 대한 설명이 필요했다.

그렇다면 신체적 결함이 알코올중독자와 일반 음주자를 구별한다는 이 믿음이 어떻게 그렇게 널리 받아들여지게 되었을까? 실크워스의 의견에 대한 A.A.의 반응은 다음과 같다.

의사 실크워스는 알코올중독으로 고통받고 있는 중독자는 신체도 마음만큼이나 비정상적이라는 것을 반드시 믿어야 함을 확인시켜 주고 있습니다. 우리가 술을 통제하지 못하는 이유를 단지 현실을 완전히 벗어날 만큼 삶에 적응하지 못해서 혹은 명백한 정신적인 결함 때문이라고 설명했을 때 만족스럽지 못했습니다. 이런 이유도 어느 정도는 사실이며, 우리 중 몇몇에게는 가장 큰 이유일 수 있습니다. 그러나 알코올중독자인 우리는 자신의 몸도 병들었다고 확신합니다. 우리가 믿는 바로는 이러한 신체적 요소를 배제하면 알코올중독자를 완전하게 설명할 수 없습니다.[37]

A.A. 개척자들이 얼마나 안심이 되었을까! 자신의 마음이 술에 저항할 만큼 강하지 않다는 것을 느끼는 것은 비참한 일이다. 그러나 몸에 이상이 생겼고, 그래서 통제할 수 없게 되었다고 믿는 게 얼마나 다행인가. 알코올중독이 신체적 결함 때문이지, 술을 마실 때 통제력을 유지하지 못하는 무능함 때문이 아니라는 의미이다. 지금까지도 A.A. 문헌에 술 알레르기에 대한 이론이 계속 남아 있다. 다음은 A.A. 모임에서 배부되는 소책자에 적혀 있는 내용이다.

우리가 아는 한 알코올중독은 결코 '치유'할 수 없는 진행성 질병이다. 하지만 다른 질병들과 마찬가지로 알코올중독도 저지할 수 있다. …… 우리는 술에 알레르기를 갖고 있다는 것과 알레르기의 근원을 멀리하는 것이 상식이라는 것을 기꺼이 인정한다.[38]

'우리'와 '그들'

A.A.가 알코올중독으로부터 많은 사람을 구하고 있지만 나는 신체적 결함 이론이 위험하다고 지적하려 한다. 우리 사회에 널리 퍼진 음주 문화를 감안할 때 이 이론은 위험할 수 있다. 우리는 알코올중독이 오직 신체적 결함이 있는 사람에게만 일어날 수 있다고 믿기 때문에 중독의 위험을 무시하고 계속 술을 마신다. 우리에게 문제가 있다는 것을 깨달았을 때 자신의 치명적이고 치료 불가한 병을 스스로 진단하거나, 의지가 약하고 자제력이 부족하다는 것을 인정해야 하는 상황에 직면하게 된다. 더 이상 문제를 회피할 수 없을 정도로 상황이 걷잡을 수 없게 될 때까지도 이 끔찍한 진단을 피하는 경향이 있다. 그렇기에 알코올중독을 **'아니라고 부인하는** 질병(disease of denial)'이라고 정의해 온 것이다. 술을 마시는 사람들은 도움을 청하기 전에 '바닥을 치는 것'이 일반적인 관행이다. 내가 친구에게 술을 끊었다고 말했을 때 친구는 "그런 결정을 내리기까지 네가 어떤 일을 겪었을지 상상할 수가 없어."라고 즉각적으로 반응했다. 그 가정은 명확했다. 나는 틀림없이 바닥을 치는 경험을 했어야 했다.

이 신체적 결함 이론은 모든 A.A. 모임에서 잘 드러난다. A.A. 모임에서는 "안녕하세요. 저는 알코올중독자 ○○○입니다."라며 한 사람씩 차례로 발언을 시작한다. '나는 알코올중독자이다, 술이 나를 불합리하게 통제하게 만드는 신체적 결함을 가진 사람이다'라고 자신의 문제를 스스로에게 강조함으로써 자신의 고통을 쉽게 다룬다. A.A.의 구성원들은 자신들과 비슷한 싸움을 하는 같은 마음을 가진 사람들과의 유대감을 즐기며, 그 공동체와 지지를 통해 단주를 한다. 그렇다면 이 신체적 결함 이론은 알코올중독이라는 불치병에 걸릴 가능성을 생각하지 않고 있는 음주자들에게 어떤 영향을 미칠까? 자신을 알코올중독자라고 생각하지 않는 사람들에게는 어떨까?

우리는 술이 위험하고 중독성이 있음을 알고 조심해서 마시기보다 우리가 알코올중독자라고 알고 있는 결함 있는 사람들과 다르다고 스스로를 안심시켜 가면서 술을 마셨다. 나는 내가 경험한 바를 말하고 있는 것이다. 그리고 어느 누구도 알코올중독자가 결함 있는 사람이라고 말하는 것을 모욕으로 여기지 않는다. 알코올중독자들도 그들이 보통 사람들과 '다르다'고 믿는다. 그래서 수백만 명의 '일반' 음주자들은 자신이 알코올중독자가 될지도 모른다는 두려움 없이 음주 생활을 하는 것이다.

또한 알코올중독이 다른 중독과 다르다고 믿는다. 중독의 속도가 사람마다 다르기 때문이다. 우리는 주변에서 술을 '통제'할 것 같고, '술을 마시거나 또는 그만 마실 수 있는' 사람들을 많이 본다. 그렇기에 첫 잔만으로도 완전히 술에 의존하는 사람과 절대로 그 정도까지는 되지 않는 사람이 있다는 걸 이해하는 게 쉽지 않다. 그러나 알코올중독자들만이 술의 양을 계속 늘리면서 마시는 건 아니다. 일반 음주자들도 처음에는 단지 몇 잔의 술을 마시지만 얼마 지나지 않아 밤마다 와인 한 잔씩을 마시게 된다. 사실 알코올중독자들도 '일반' 음주자로 시작한다. 그리고 불분명한 선을 넘어 알코올중독이 되는 데는 불과 몇 개월 또는 몇 년 정도가 걸릴 뿐이다.

탓하기 게임 3.0: 알코올중독 유전자

『빅 북』에서는 알코올중독에 대해 "특정 부류만이 겪는 질병으로, 평균 정도의 음주자에게는 결코 일어나지 않는다."라고 주장한다.[39] '사람들이 술을 마신다고 해서 무조건 신체적 · 정신적 · 사회적 병폐를 겪는 건 아니다'라는 생각은 정상인에게 술은 문제가 되지 않는다는 것을 은연중에 심어 준다. 결혼식에서 축배를 들 때만 술을 마시는 사람에서부터 하수구에서 잠을 자는 알코올중독자에 이르기까지 인구의 87%가 술을 마시기 때문에[40] 이 사회가 알코올중독을 그렇게 이해하려고 애쓰는지 충분히 이해가 간다.

A.A. 회원들은 자신들을 '술을 조절할 수 없다는 것을 알게 된 남녀들의 집단'이라고 설명한다.[41] 나는 알코올중독자들이 신체적 · 정신적 · 정서적 결함으로 인해 통제력을 잃었다는 것에는 동의하지 않지만, 알코올중독자가 더 이상 술을 통제할 수 없는 사람으로 정의되어야 한다는 것에는 동의한다.

그런데 많은 알코올중독자가 더 이상 술을 통제할 수 없는데도 자신이 통제력을 잃었다는 것을 인식하지 못한다. 결국 더 많은 술꾼이 일반 음주자와 알코올중독자의 중간지대에서 살아간다. 보통 자신에게 술 문제가 있는지 궁금해지기 시작하는 지점에서 자신의 문제를 인정하는 지점까지는 몇 년이 걸린다. 내 경우, 머릿속의 작은 목소리가 매일 밤 술에 대해 의문을 품기 시작한 지 10년이 지난 후에야 술 문제에 대한 부정을 멈추고 술을 적게 마서야겠다고 다짐했다. 신체적 손상, 인간관계에 초래한 피해 그리고 남편에게 끼친 고통을 생각하면 가슴이 아프다. 우리가 자신에게 술 문제가 있음을 시인하기 훨씬 이전에, 또한 '바닥치기'를 경험하기 훨씬 이전에『벌거벗은 마음』이 구명 뗏목이 되기를, 자명종이 되기를 바란다.

약 87%의 사람이 술을 마신다면, '대다수가 자신이 술을 통제하고 있다고 믿는다'고 가정하는 것은 타당해 보인다.[42] 그렇다고 술을 마시는 모든 사람이 술에 대한 신체적·신경학적 의존이 있다고 말하려는 것은 아니다. 분명한 것은 술을 마시는 모든 사람이 중독될 가능성이 있다는 것이다. 게다가 중독이나 의존의 시점을 전혀 알지 못하며, 일반적으로 술을 줄여서 마셔야겠다고 시도하기 전까지는 전혀 인식하지 못한다는 것이다. 문제는 자신이 술을 통제하고 있는 시점을 스스로 알 수 없으며, 자신에게 통제력이 있는지 없는지 전혀 구분이 안 된다는 것이다. 사실 인간은 중요한 무언가를 통제하지 못한다는 걸 확인하기 전까지 자신에게 통제력이 있다고 느끼는 경향이 있다. 심지어 통제하지 못하는 시점에서도 자신이 통제력을 잃었다는 것을 강력하게 부인하기도 한다.

탓하기 게임의 끝

왜 우리는 술이 일차적인 문제라는 것을 인정하기 어려워할까?

다른 마약과 마찬가지로 술도 중독성이 강하고 위험하다는 것을 인정하는 게 어려울까? 누군가는 삶의 상황이나 자신의 성격 그리고 주변의 조건화 때문에 다른 이들보다 더 빨리 알코올중독의 구렁텅이로 빠지지만, 분명한 것은 우리 모두가 똑같이 해롭고 중독성 있는 물질을 마시고 있으며 그 술은 당신이 누구든 상관없이 위험하다는 것이다. "말발굽 소리를 들으면 유니콘이 아니라 말을 생각하라(즉, 가장 흔한 답이 정확한 답이라는 의미)."라는 속담을 들어 보았는가? 아마도 우리는 앞에서 함께 제시했던 질문들을 다시 한번 살펴보고 더 단순한 대답이 더 이치에 맞는다는 것을 알게 될 것이다.

아직까지 내 이야기가 납득이 되지 않았다 해도 괜찮다. 우리는 앞으로 술과 알코올중독에 대해 더 많이 이야기할 것이다. 그러니 지금은 '내가 술을 완전히 통제하지 못할 수도 있구나'라고 생각해 보는 게 중요하다. 무엇보다도 자신이 가지고 있는 문제를 알아차리지도 못하면서 문제를 해결할 수는 없다.

자, 그렇다면 질문해 보자. 우리는 정확히 언제부터 통제력을 잃었을까?

3장

술꾼인가, 술인가? 술이다

"처음에는 당신이 술을 마시고, 다음에는 술이 술을 마시고,
그다음에는 술이 당신을 마신다."
– 스콧 피츠제럴드(F. Scott Fitzgerald)

위험한 쾌락: 죽음의 꿀

흡연자들이 니코틴 중독을 극복하도록 돕는 것으로 가장 잘 알려진 작가이자 중독 전문가 앨런 카(Allen Carr)는 중독이 어떻게 진행되는지를 식충식물(pitcher plant)에 완벽하게 비유했다.[43] 이 식충식물 비유는 의식적인 마음에서 중독을 이해시키는 것과 무의식적인 마음을 재조건화하는 것 둘 다에 효과가 있다.

식충식물이라고 들어 본 적이 있을 것이다. 인도, 마다가스카르, 호주가 원산지인 치명적인 육식 식물이다. 당신이 크리스피

크림(Krispy Kreme) 도넛 가게를 지나가는데 도넛 튀기는 냄새를 맡고 있다고 상상해 보자. 도넛 냄새는 참기가 힘들다. 곤충에게 식충식물은 크리스피 크림 도넛과 같다. 당신이 숲속을 의심 없이 날아다니는 호박벌인데 갑자기 향긋한 냄새를 맡게 된다. 이 향긋한 냄새는 뱃속을 꼬르륵거리게 만들고, 맛을 보고 싶게 한다.

당신은 그 식물에 가까이 날아간다. 신선한 꿀이 맛있게 보인다. 냄새가 아주 좋다. 맛을 보려면 테두리 안으로 날아 들어가야 한다. 꿀에 착지하여 마시기 시작한다. 그러나 발 밑의 급격한 경사를 알아차리지 못한다. 꿀을 즐기는 그 순간에 사로잡혀 있을 뿐이다. 자기도 모르게 식물 속으로 미끄러져 내려가기 시작하지만 오로지 중독적인 꿀에만 집중하고 있다. 그때 약간의 미끄럼을 느끼기 시작한다. 중력 때문에 더 미끄러지지만 당신은 날개를 가지고 있다. 언제든지 이 식물 밖으로 날아갈 수 있다고 자신한다. 딱 몇 모금만 더 마시면 된다. 꿀이 이렇게나 맛있는데, 왜 즐기지 않겠는가?

대부분의 술꾼이 그러하듯이 당신도 술을 통제하고 있다고 생각한다. 언제든지 그 식물을 떠날 수 있다고 생각한다. 결국 그 경사는 매우 가파르게 되고 주위는 어둠이 다가오면서 햇빛은 점점 멀어져만 간다. 당신 주위에 다른 벌들과 곤충들의 시체가 떠 있는 것을 볼 때가 되어서야 꿀을 그만 마신다. 즉, 술을 즐기고 있었던 게 아니었다는 것을 알아차린다. 당신은 죽어서 용해된 다른 벌들의 즙을 마시고 있었던 것이다. 이게 당신이 마신 술이다.

꿀을 맛있게 먹고 나서 날아가는 것처럼 양쪽 세계의 가장 좋은 것만 취할 수는 없는 걸까? 아직까지 술의 양을 제한하고, 마시는 술의 양을 조절할 수 있는지 모른다. 많은 사람이 술의 양을 조절하고 실제로도 그렇게 잘 조절할 수 있는데, 이런 통제력도 자신의 삶에서 무언가 변화가 생기거나 어떤 추가적인 스트레스 요인이나 비극이 일어나기 전까지만 가능하다. 또는 삶에서 변화가 없더라도 자신이 처음보다 더 많이 마시고 있다는 것을 점차 알게 된다.

모든 의사와 알코올 전문가는 술이 중독성이 있다는 것에 동의한다. 주변에 점차 술을 적게 마시는 사람을 본 적이 있나? 우선, 성인의 '책임 있는' 음주 패턴에 초점을 맞추어 이야기해 보자. 물론 학생들이 대학에 다니는 동안에 폭음을 한다는 것은 잘 알려져 있다. 그러나 졸업하면서 안정된 직업과 가정생활을 하기 위해 파티가 많은 남학생 기숙사 환경을 떠나게 되면 평소에 마시던 술의 양을 재설정할 수 있다. 하지만 일단 장기간 술을 마시게 된다면, 시간이 지나면서 술을 덜 마시는 것이 아니라 더 많이 마시는 것이 더 쉽다는 것은 사실이 아닐까?

우리는 와인 반 잔에 취하던 친구를 놀리곤 했다. 술에 대한 내성이 약하다는 것은 놀림거리가 된다. 하지만 지난주에 그녀를 만났을 때, 그녀는 저녁 식사를 하면서 큰 잔으로 두 잔이나 술을 마셨고 집까지 운전할 수 있을 만큼 정신이 온전했다. 술은 중독성이 있고, 내성은 시간이 지남에 따라 증가한다. 아무리 술을 적게 마시거나 스스로가 통제력이 있다고 생각해도 위험한 행로이다. 사실 최근의 신경학적 연구는 뇌가 알코올에 반응하여 변화한다고 주장했다. 이러한 변화는 내성을 증가시키고, 술로 인해 얻는 쾌감을 감소시키며, 뇌의 통제력에 영향을 미친다.[44] 술이 뇌에 미치는 영향에 대해서는 다음 장에서 자세히 이야기할 것이다.

무시된 경고: 알코올중독 노숙자

왜 우리는 식충식물 바닥에 죽어 있는 벌들에게서 미리 경고를 받지 않는 걸까? 우리는 중독으로 모든 것을 잃은 사람들, 갈색 종이봉투에 술병을 넣고 거리에서 구걸하는 사람들을 본 적이 있다. 이 노숙자들은 덫에 걸린 벌들의 썩어 가는 시체와 같지 않은가? 우리가 위험하다는 것을 알아차리는 데 이 노숙자들이 도움이 될까? 아마 몇 명은 알아차릴 수도 있다. 그러나 우리 대부분은 '알코올중독자'와 '정상 음주자' 사이를 구분하는 선 뒤에 숨는다. 술잔에 들어 있는 중독성 있는 마약을 탓하기보다 길거리의 중독자에게 뭔가 문제가 있다고 믿는다.

자기 자신은 길거리의 술주정뱅이와 다르다고 생각하면서 자신에게는 면역력이 있다고 믿는다. 그러면서 '노숙자에게 일어난 일은 나에게 일어날 수 없어' '나는 저 노숙자들 중 한 사람이 될 위험과는 거리가 멀지'라고 안심한다. 물론 우리는 노숙자 삶의 뒷이야기, 그가 한창 성장해 가는 가정을 가진 똑똑하고 성공한 사업가였다는 것을 알지 못한다. 술이 어떻게 그를 함정에 빠뜨렸는지 알 수 없으나, 그는 분명히 치명적이면서 누구나 마실 수 있는 마약인 술 때문에 모든 것을 잃었다.[45]

그렇다면 다른 방식으로 살펴보자. 벌이 식충식물 안쪽으로 기어들어 가는 개미를 보듯이 우리는 길거리의 노숙자들을 바라본다. 그 개미는 날개가 없다. 그러므로 개미는 나(벌)와 다르고, 나는 날개가 있기 때문에 통제 가능하며, 언제든지 탈출할 수 있다고 생각한다. 그러나 실제로는 개미와 벌 둘 다 치명적인 위험에 처해 있다.

내 인생에서 마지막으로 라스베이거스에 갔을 때, 모든 사람이 여기저기에서 술을 마시고 있었다. 과연 라스베이거스다웠다. 술을 마시는 사람들은 정말 다양했는데, 길쭉한 술잔에 감미로운 술을 마시면서 킬킬거리는 여성들에서부터 1,200ml 맥주로 파티를 하는 남성들에 이르기까지 그들은 젊고 활기차고 생기가 넘쳤다. 이들이 거리에 누워 있는 노숙자 옆을 지나가고 있는 것을 보았다. 그 노숙자는 먹을 것은 없었지만 종이봉투에 싼 술병을 꼭 쥐고 있었다. 지나가는 행인이라면 누구라도 술이 그의 인생을 망쳤다는 것을 알 수 있었다. '일반' 음주자들은 모두 그 노숙자를 직접 쳐다보았고, 잔돈을 주는 사람들도 많았다.

하지만 그들은 자신들의 컵에 담긴 물질(술)에 의문을 품었을까? 자신들이 노숙자의 삶을 파괴하고 있는 똑같은 독을 마시고 있다는 것을 알까? 노숙자를 보면서 술을 그만 마시자고 생각했을까? 슬프게도 아니다.

내리막: 내가 언제 통제력을 잃었지

인생에서 처음으로 술을 마시기 시작하는 젊은 청년들이 식충식물 가장자리에 착지하여 꿀을 맛보는 벌과 같다고 말한다면 인정하기 어려울까? 음식을 구걸하는 노숙자는 내리막길에서 더 많이 내려간 거라고 말한다면 맞을까?

펜실베이니아 주립대학교 예방연구센터에서 수행한 대학생 폭음 습관에 관한 최근 연구에서는 부모가 고등학교 시절에 술을 마시도록 허락한 학생들이 대학에서 폭음할 위험성이 유의하게 더 높았다. 또한 부모의 행동이 십 대 청소년들과 아동들에게 상당히 많은 영향을 미친다는 것을 확인시켜 주었다. 그리고 단지 남자아이들이 아버지를 모델로 하거나 여자아이들이 어머니를 모델로 하는 것이 아니며, 부모가 집에서 술을 마시면 아들과 딸 모두에게 영향을 준다는 결과를 얻었다.

고등학교에서 술을 마시기 시작하면 대학에서 술을 더 많이 마시게 된다.[46] 왜 그럴까? 그것은 어릴 때 술을 마시기 시작한 학생이 '꿀'을 마시기 위해 대학 때까지 기다린 사람들보다 비탈 아래로 더 멀리 미끄러져 내려가기 때문이다.

나는 시간이 지남에 따라 술을 더 많이 마시고 있다는 걸 알아채지 못했다. 내가 원하는 것보다 술을 더 많이 마신다는 사실을 외면하고 있었다. 당신은 3년 전, 5년 전, 심지어 10년 전보다 술을 더 많이 마시고 있나, 아니면 더 적게 마시고 있나? 친구들은 어떤가? 시간이 지나면서 예전과 비교해 같은 양의 술을 마시고 있나, 아니면 시간이 흐르면서 술을 더 많이 마시고 있나? 어느 날 자신이 원하는 양보다 더 많이 마신다는 것을 알아채게 되면 술을 줄이거나 끊으려는 싸움이 시작된다. 하지만 식충식물 속에 있는 벌처럼 우리가 몸부림을 치면 칠수록 점점 더 갇히게 된다.

벌은 언제 통제력을 잃은 걸까? 서서히 아래로 미끄러져 내려가기 시작할 때? 날아가려고 하는데 그럴 수 없을 때? 공황 상태가 되었을 때? 하지만 벌이 자신의 통제력 상실을 알아차리기 훨씬 전, 신체적으로 탈출할 수 없는 시점 이전에 이미 통제력을 잃었다. 앨런 카가 이론화했듯이, 아마도 벌이 식충식물에 착륙한 순간부터 벌은 이미 통제할 수 없었던 것이다.

당신은 언제 통제력을 잃었나? 배우자가 처음으로 당신의 술 문제를 이야기했을 때? 누군가가 당신의 술 냄새를 알아차렸을 때? 술을 엄청 많이 마셔서 혹시 당신의 배우자에게 토했을 때? 음주운전에 걸렸을 때? 어쩌면 그때도 여전히 당신은 자신이 아직 통제하고 있다고 느꼈을 것이다. 나는 "당신이 언제 문제가 있음을 알았습니까?"라고 묻는 게 아니다. 숙취, 블랙아웃, 심지어 차를 망가뜨린 사건 같은 명확한 순간을 묻고 있다. 통제력을 잃는 것은 통제력을 잃었다는 것을 **알아차리는 것**과는 다르다.

그렇다면 술에 대한 통제력을 잃은 때는 언제인 걸까? 아니면 우리는 항상 술을 통제하고 있는 걸까? 누구도 우리에게 술을 마시라고 강요하지 않는다. 즉, 아무도 우리 머리에 총을 겨누며 술을 마시라고 하지 않는다. 그러나 만약 우리가 술을 통제하고 있다면 알코올중독자들도 술을 통제하고 있는 것은 아닐까? 아무도 알코올중독자들에게 술을 마시라고 강요하지 않는다. 하지만 알코올중독자의 통제력은 좀 다른가? 아니면 정상 음주자의 통제력과 그 수준이 다른 걸까? 겉으로는 내가 얼마나 술을 마시고 있는지 아무도 짐작하지 못했을 것이다. 난 '고기능 알코올중독자'였다. 술 때문에 직장을 잃거나 단 한 번의 회의도 놓친 적이 없다. 사실 내 일에 탁월했고 승진도 빨랐다. 술을 마시고 운전한 적도 없었다. 내가 술을 얼마나 마셨는지 겉으로는 거의 흔적이 없었다. 그렇다면 나의 삶은 괴롭지 않았다는 걸까? 술이 나를 서서히 죽인 것은 아니라는 의미인가? 실은 그와 정반대이다.

아마도 물에 끓는 개구리의 이야기일 수 있다. 개구리는 냄비 속의 차가운 물에 담겨 있고, 이 냄비는 뜨거운 난로 위로 옮겨진다. 물이 뜨거워지지만 개구리는 밖으로 뛰어나와 자신을 살리려고 하지 않는다. 왜 물속에 그대로 있는 걸까? 물이 아주 서서히 뜨거워지기 때문에 개구리가 밖으로 뛰어나와야 할 순간을 놓친 것이다. 개구리가 뜨거워서 죽게 된다는 것을 알았을 때는 이미 늦었다. 술을 마시는 성인의 87%가 그 개구리와 같다고 할 수 있을까? 우리 모두는 서서히 끓고 있는 냄비 속에 있는 걸까?

그렇다면 당신은 언제부터 술에 대한 통제력을 잃은 걸까? 술로 인해 인생의 위기를 경험한 때? 자신의 건강을 해치고 있다는 걸 알아차리고는 술을 줄이기로 결심했을 때? 아니다. 이런 문제가 일어나기 이전부터 술의 통제력을 잃었을 것이다. 당신이 진정으로 통제하고 있었다면 그런 일들이 일어나도록 내버려 두지 않았을 것이기 때문이다. 그럼 정확히 언제부터인가? 정확한 시점을 말해 줄 수 있나? 자신도 언제부터 문제가 되었는지 모른다. 술을 전혀 통제하지 못했다는 가능성을 받아들일 수는 있는가? 식충식물 안의 벌처럼 당신이 술을 통제하는 게 아니라 술이 당신을 통제한 걸까? 만약 당신이 여전히 술을 통제하고 원할 때마다 멈출 수 있다고 확신한다면, 다음 주에도 술을 통제할 수 있다고 확신하는가? 내년에도? 자신의 목숨을 걸고서라도 기꺼이 내기할 수 있을까?

자유 찾기: 당신은 할 수 있다

당신은 아직도 궁금한 게 많다. 중독적 성격에 대해? 사람들마다 다른 배경과 이유로 술을 마신다는 사실에 대해? 벌보다 더 똑똑한 우리의 지성에 대해? 저녁 식사와 함께 한 잔의 술을 즐기면서 절대 더 이상 아래로 미끄러져 내려가지 않는 것 같은 사람들에 대해? 술을 마실 수도 있고 안 마실 수도 있는 사람들에 대해?

우리는 이 질문들을 다음 장에서 다룰 것이다. 하지만 지금은 우리가 인간이기 때문에 그리고 술은 인간에게 중독성이 있기 때문에 일단 마시기 시작하면 내 의식과는 상관없이 중독에 빠져들게 될 가능성이 있음을 생각해 보려 한다. 그렇다면 모든 사람이 같은 속도로 내리막길로 내려간다는 뜻일까? 우리 모두가 바닥을 칠까? 그렇지 않다. 많은 사람이 평생 술을 마시지만 술을 이제는 더 이상 마시지 말아야 한다는 그런 지점까지 도달하지 않는다. 이는 사람들이 매우 느린 속도로 미끄러지고 있다는 의미일 수도 있고, 그들이 술에 의존하고 있음을 깨닫기 전에 이미 술 때문에 죽었다는 의미일 수도 있다. 많은 요인이 미끄러지는 속도에 영향을 미치며, 앞으로 그러한 요인들에 대해 자세히 탐구할 것이다. 앞으로 계속해서 이런 질문들을 해야 한다. 비판적 사고는 이해의 열쇠이다.

지금은 술이 중독성 물질이고, 마시는 사람과 관계없이 중독이 된다는 것을 아는 게 중요하다. 즉, 당신이 약하기 때문에 중독되는 게 아니라는 의미이다. 당신은 의지력이나 성격에 결함이 있어서 중독되는 게 아니다. 당신의 잘못은 식충식물의 꿀에 본능적으로 유혹된 호박벌이 저지른 실수와 같다고 보면 된다.

식충식물에 잡힌 곤충들에게는 희망이 없다. 자신들의 비극적인 운명을 이해하고 달아날 수 있는 지적 능력도 가지고 있지 않다. 하지만 우리는 달아날 수 있다! 인간으로서 몸과 마음에서 일어나고 있는 것을 이해할 수 있는 능력과 지성을 가지고 있다. 물론 식충식물이 무시무시하다는 것을 알지만 희망을 가지자. 당신은 자유를 찾을 수 있고, 이것은 어쩌면 자신의 인생에서 가장 즐거운 경험 중 하나가 될 것이다.

술에서 벗어나 자유를 찾았을 때 나는 행복감을 느꼈다. 깨닫게 되자 나는 기쁨의 눈물을 흘렸다. 당신은 여전히 술이 자신에게 도움이 된다고 믿고 있을지 모른다. 그래서 술을 적게 마시거나 아예 끊어야 한다는 생각을 불편해할 수 있다. 나도 공감한다. 자신에게 기쁨이나 편안함을 가져다주는 무언가를 포기해야 한다고 생각하는 게 얼마나 무서운지 안다. 괜찮다. 이 책이 보여 주려는 내용들을 당신이 이해할 때 어떤 것도 걱정하지 느끼지 않게 되며, 단지 즐거움만을 느낄 것이다. 희망은 두려움보다 강하다. 희망적인 기대를 유지하도록 노력해 보자.

그리고 기억해야 할 것은 이 모든 것이 절대로 당신의 잘못이 아니라는 것이다. 당신은 단지 당신을 덫에 빠뜨려 서서히 죽이려고 고안된 치명적인 함정에 걸린 것이다. 이 함정은 교활하고 음흉하며 매일 수백만 명의 사람을 속인다. 당신이 원해서 술을 마신다고 믿게 만들어 평생 동안 술의 포로가 되게 하기 위해 고안된 것이다. 우리는 이러한 진실을 분명히 보게 될 것이다.

4장

경계에서 생각하기:
술은 습관이다

> "습관의 사슬은 너무 약해서
> 부서질 수 없을 만큼 강해질 때까지는 느낄 수가 없다."
>
> – 새뮤얼 존슨(Samuel Johnson)

이 책은 '경계에서 생각하기'라는 독특한 방식을 이용해서 술에 대한 뿌리 깊은 믿음을 의식적으로 생각하도록 구성하였다. 앞으로 주제목이 '경계에서 생각하기'인 총 여덟 개의 장에서 술에 대한 뿌리 깊은 믿음을 검토하게 될 것이다. 경계에서 생각하기를 한 장으로 묶어 놓지 않고 이 책 전체에 펼쳐 놓은 이유는 일상생활을 하면서 그 믿음의 논리를 시험할 수 있도록 하기 위해서이다. 그 결과, 자신이 진실이라고 믿는 것들을 검토할 수 있게 된다. 당신은 어떤 관찰과 추측을 했는가? 어떤 경험을 했는가? 어떤 결론을 내렸는가?

술이 습관이라고 믿어야 하는 이유를 밝히기 위해 이 믿음이 어떻게 무의식적으로 생겨난 것인지를 살펴봐야 한다.

우리는 앞에서 자신의 경험과 관찰이 어떻게 무의식적 마음과 음주 욕구에 영향을 미치는지에 대해 이야기했다. 모든 것을 항상 알아차리거나 경험하거나 또는 관찰하는 것은 불가능하기 때문에, 무의식적으로 자신의 **경험과 관찰**을 개인적인 필요에 의해 형성된 연관성의 렌즈를 통해서 본다. 이러한 연관성 있는 경험과 관찰로부터 **가정**을 세우고, 그러한 가정으로부터 **결론**을 얻으며, 결론으로부터 **믿음**을 형성한다. 일단 자신이 어떤 이유에서 그렇게 믿게 되었는지에 대한 세부적인 구조를 확립하면, 나는 이 믿음과는 다른 관점을 이야기 형식으로 소개할 것이다. 이 관점은 실제에 좀 더 근접한 관점이다. 이러한 방식으로 의식의 표면 아래로 내려가서 술에 대한 믿음을 해체할 것이다.

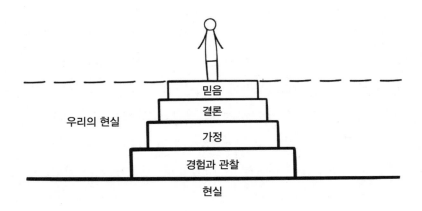

주: '경계에서 생각하기'는 앞서 설명한 단계에 맞추어 전개되므로, 이 페이지를 표시해 두었다가 다시 필요할 때마다 참조하기를 권한다.

당신은 규칙적으로 술 마시는 걸 **경험**한다. 또 주위에서 술을 규칙적이고 습관적으로 마시는 것을 **관찰**한다. 자신의 삶에서뿐만 아니라 주변 사람들의 삶에서도 술을 얼마나 자주 마시는지 확인해 보면서, 술은 틀림없이 습관적인 것 같다고 **가정**한다. 아주 쉽게 가정할 수 있다. 이 가정은 자신과 주변 사람들이 술에 의존하게 되었기 때문에 규칙적으로 술을 마신다는 가정보다 훨씬 마음에 든다. 습관이라고 하면 그렇게 위협적으로 느껴지지 않는다. 그런데 이제 술은 습관이라고 **결론**을 내린다. 이보다 더 불길한 이유를 찾는 것이 두렵기도 하다.

이제 현실은 어떤지 탐구해 보자.

습관일 뿐이야

많은 사람은 습관적으로 술을 마실 뿐이라고 말하면서 술 마시는 것을 정당화한다. 실제로 평소에 습관적으로 술을 마시기 시작했는지 모른다. 파티에 가서 술을 마시거나 퇴근 후 집에서 술을 마신다. 습관이란 우리의 뇌가 덜 생각하도록 조성되었다는 의미이다.[47] 일단 운전이나 양치질과 같이 무언가가 습관이 되면 더 이상 의식적으로 그것에 대해 생각하지 않는다. 습관은 대단하다. 그것은 우리가 새로운 다른 것에 집중할 수 있도록 두뇌력(brainpower)을 해방시킨다.[48] 그래서 만약 술이 습관이 되기 시작하였다면, 너무 많이 생각하지 않고도 자주 술을 마실 가능성이 충분히 커진다. 그리고 시간이 지나면서 술은 단순한 습관 이상의 것이 되어 버린다.

만약 술이 정말 습관이라면, 내가 임신했을 때 나는 무알코올 맥주를 마시는 것이 더할 나위 없이 행복했을 것이다. 무알코올 맥주는 맛은 비슷했지만, 나는 한 잔 이상 마실 수 없었다. 내가 원했던 것은 맛이 아니라 바로 술이었다. 마찬가지로 만약 헤로인이 습관이라면, 헤로인 중독자가 식염수를 넣은 주사를 놓을 수도 있을 것이다. 약간의 노력으로 대부분의 습관은 비교적 쉽게 고칠 수 있지 않은가?

단지 하나의 습관 때문에 당신의 아내가 떠나고, 아이들이 당신을 싫어하며, 돈을 낭비하고, 자존심을 버리도록 내버려 두었겠는가? 그리고 습관적으로 술을 마신 거라면 15년 동안 술을 마시지 않았던 알코올중독자가 어느 날 갑자기 술을 마시는 이유는 무엇일까? 이 경우를 습관이라고 볼 수는 없다.

우리가 손톱을 물어뜯는 것과 같은 습관을 버릴 때, 더 이상 손톱을 갉아먹지 못한다고 박탈감을 느끼지는 않는다. 진정한 즐거움을 놓치면서 인생을 살게 되었다고 걱정하지도 않는다. 우리가 술을 습관적으로 마실 수 있지만, 음주는 습관이 아닌 중독이다. 하지만 대부분의 술꾼은 자신이 마시고 싶기 때문에, 즐기기 때문에 그리고 자신이 술 마시기로 선택했기 때문에 술을 마신다고 믿는다.

누군가 당신에게 술을 끊으면 20만 달러를 주겠다고 제안했다고 가정해 보자. 술을 끊겠는가? 생각해 봐야 하나? 50만 달러라면? 아름다운 집을 살 수는 있지만 다시는 술을 마실 수 없다. 술을 마시는 것이 습관이라면 망설임도 없을 것이다. 50만 달러라면 엄청난 노력이 필요하다 해도 습관 고치기를 주저하지는 않을 것이다.[49]

우리는 술이 습관이라고 정당화하면서 자신이 술을 잘 통제하고 있다는 것을 증명하려고 노력한다. 그러나 자신이 술을 마셔야 한다고 변호하는 데 그렇게 많은 시간을 소비한다는 것은 사실은 그 반대라는 의미이다. 모든 마약도 그러하다. 즉, 자신이 마약에 의존적이지 않다는 것을 증명하려고 상당히 노력한다.

우리는 술을 계속 마시면서 두려움을 느낀다. 술을 마시지 않고서 절대로 행복하거나 평화로울 수 없으며, 술을 끊는 것은 불행을 느끼게 되는 것과 같다고 두려워한다. 정말 이런 잘못된 정당화를 믿는다면, 단주를 한 후 건강이 좋아지고 관계가 회복되어도 술 마시는 술꾼들을 계속 부러워할 것이다. 여전히 술꾼들의 술 마시는 이유를 믿고 자신이 술을 마시지 못할 때 그들이 술 마시는 것을 부러워할 것이다. 하지만 술꾼들의 술 마시는 이유에 어떤 근거도 없음을 알게 되면, 그들이 전혀 부럽지 않으며 자신이 새로 발견한 자유를 기뻐하게 된다.

술 마시는 습관은 정말로 습관일까?

5장

당신: 본모습

"우리가 자신에게 할 수 있는 가장 근본적인 악행은
자신을 정직하고 온화하게 바라볼 수 있는 용기와 존경심을
갖고 있지 않아 자신이 누구인지 전혀 모르고 사는 것이다."
- 페마 초드론(Pema Chödrön)

　당신은 지구상에서 가장 멋진 생명체이다. 당신의 마음은 어떤 컴퓨터보다 더 많은 것을 할 수 있다. 사실 마음이 컴퓨터를 만든다. 당신의 몸은 자기조절, 자기치유, 자기자각을 한다. 몸은 아주 작은 문제들에 대해 경고하고 당신을 보호하도록 프로그램되어 있다. 그래서 생존을 보장하는 것이다. 당신의 몸은 그 어떤 지적인 기술보다 훨씬 더 복잡하다. 값을 매길 수 없다.

　술이 몸의 기능에 영향을 미치기 때문에 술기운이 없는 맑은 정신일 때 몸이 어떻게 작동하는지를 이해하는 것이 중요하다. 왜냐하면 중독의 순환에 갇히면 자신이 얼마나 유능한지 쉽게 잊어버

리기 때문이다. 인간은 균형 잡혀 있고 강하다. 특히 두 가지 놀라운 안내 시스템인 '증상(symptoms)'과 '본능(instincts)'을 갖추고 있는데, 이 둘은 마음이 몸에 어떻게 작용하는지를 이해하도록 도와준다.

놀라운 마음과 몸: 복잡성

우리는 매일매일 인간의 뇌에 대해 더 많이 배우며, 뇌의 능력에 대해 경외심을 갖게 된다. 기술의 발전에도 불구하고 뇌를 복제하는 것에는 이르지 못하고 있다. 뇌는 현재까지 알려져 있는 것보다 더 많은 것을 할 수 있는데, 뇌의 능력에 대한 많은 부분이 아직 알려져 있지 않기 때문이다. 인간의 뇌보다 더 강력한 것은 없다. 놀랍게도, 뇌 활동의 대부분은 의식적인 생각 없이 일어난다. 뇌는 우리의 지시 없이도 우리가 생존하고 기능할 수 있도록 설계되어 있다. 우리가 잠을 잘 때도 숨을 쉴 수 있게 해 주고, 심장을 뛰게 하며, 체온을 조절해 준다. 우리의 면역체계는 내부적·외부적으로 매일 수백만 개의 독소와 싸운다. 우리는 이 모든 것을 당연하게 여긴다.

몸은 특별한 두뇌를 지키며 소통한다. 감각은 뇌에 새로운 정보를 알려 준다. 냄새를 맡고, 느끼고, 맛보고, 듣고, 보는 능력은 우리를 주변과 연결시켜 주고, 우리가 기능할 수 있도록 도우며 위험으로부터 보호해 준다. 생존은 우리의 감각에 달려 있다.

과학과 의학이 엄청나게 발전한 것은 놀랍지만, 우리가 이룬 것은 단 한 개의 인간 세포가 만들어 내는 기적과 비교해 보면 아무 것도 아니다. 인간은 각각의 유일무이한 세포들을 수조 개 가지고 있으며 이 우주에서 그 어떤 것보다 더 정교하다. 인간은 이 우주의 정점이라고 할 수 있다. 그리하여 자신의 몸이 얼마나 경외감을 불러일으키고, 복잡하며, 힘이 있는지를 아는 것이 중요하다. 우리는 우리 자신과 우리 종의 생존을 위해 만들어졌지만 감정, 공감, 성찰 및 연민의 능력을 가지고 있다. 따라서 단순한 생존 이상의 것을 성취할 수 있다

놀라운 마음과 몸: 균형성

우리의 기적적인 능력 중 하나는 항상성을 이루고 유지하는 것이다. 미리엄-웹스터 의학사전에서는 항상성을 다음과 같이 정의한다.

> 항상성(homeostasis): 변동하는 환경 조건하에서 고등동물의 (체온 또는 혈액의 pH로서) 비교적 안정된 내부 생리적 조건을 유지하는 것, 사회적 · 환경적 · 정치적 요인에 따라 집단의 심리적 압박감이나 안정된 사회적 조건하에서 개인의 심리적 상태를 안정적으로 유지하는 과정

항상성은 필수적인 생명력이다. 인간이 살아남기 위해서는 균형을 유지해야 한다. 예를 들어, 혈액 속에 산(낮은 pH)이 너무 높으면 장기를 해친다. 잠시 식물을 어떻게 돌보는지 생각해 보자. 토양이 촉촉해야 하지만 물이 지나치게 많아서는 안 된다. 태양이 필요하나 말라죽게 해서는 안 된다. 즉, 식물의 물과 영양분의 적절한 균형이 유지되도록 조절해 주어야 한다. 하지만 인간은 몸 안에서 저절로 이런 균형이 유지되고 있다. 더울 때 땀을 흘려서 체내의 물을 증발시키면서 몸을 식혀 주어 몸의 온도를 조절한다. 박테리아나 바이러스 같은 원치 않는 침입자들을 우리 몸에서 제거하려고 할 때 몸에서 열이 나지만, 그 열은 우리를 죽일 만큼 그렇게 높지 않다. 우리 몸은 스스로 열을 가해 몸은 해하지 않고 침입자만 죽인다. 체내 세포에 영양분을 공급하기 위해 산소가 필요할 때는 자연스럽게 더 빠른 속도로 숨을 쉰다. 이 모든 것과 헤아릴 수 없는 많은 다른 기능은 우리 몸의 최적의 생존 자동조절기 역할을 하며 항상성을 유지하는 데 도움을 준다.

놀라운 마음과 몸: 강인성

우리는 끊임없이 우리 몸이 취약하다는 미디어의 메시지에 노출된다. 우리가 손 세정제를 얼마나 소비하는지 보자. 미국은 대부분의 다른 나라보다 의료에 더 많은 돈을 쓰지만, 다른 선진국과 비교해 유아 사망률은 더 높고 상대적으로 기대수명은 낮다.[50]

우리는 인간이 허약하고 불완전하다고 느끼지만 이는 진실과 완전히 다르다. 매일같이 양을 늘려 가면서 술이라는 독을 마시지만 우리는 여전히 제 기능을 한다. 자신이 약하다고 믿음으로써 더 건강해지기 위해 무언가 더 필요하다는 잘못된 인식을 키우고 있지만 인간은 강하다. 인간은 지구상의 그 어떤 것보다도 강하고 능력 있는 존재의 정점을 대표한다. 현대 의학적 발견이 있기 이전에 지구 전체와 심지어 달까지 탐험했다.

내가 수년간 과음하면서도 살아났고 현재 건강하고 더 건강해지고 있는 것은 기적이다. 내 경우만으로도 우리가 얼마나 강한지 증명할 수 있다. 술을 끊기로 결심했을 때, 나는 체중이 줄고 건강이 나아질 것으로 기대했다. 나는 첫 달에 10파운드(약 4.5kg)나 감량했다. 정말 놀라운 것은 내 삶이 이전에 기대해 본 적 없었던 방식으로 어떻게 향상되었는가 하는 것이다. 우선 자신감은 올라갔고 몸이 건강해지면서 내가 매일 다른 감정을 느낀다는 것에 놀랐다. 몇 년간 술을 마시면서 특별히 아프지는 않았지만 몸이 좋다고 느끼지는 않았고, 엄청난 에너지를 가지고 있는 기분이 어떤 것인지를 까맣게 잊어버리며 지냈다. 그런데 지금은 의욕과 행복을 느끼면서 내가 얼마나 많은 일을 해낼 수 있는지에 대해 종종 놀란다. 우리가 정신적으로나 육체적으로 강할 때 어떤 것들을 할 수 있는지 깨닫는다는 것은 놀라운 것이다.

현재 술과 약물의 위험성에 대해 그 어느 때보다도 많이 알고 있지만 중독은 증가하고 있고, 이렇게 사회적으로 중독이 증가하는 추세인 것에 대해 혼란을 느낀다. 전 영부인 낸시 레이건(Nancy Reagan)이 소개한 '그냥 싫다고 말해(Just Say No)' 캠페인은 지금까지 가장 유명한 마약 반대 운동 중 하나로 남아 있다.[51] 1998년에서 2004년 사이에 미국 의회는 거의 10억 달러를 국가 마약 반대 미디어 캠페인에 썼다. 왜? 중독은 계속 증가하고 있는데 왜 그런지 그 이유를 알 수 없기 때문이다. 오늘날의 젊은이들은 1980년대의 젊은이들보다 술을 더 많이 마신다. 그리고 여전히 마약과 술 사용률이 증가하는 이유를 알지 못하고 있다. 내가 선택한 이유 중 하나는 우리가 무의식 중에 스스로를 약하다고 믿도록 조건화하기 때문이라는 것이다. 우리는 자신의 삶을 즐겁게 영위하는 데 필요한 중요한 요소가 부족하다고 믿고 또 부족하다고 결론을 내리면서, 삶을 즐기고 스트레스를 처리할 물질이 필요하다고 말한다. 무의식적으로 술이 이러한 우리의 결핍을 보완하는 데 도움을 주며, 우리가 협조적이고, 솔직하며, 창조적이고, 자신감을 갖도록 도와준다고 믿는다. 또는 우리가 일상생활의 압박과 어려움을 극복하는 데 술이 도움이 될 것이라고 생각할지도 모른다.

경고 기전: 증상

이제 우리 몸이 무언가 문제가 생길 때 경고하는 가장 일반적인 방법인 '증상'들에 대해 잠깐 살펴보자. 우리가 병의 증상들을 느끼면 불편함을 없애기 위해 서둘러서 약국이나 가장 가까운 병원에 간다. 제약 산업이 지금처럼 이렇게 커졌던 적은 없었다.

당신이 배를 타고 가는데 폭풍우를 만났다고 상상해 보자. 선장은 더 이상 육지나 별들을 볼 수 없고 배의 항해 시스템에 전적으로 의존하게 된다. 밝은 붉은 빛이 깜박이기 시작한다. 이 빛은 항해 기구 중 하나가 배터리가 부족함을 알려 주는 신호이다. 선장은 항해 시스템 없이는 정확히 항해할 수 없다. 배터리를 교체하는 대신 빨간색 표시등을 제거한다면? 선장이 문제를 해결한 것인가? 아니, 그저 문제를 더 크게 만든 셈이다.

우리 엄마는 좀 지나치다 싶을 정도로 건강을 챙기는 사람이다. 대부분의 사람이 유기농 음식이 무엇인지 알기도 전에 유기농 음식을 먹었다. 엄마는 우리의 질병이 화학 약품보다는 자연, 약초, 식품에 기초한 치료법을 통해 치유될 수 있고 또 치료되어야 한다고 믿기 때문에 진통제인 애드빌(Advil)도 복용하지 않는다. 나는 여러 해 동안 엄마의 조언을 무시하긴 했지만, 특히 대학을 다니면서 타코 벨(Taco Bell)과 너즈(Nerds) 사탕을 먹으면서 건강한 생활 습관에 반항했을 때 엄마의 충고가 얼마나 날카롭고 진실된 것인지 깨닫게 되었다. 우리는 자신의 정상적 기능이 바뀌기 전에 관심을 가져야 한다. 자신의 몸과 마음의 내적 작용에 대해 아무것도 모른다는 것은 끔찍한 일이다. 몸의 기능을 망가뜨리거나 술 또는 다른 약으로 감각을 마비시킬 때 앞서 말한 선장처럼 대재앙을 불러일으키게 된다.

리커버리 2.0(Recovery 2.0)의 창시자이자 중독 전문가인 토미 로젠(Tommy Rosen)은 '몸 내부에는 무한의 약국이 있다'고 강조한다. 즉, 우리 몸 안에는 장수하고 건강하며 행복한 삶을 살기 위해 필요한 모든 본능, 호르몬, 약물이 들어 있다는 것이다. 우리 몸은 필요한 정확한 시간에 완벽한 양만큼 아드레날린이나 엔도르핀을 공급한다. 이 얼마나 경이로운 시스템인가.

인간의 면역체계는 질병에 대항하는 가장 강력한 무기이다. 따라서 어떤 현대 의학보다 인간의 건강에 훨씬 더 중요하다. 어떤 의사에게 물어보아도 똑같은 대답을 해 줄 것이다. 앞서 술이 면역체계의 능력을 얼마나 심각하게 손상시키는지에 대해 함께 이야기를 나눴다. 술은 인간의 면역체계에 있는 빨간 표시등을 제거하는 것과 같다.

선천성 통증 불감증이라고 불리는 희귀한 유전적 질환은 사람이 고통을 느끼지 못하게 한다. 처음에 통증을 못 느끼는 것이 좋은 것으로 보일 수 있다. 고통 없는 삶, 누가 불평하겠는가? 그러나 사실 선천성 불감증은 삶에서 가장 무서운 장애 중 하나이다. 피부가 빨개지고 물집이 잡힐 때까지는 샤워 물이 뜨거워지는 걸 깨닫지 못한다. 팔에서 뼈가 돌출되기 전까지는 뼈가 부러진 것을 모른다. 이 장애로 고통받는 사람들이 정상적인 삶을 살 가망은 없다. 안전한 거품 속에서 살지 않는 한 유년기를 넘기기도 어려울 것이다. 통증은 나쁜 것이라고 질타를 받지만 우리가 살아가는 데 반드시 필요한 친구이며, 우리를 살아 있게 한다.

어렸을 때 우리는 얼른 커서 자신의 집과 자동차 그리고 돈을 가지고 싶어 했다. 어른이 되면서 우리는 항상 피곤하고 삶에서 점점 더 스트레스를 많이 받기 때문에 다시 어려졌으면 하고 바란다. 그러나 이것이 꼭 맞는 것만은 아니다. 유년기와 사춘기 동안 우리는 자기 삶의 그 어느 때보다도 많은 변화를 겪는다. 다른 모든 동물의 유년기와 마찬가지로 인간의 유년기도 성년기보다 훨씬 더 스트레스를 많이 받는다.[52]

고등학교 시절이 얼마나 힘들었는지 생각해 보자. 자신이 겪었던 변화로 인해 갖게 된 정신적 부담을 기억해 보자. 어렸을 때 우리는 자신의 삶과 운명을 통제할 수 없다고 느끼며 두려움과 스트레스를 받는다. 그러다 성인이 되면서 정신적으로 평온하고 육체적으로 강해지면 정신과 육체 양쪽에서 최고를 경험하게 된다. 젊음의 활력을 되찾고, 실제 나이는 더 이상 중요하지 않은 것처럼 보인다. 자신 안에서 더 편안함을 느낀다. 더욱 현명해지고 더 잘 적응한다. 이것이 바로 자신의 인생에서 최고의 시기이다. 그 어느 때보다도 더 많은 정력, 기쁨, 원기, 용기, 자존감을 지니고 있다.

그러나 술은 이 모든 것을 우리에게서 훔쳐 간다. 우리는 술을 점점 더 많이 마시고 점점 더 아프게 된다. 이 과정은 아주 천천히 진행되며, 더 이상 최고의 컨디션을 느끼지 못한다는 것을 깨닫지조차 못한다. 점점 더 그 과정에 익숙해지고, 실제로 피곤하고 스트레스를 받으며 다소 불행하다고 느끼는 것이 정상이라고 믿게 된다. 물론 당연하게도 피로는 술 외에도 다른 많은 것 때문에 생길 수 있다. 하지만 만약 당신이 술을 마신다면 술이 피로를 야기하고, 심지어 계속적인 숙취로 불쾌한 삶을 살게 되면서 스트레스가 더욱 악화될 것은 분명하다. 숙취 이외에 자신에게 해를 끼치는 어떤 징후도 뚜렷하게 보이지 않는다. 하지만 이 만성적인 피로는 우리 몸이 무언가 잘못되었다고 말해 주는 경고인 셈이다.

요즘 나는 정말 믿을 수 없을 정도로 에너지가 넘쳐난다. 기력을 회복하는 데 시간이 어느 정도 걸렸고, 오랫동안 독을 마셔 온 나를 치유하는 데에도 좀 더 시간이 걸렸다. 당신도 신체적으로 강해지면 세상을 다 가진 것 같은 기분이 들 것이다. 우리는 인생의 위대한 순간들을 충분히 즐기기 위해 존재하기 때문이다. 또한 스트레스에도 더 잘 대처하게 되었는데, 전에는 내 문제를 다루는 대신 술을 마시면서 그것들을 무시했기 때문에 스트레스 요인들이 더 증가했고, 방치했을 때 스트레스가 설명할 수 없을 정도로 커졌다. 하지만 이제는 술을 마시지 않아도 스트레스를 마음 놓고 다스릴 수 있으며, 예전에 술을 마시면서 무시했던 일들도 다룰 수 있는 능력이 강력해지고 있다. 앞으로 힘든 날이 절대로 없을 것이라고 말하려는 것은 아니다. 물론 힘든 날들도 있다. 그러나 건강하고 행복하면 모든 것이 쉬워진다.

경고 기전: 본능

우리는 자신을 돕기도 하고 해치기도 하는 변덕스러운 지성을 가지고 있다. 그 지성을 이용하여 몸의 경고 표시등인 '증상'을 인식하고 근본적인 문제를 찾아내는 것은 우리 자신에게 반드시 도움이 된다. 오로지 지성에만 의존하고 몸의 본능적인 앎을 무시하는 것은 자신에게 무척 해롭다. '본능'은 무엇이 해가 되는지를 자신에게 알려 주는 몸의 감각 작용이다. 슬프게도, 우리는 이 가장 기본적인 경고 체계를 자주 무시한다.

몸에 이상이 생기면, 우리는 우선 의사를 찾아간다. 그러나 의사들도 인간이 어떻게 만들어지고 어떻게 자신을 치유하는지에 대해 거의 이해하지 못한다고 말한다. 인간은 계속해서 더 많은 것을 배우며 기존의 의학 이론을 반박한다. 예전에는 아픈 사람의 피를 빼내는 것, 즉 사혈이 몸의 병인을 빼서 병을 낫게 할 것이라고 생각했다. 하지만 지금은 사혈이 실제로 환자에게 해를 입히고, 병든 몸에서 생명력을 앗아 간다는 것을 알게 되었다. 물론 현재의 지식과 기술은 엄청난 속도로 성장하고 있으며, 세계 역사의 그 어느 때보다 더 많은 정보를 알고 있다. 하지만 이런 지식이 완벽하다고 상상하는 것은 어리석은 일이다. 그저 신문을 읽기만 해도 끊임없이 새로운 지식들이 발견되고 있으며 현존하는 이론들이 반증되고 있다는 것을 확인할 수 있다.

건강은 우리가 가진 것 중 가장 중요한 것이며, 건강이 없다면 다른 어떤 것도 중요하지 않다. 그리고 우리의 본능은 건강을 잘 인도하도록 특별히 설계되어 있다. 그러나 우리는 자신의 감각보다 지식을 더 신뢰하면서 지성에 더욱 의존하며, 지성을 위해 본능을 무시한다. 그리고 자신의 본능이 삶을 건강하게 유지하도록 설계되어 있다는 것을 깨닫지 못한다. 술은 우리의 감각을 약하게 하고 본능을 흐리게 한다. 따라서 자신의 타고난 본능을 무시하지 않는 것이 중요하다. 본능은 우리의 건강과 장수에 관해 우리가 가지고 있는 가장 귀중한 정보의 원천이다.

우리는 자신이 강하고, 총체적이며, 완벽하다는 것을 알아야 한다. 술이 생명을 다루는 데 도움을 주는 보조 역할을 하는 것이 아니라, 실제로 감각을 쇠약하게 하고 면역체계를 해친다는 것을 이해할 필요가 있다. 몸의 기능에 나쁜 영향을 미치는 화학물질을 섭취하는 일은 무모하다. 그리고 술이라는 화학물질은 중독성이 있기 때문에 그 위험이 더 증가한다. 사실 인생을 즐기거나 스트레스를 해소하기 위해서 술이 필요한 것이 아니다. 단지 술이 필요하다고 생각할 뿐이다. 그리고 실제로 술은 우리에게 아무런 도움이 되지 않는다. 술에 대한 진실을 알게 됨에 따라 의식적·무의식적으로 술에 대한 인식은 변하기 시작할 것이고, 더 이상 술을 원하지 않게 될 것이다. 그리고 마침내 자유로워질 것이다.

6장

경계에서 생각하기:
술은 정말 맛있다

"회복(recovery)이란 자신의 힘을 이용해서
잘못된 데이터에 기반을 둔 믿음을 바꾸는 것이다."
– 케빈 매코맥(Kevin McCormack)

술을 한 방울도 마신 적이 없었을 때에도, 술맛을 즐기는 것처럼 보이는 주변의 사람들을 **관찰**해 왔다. 그러나 당신이 처음 술을 마실 때 완전히 맛이 없는 걸 **경험**해 봤을 것이다. 보통 아이들은 처음에 술을 맛있어 하지 않는다. 그런데 주변의 다른 사람들이 술 마시는 걸 계속 관찰하면서, 처음에 정말 맛이 없었는데도 술을 마시는 게 분명 어딘가에 좋고 유익할 것이라고 **가정**하게 된다. 그러고는 술을 꾸준히 마시겠다고 **결론**을 내린다. 심지어 "술맛을 익혀야 해."라고 스스로에게 말하기도 하는데, 시간이 흐르면서 정말로 술맛을 익히게 된다. 이제 경험한 것과 목격했던 것이 딱 맞아떨어지면서 술은 정말로 맛있고 내가 술맛을 좋아하기 때문에 술을 마시는 거라고 더 쉽게 결론을 내린다.

이제 현실은 어떤지 생각해 보자.

술맛을 익혀야 한다

술맛을 익혀야 한다고 정당화(변명)하는 것은 새로운 술꾼을 유혹하는 엄청난 속임수이다. 내 동료인 야니(Yani)는 프랑스인이다. 야니의 부모님은 야니가 8세 때부터 저녁 식사 때 와인을 한 모금 마시라고 격려해 주었다. 마치 내 부모님이 내 접시의 시금치를 맛보라고 격려해 주었듯 말이다. 야니는 와인 마시기를 진짜로 싫어했고 부모님에게도 그렇게 말하곤 했다. 하지만 야니의 부모님은 그에게 어른이 되면 좋아할 테니 그저 기다려 보라고만 말하면서 딱 한 모금만 마셔 보라고 고집했다. 아니나 다를까, 야니는 지금 매일 밤 와인을 마신다. 우리가 난생 처음 술을 마시고 술맛을 견디지 못할 때, 언젠가는 술맛에 익숙해질 것이라고 안심시켜 줄 누군가가 항상 곁에 있었다.

하지만 우리의 경이로운 몸을 다시 한번 생각해 보자. 몸의 목적은 우리가 살아 있도록 하는 것이다. 우리는 살아남기 위해 음식과 물이 필요하다는 것을 안다. 만약 우리가 먹고 마시지 않는다면 죽을 것이다. 동물들은 살아남기 위해 먹고 마시는 것을 의식적으로 인식하지 못한다. 그 대신에 본능적으로 배고픔과 갈증을 느낀다.

우리는 어떤 것들이 독인지 아닌지 안다. 그것이 '독이다'라고 들었거나 라벨에 '이것은 독입니다'라고 적혀 있기 때문이다. 사슴은 무엇이 독이고, 어떤 풀을 먹으면 되고, 또 어떤 풀은 자신에게 해로운지 어떻게 알까? 사슴이 가진 대단한 면이지만 꽤 간단하다. 사슴이 먹을 수 있는 풀은 향과 맛이 좋지만, 사슴을 아프게 하는 풀은 향과 맛이 역겹다.

후각과 미각은 건강한 삶을 살아가는 데 필수적이다. 후각과 미각으로 좋은 음식과 썩은 음식을 구별할 수 있다. 냉장고에 있는 제품들은 유통기한이 있지만, 고기가 썩었을 때 냄새를 맡거나 상한 우유의 맛을 아는 인간의 능력은 음식에 표시된 날짜보다 더 정교하다. 이러한 감각은 우리의 생존을 보장한다.

나는 최근에 브라질에서 에탄올을 주유소에서 파는 것을 보았다. 그런데 주유소에서 파는 에탄올이 우리가 마시는 술의 에탄올과 정확히 같다는 것을 알면 놀랄 것이다. 맞다. 첨가물이 없는 술이 에탄올이다. 순수한 술은 맛이 끔찍하고, 아주 소량만 먹어도 죽을 수 있다. 그러나 우리가 마실 수 있도록 좋은 맛을 내기 위해 다양한 과정을 거치며 첨가제를 넣는다. 그 어떤 과정도 마시는 에탄올이 가진 해로움을 절대로 줄이지 못한다.

술은 우리의 간과 면역체계를 공격하여 건강을 파괴한다. 술은 60여 가지 이상의 질병과 관련이 있다.[53] 그러나 우리는 술의 해로움에 대해 단지 지엽적으로만 알고 있다. 그 대신 술에 대한 긍정적인 사회적 메시지에 매우 익숙해지면서 술맛을 즐기기 위해 술을 마신다고 정당화한다. 그리고 술맛을 즐기기 위해 술을 마시는 게 사실이라고 믿는다. 우리는 자신도 모르게 자신을 속이는 기이한 능력을 가지고 있다.

어느 대학생이 축구 경기를 관람하다가 태어나 처음으로 맥주를 마시고 있다고 상상해 보자. 그것은 값싸고 시원하지도 않으며 거의 확실히 맛이 없다. 그 대학생은 맥주보다 차라리 탄산음료를 마시는 것이 훨씬 낫다고 분명히 확신한다. 그런데도 만약 그 대학생에게 왜 탄산음료를 마시지 않느냐고 묻는다면, 아마 자신이 맥주 맛을 좋아한다고 말할 것이다. 사실 그 대학생은 주변과 어울리기를 원하는데, 축구 경기를 관람하며 탄산음료를 마시는 건 아이들뿐이다. 자신이 탄산음료를 마신다는 걸 인정할 수 없고, 그래서 맥주의 맛을 좋아한다고 말한 것이다. 그러나 그 대학생은 맥주를 억지로 마시고 있다.

몇 달 후 동창의 날 경기에서 그 대학생을 만나게 되어 맥주의 맛이 어떤지를 물어보면, 그 대학생은 여전히 맥주 맛을 좋아한다고 말할 것이다. 그 대학생이 몇 달째 술을 마셔 왔기 때문에 그 대답은 어느 정도 진실일 수 있다. 그는 이미 술맛을 익히기 시작했다. 그리고 술은 중독성이 있기 때문에 감지할 수 없는 갈망을 불러일으키고, 그 갈망이 충족되면 그에게 즐거움의 인식을 심어 준다.

나는 탄산음료를 엄청나게 많이 마시고 구토한 사람을 본 적이 없다. 하지만 정말 많은 사람이 술을 마시고 구토를 한다. 내가 아는 가장 자제력 있는 음주자들조차 가끔은 과음 때문에 구토할 때가 있다. 구토를 한다는 것은 끔찍한 것이다. 술을 마신 뒤 구토를 함으로써 생명을 구하고 술의 독성으로부터 우리를 보호하게 된다. 함축된 의미는 분명하다. 술은 우리에게 좋지 않다는 것이다. 하지만 우리는 단념하지 않았다. 과음 후 구토하는 밤들을 마치 명예로운 훈장처럼 여기며 계속해서 술을 마신다. 그러면서 마침내 술맛을 익히기로 결심했다.

결국에는 술맛을 진짜로 좋아하게 되지만, 술은 여전히 주유소에서 파는 에탄올과 같은 화학물질이다. 술은 여전히 우리의 간, 면역체계 그리고 뇌를 파괴하고 있다. 맛은 실제로 변하지 않으며, 변하는 것은 불가능하다.

향수 뿌리는 남자를 생각해 보자. 우리는 그가 1마일 떨어진 곳에 있어도 냄새를 맡을 수 있지만, 그는 알지 못한다. 같은 개념이다. 나는 목장과 농장으로 둘러싸인 농촌에서 학교를 다녔다. 이 마을은 매우 지독한 냄새가 나는데, 거기서 몇 달 지내고 나면 전혀 그 냄새를 맡을 수 없다. 정말 놀랍게도, 감각들은 충분한 시간만 주어지면 가장 불쾌한 것들에 대해서도 면역력을 갖게 된다.

술맛은 절대적으로 좋지 않다. 술맛이 좋다면, 왜 우리는 술에 혼합 음료와 감미료를 섞어 입맛에 맞추려고 그렇게 많은 노력을 해야 할까? 당신은 위스키를 스트레이트로 마시는 것을 좋아하는 남자다운 타입일지도 모른다. 내가 동물의 똥 냄새를 맡는 데 익숙해진 것처럼 당신도 위스키의 맛에 익숙해진 것이다.

정말로 술의 맛 때문에 술을 마시는 걸까?

술은 음식의 맛을 돋운다

특정한 음료로 음식의 맛을 향상시킬 수 있다는 것은 우유와 쿠키를 떠올려 보면 알 수 있다. 실제로 쿠키를 우유에 담갔다 먹으면 쿠키의 질감과 맛이 변하면서 맛이 훨씬 좋아지는 걸 안다. 하지만 우리가 스테이크를 먹으면서 동시에 와인을 마신 것도 아닌데 어떻게 와인이 스테이크의 맛을 바꿀 수 있는 걸까? 실제로는 술이 미각의 민감도를 높이기보다는 미각을 떨어뜨린다는 것이 의학적으로 증명되었다.[54]

소스를 만들 때 와인이 훌륭한 맛을 낼 수 있다는 것은 잘 알려져 있다. 이때 와인과 무엇을 함께 섞느냐가 포인트이다. 한 유명한 요리 쇼는 요리사들에게 온갖 종류의 고약한 재료들을 이용해 맛있는 무언가를 요리하도록 제안하는데, 이때는 와인이 훌륭한 재료가 된다. 내가 이상하게 생각하는 것은 이 세상에 수천 가지 음료가 존재하는데 '음식의 맛을 돋우기 위해 마신다'라는 변명은 술에만 적용된다는 것이다. 사람들은 핫도그의 맛을 돋우기 위해 콜라를 마신다고 하지 않는다. 나 또한 마케팅 담당자로서 깜짝 놀란 부분인데, 음식의 맛을 돋우기 위해 술을 마신다는 홍보는 천재적인 마케팅 전략이다. 만약 그 제품(술)과 진정한 식사의 즐거움을 결합시킬 수 있다면, 스테이크를 팔 때마다 와인 한 잔을 엄청나게 비싼 가격으로 함께 팔 가능성이 훨씬 더 높아지는 것이다.

왜 술을 마시는지 상대방에게 정당화하는 대화는 주변에서 항상 볼 수 있다. 자몽을 왜 먹는지와 같이 자신이 좋아하는 무언가를 왜 먹는지 정당화하려고 둘러앉지는 않는다. 하지만 당신이 술 마시기를 거절하면 주변의 모든 사람은 술을 마시는 자신들의 이유를 세세하게 설명하기 시작한다. 이때 그 설명에 좀 더 집중해 보면, 술에 대한 대화가 얼마나 불균형적인지 알게 될 것이다. 도넛을 먹을 때 우리는 칼로리 수치나 설탕의 양을 언급할 수 있고, 이런 대화는 도넛을 딱 하나만 먹도록 절제하는 데 도움을 준다. 그러나 술에 대해서 이야기할 때는 그 누구도 "이 술은 정말 맛있어요. 내 음식 맛을 높여 주지요. 하지만 간 손상이 걱정이 돼요."라고 말하는 것을 듣지 못했다.

그런데 함께 모여서 술에 대한 이야기를 할 때면 왜 술의 좋은 면에 대해서만 이야기하게 될까? 그 이유는 술의 위험에 대해 집단적으로 모른 척하기 위해서이다. 군중 심리는 모든 사람이 같은 말을 하거나 같은 일을 하기 때문에 무언가를 더 쉽게 믿거나 행동하게 만든다. 예를 들어, 사람들이 "카베르네(와인)는 깊은 풍미가 있고 오크향, 레몬향이 나고 화려하면서도 감미로운 맛이 난다."라고 대화하기 시작할 때 카베르네에 대해 그렇게 믿게 된다.

게다가 어느 누구도 좋은 와인과 값싼 와인을 구별할 수 없다는 실질적인 증거가 있다. 미국와인경제학협회(American Association of Wine Economists)는 6천 명 이상의 와인 소비자를 대상으로 블라인드 맛 테스트를 실시했는데, 와인을 마신 소비자는 비싼 와인과 값싼 와인을 구별하지 못했다. 사실 테스트에 참여한 대다수는 값싼 와인을 선호하는 것으로 확인되었다.[55] 같은 협회가 2년 후에 실시한 연구에서 사람들이 프랑스 전통 요리인 빠떼(Pâté)와

개에게 주는 음식을 구별할 수 없었다고 하니 정말 재미있는 것
같다.[56]

갈증 해소를 위해 술을 마신다

"간밤에 그렇게도 술을 많이 마셨는데,
이 아침에 이리도 목이 마를 수가 있을까."

– 익명의 알코올중독자

우리는 갈증을 해소하기 위해 더운 날에 시원한 맥주를 마시는
게 좋다고 생각한다. 맥주는 약 96%의 물과 4%의 알코올로 되어
있기 때문에 맥주의 수분 함량이 갈증을 해소한다고 결론짓는 것
은 타당하다. 그러나 술은 이뇨제, 즉 소변을 보게 해서 체내의 수
분을 제거하는 물질이다. 맥주는 96%의 물을 빨아들일 뿐만 아니
라 우리 몸의 수분 함량을 더욱 감소시킨다. 그래서 한 차례 술을
마신 뒤 믿을 수 없을 만큼 갈증을 느끼며 한밤중에 깨어난다. 입
안이 바싹 말라서 물 한 잔이 몹시 마시고 싶은 생각이 든다. 술로
인한 탈수는 실제로 두뇌와 몸의 기능을 위축시킬 수 있다.[57] 술
한 잔만 마셔도 실제로 더 목이 마르기 때문에 다시 술을 마시게
된다. 우리 중 누구도 여섯 팩의 탄산음료를 마시지는 않는다. 하
지만 맥주는 항상 여섯 팩으로 마신다. 갈증이 커질수록 다음 맥
주가 갈증을 해소한다는 착각 때문에 더 맛있을 것으로 믿게 된

다. 술은 중독적이고, 미각을 무감각하게 만들며, 사람들은 술을 더 많이 마시고 싶어 한다.[58] 정말 천재적인 상품 마케팅이다.

　나 또한 술을 마셔야 한다고 정당화하기 위해 엄청 노력했고, 함께 술을 마시자고 주변 사람들을 부추겼다. 혼자 술 마시는 것보다 누군가와 함께 술 마시는 것이 더 재미있다고 생각했는데, 그건 내가 스트레스를 덜 받기 위해서였을 뿐이다. 함께 술을 마시면 혼자 술을 마시는 게 아니어서 안심이 되었기 때문이다. 만약에 함께 모인 사람들과 다르게 혼자만 술을 마시면 자신만 술을 선택한 게 궁금해지고, 자신에게 술 문제가 있는 건 아닌지 의문을 품게 된다. 그러나 함께 모인 사람들 모두가 술을 마신다면, 자신의 이성적인 판단과 상당히 어긋난다 하더라도 술을 마시는 것을 정당화할 이유를 찾을 필요가 없다. 모두가 술을 마신다면 분명 좋은 이유가 있을 것이고, 그렇다면 술을 마시는 게 그렇게 나쁘지는 않은 것이다. 인간이 자기 자신을 속이기 위해 아주 많은 것을 생각한다는 게 정말 놀라울 뿐이다. 거짓말도 오래도록 설득력 있게 한다면, 거짓말을 하고 있는 당사자조차도 그 거짓말을 믿게 된다

7장

당신: 오염되었어

> "교육은 당신이 세상을 바꾸기 위해
> 사용할 수 있는 가장 강력한 무기이다."
> – 넬슨 만델라(Nelson Mandela)

이 책을 쓰던 초반에는 이 장을 쓸 생각이 없었다. 사실 1차 편집 후에 이 장을 썼다. 왜 그랬을까? 나는 긍정적인 관점이 부정적인 견해보다 훨씬 더 생산적이라고 믿는다. 다시 말해, 술의 무서운 점들을 일일이 나열하는 것이 술을 끊는 데 도움이 되지 않는다고 믿는다. 술에 대한 공포가 의식적으로 술을 끊고 싶도록 자극할 수는 있지만 이 책을 읽다 보면 술을 분명히 끊어야겠다는 생각을 가지게 된다. 사실은 너무 많은 문제를 일으키는 술, 그 술을 마시고 싶어 하는 무의식적 욕망이 더 중요하다고 본다. 자신의 기억을 하나씩 더듬어 본다면, 술이 정말로 유익하다고 믿도록 훈련받아 왔다는 것을 알 수 있다. 술로부터 자유를 찾기 위해서는 이러한 믿음들을 뒤집어야 한다. 그런데 술의 위험한 점들을 나열하는 것은 단주의 이익에 대한 인식을 정상적으로 되돌리는 데 아무런 도움을 주지 않는다. 그리고 술의 해악에 대한 정보들은 음주자들에게 스트레스를 줄 수 있고, 스트레스를 받으면 그들은 술을 더 많이 마시게 된다. 결국 우리의 상황은 개선되지 않는다.

하지만 이 장을 건너뛰기 전에 사회적으로 술이 무엇인지 술이 인간의 몸에 어떤 작용을 하는지에 대한 교육이 정말로 필요하다. 나는 술이 건강에 해롭다는 것이 상식이라고 생각했다. 하지만 나의 생각은 틀렸다. 7천 명 이상의 사람이 이 책의 초안을 읽고 편집 과정에서 피드백을 제공해 주는 베타 독자로 자원했다. 그들의 논평이 쏟아져 들어오면서 나는 '술이 해롭다'는 것이 상식으로 인식되어 있지 않다는 것을 알았다. 사실 사람들은 '술이 이롭다'고 믿을 정도로 세뇌되어 있었다. 예를 들어, 하루에 한 잔에서 세 잔 정도가 적당하며 건강에 도움이 된다고 상식처럼 알고 있었다. 이러한 잘못된 지식을 고려해 볼 때 이 장은 필수적으로 필요하다. 우선, 약간의 술이 건강에 좋다고 믿는 가정부터 이야기를 시작해 보자.

왜 잘못된 정보가 많은 걸까

나는 이 믿음들이 어디에서 기인한 건지 안다. 와인이 심장에 좋다거나 술이 콜레스테롤을 감소시킨다고 주장하는 기사는 항상 나온다. 술 소비량과 기대수명 사이의 관련성에 대한 연구도 몇 개 있다. 이러한 연구들의 이상한 점은 바로 사망 원인을 무시하고(즉, 술이 죽음에 기여했는가?), 모든 죽음을 뭉뚱그려 '죽음'이라고만 표현한다는 것이다. 그럼에도 불구하고 술이 건강에 좋다는 비교적 적은 수의 연구를 강조하며, 그 반대의 사실을 입증한 수천 개의 연구 결과는 무시해 버리는 수많은 기사가 발표된다.

그렇다면 왜 건강상의 이익으로 추정되는 내용들만 널리 알려지게 되어 일반 사람들이 믿게 된 것일까? 몇 가지 이유가 있다. 첫째, 기자들은 관심과 노출을 받는 인기 있는 기사를 써야 한다. 이런 기사들이 더 높은 독자층을 확보하고 더 많은 광고를 얻게 하여 저널 사업을 구축할 수 있게 해 준다. 술의 위험성에 대한 연구가 더 많은 반면 출판된 기사가 훨씬 적다는 것은 구글 검색으로 확인해 볼 수 있다. '알코올중독' 또는 '알코올 위험'을 검색하면, 대부분의 결과에 미국 국립알코올남용 및 알코올중독연구소(NIAAA)와 같은 기관이나 메이요 클리닉(Mayo Clinic), WebMD와 같은 의료 사이트의 연구물이 포함된다. 이 두 용어를 검색해 보면, 검색 창의 첫 페이지에 표기된 인기 출판물『타임즈(Times)』『허핑턴 포스트(Huffington Post)』『워싱턴 포스트(Washington Post)』]에는 0개의 인기 자료가 확인된다. 이번에는 '술과 건강'을 검색해 보자. 대부분이 신뢰할 수 없는 출처의 글이며, 유명하지만 비과학적인 언론 매체에 '건강을 위한 술'과 같은 헤드라인을 장식한 수십 개의 기사를 볼 수 있을 것이다. 이런 기사들은 소수의 실제 연구들 중 하나 정도를 가리킨다.

우리는 지금까지 종합적으로 증명된 정보보다는 인기가 있는 정보를 인쇄하는 매체에 속아 왔다. 더불어 자기 스스로도 속이고 있다. 이것이 바로 **확증 편향**(confirmation bias)의 예이다. 와인이나 맥주가 건강에 좋다고 주장하는 기사들을 수천에서 수만 명이 공유한다. 이런 기사들은 소셜 미디어에서 급증한다. 그리고 사람들도 헤드라인에만 관심을 집중하며 그 기간도 짧다. 결과적으로 술이 실제로 좋다고 믿게 된 것은 놀랄 일이 아니다. 술에 대해 경고하는 기사를 인기 있는 언론 매체에서 발견했다 해도, 기사의 공유 횟수가 10회 미만으로 매우 적다는 것을 확인할 수 있을 것이다. 즉, 이런 기사는 독자들이 첫 줄 정도만을 확인하는데, 이는 결국 술에 대한 부정적인 정보는 좀처럼 널리 퍼지지 않는다는 것을 의미한다.

토론토에 위치한 중독 및 정신건강센터(Centre for Addictions and Mental Health)의 수석 과학자 위르겐 렘(Jürgen Rehm) 박사는 술과 관련된 유익한 건강 관련 연구는 유해성을 입증한 연구와 비교해 극히 일부에 지나지 않는다고 경고한다. 그러나 언론에 소개되면 술이 유익하다고 주장하는 연구가 더 자주 강조된다. 위르겐 렘 박사는 언론에 보도되는 연구 수가 얼마나 되는지 직접 세어 봤고, 술과 건강 사이의 해로운 연관성보다는 유익한 연관성에 대한 보고가 더 많다고 거듭 강조했다. 술의 위험을 뒷받침하는 증거는 술이 이롭다는 증거보다 10배나 많았다. 그리고 사람들에게 알려지고 공유되는 술의 이점 또한 연구의 극히 일부로 확인된 것이며, 흔히 맥락에서 인용되는 편익과 함께 소개되는 정도이다.

이처럼 술의 유익성이 소셜 미디어 안에 더 많이 퍼져 있는 현상은 '공유'를 과학적으로 짚어 보면 확실히 이해가 된다. 즉, 사람들은 왜 소셜 미디어에서 지식을 공유할까? 공유의 주요 이유 중 하나는 '소셜 화폐(social currency)'이다. 사람들은 동료들의 눈에 그들 스스로가 '좋다(똑똑하다, 신선해 보인다, 세련되어 보인다, 정보력이 있어 보인다 등)'라고 비춰질 만한 자료들을 공유한다. 당신의 심장을 설레게 할 해피 아워(happy hour, 술집의 특별 할인 시간대)에 대한 기사는 와인과 심장 건강 사이의 부정적인 관계를 증명하는 연구보다 더 많은 소셜 화폐를 유통시킨다.[59]

하지만 혼란스러운 것은 잘못된 정보들이 너무도 많다는 점이다. 우리는 잘못된 정보를 알고 있는 자신을 비난할 수도 없다. 그래서 이 장을 통해 당신을 올바르게 교육시키려 한다. 이 장에 소개된 정보는 통계적으로 관련성이 있는 연구들로부터 발췌되었으며, 당신 스스로 결론을 내릴 수 있도록 술의 득과 실 두 측면에 대한 자료를 모두 포함시켰다. 그러니 함께 제공한 연구의 출처에 더 관심을 갖고, 자신이 깊이 고민한 내용들을 더 의미 있게 반성해 볼 것을 권장한다. 우리는 사회가 가장 많이 소비하는 음료인 술의 부작용보다 이부프로펜(소염진통제)의 부작용에 더 관심을 집중하는 것 같다. 여기서 자신의 지성을 분별력 있게 사용하는 것이 중요하며, 최신 기사들을 끊임없이 업데이트하고 연구가 실제로 무엇을 말하고자 하는지 이해하는 것이 중요하다. 자신의 몸에 투입한 것에 대한 정보를 얻고 사실에 근거하여 결정을 내리면서 스스로에게 진 빚을 갚아야 한다.

이제 술이 우리 몸에 어떤 작용을 하는지에 초점을 맞추어 보자. 이 책의 뒷부분에서 사회적 해악과 간접 음주(술을 마신 사람으로 인해 다른 사람이 받는 피해)에 대해서도 이야기할 것이다.

전반적인 유해 요인

연구자들은 전반적인 유해성과 관련된 기준에 따라 20개의 약물을 점수로 매겼는데, 이는 약물 사용자와 약물을 사용하지 않는 주변인 모두에게 가해지는 해를 고려한 유해성이다. 기준의 대부분은 개인에 대한 특정 해악과 관련이 있다. 전반적으로, 술은 가장 해로운 약물이며 전체 유해성 점수는 72점이었다. 헤로인은 55점으로 2위, 크랙 코카인은 54점으로 3위를 차지했다.[60]

세계보건기구(World Health Organization: WHO)는 술이 60여 종의 질병, 상해와 인과관계가 있는 요인이라고 말한다. 이 보고서는 술의 유해성이 에이즈를 능가했고, 현재 15세에서 59세 사이 남성들의 가장 큰 사망 위험 요소라고 전한다.[61]

미국에서 여성의 경우 2시간에 4잔(남성의 경우 5잔) 또는 1주에 8잔(남성의 경우 15잔)으로 정의되는 과도한 술 소비[62]는 매년 8만 8천 명의 사망자를 내는 조기 사망의 주범이다.[63] 불법 마약은 매년 1만 7천 명의 사망자를 발생시키고 처방약은 매년 2만 2천 명의 사망자를 발생시킨다고 하는데, 모든 약물(불법 약물과 처방약 모두를 합친) 복용으로 인한 사망자 수와 비교해 술에 의한 사망자 수가 2배 이상으로 높다는 것을 의미한다.[64]

술의 이점?

술은 의학적 이점이 있다. 술은 강한 소독제(방부제, 항균/항생) 기능을 하며 통증을 완화시키는 데 사용될 수 있다. 통증을 더 효과적으로 완화하기 위해 의사들이 이부프로펜과 모르핀과 같은 다른 방법을 찾아냈던 것 또한 놀랄 게 아니다. 하지만 술은 다른 약물보다 장기적으로 좋다는 주장이 꽤 있다. 예를 들어, 와인의 항산화제는 몸의 좋은 콜레스테롤 수치를 높일 수 있다는 증거가 있는데,[65] 정말 와인이 그런 역할을 하는 걸까? 대부분의 과일 주스에는 와인보다 항산화제를 더 많이 함유하고 있다. 습관적으로 와인을 마시는 사람들은 많은 반면, 밤마다 주스를 마시는 사람이 있는지는 잘 모른다. 만약 당신이 매일 밤 항산화제가 풍부한 주스를 한 잔씩 마신다면, 와인을 마셨을 때와 똑같은 항산화 효과를 분명히 얻을 것이다. 그리고 해로운 부작용이나 중독될 가능성도 없을 것이다.

술, 특히 와인이 우리의 심장 건강에 좋다는 기사들을 많이 봤다. 그러나 26만 명이 넘는 사람들의 음주 습관과 심혈관 건강을 분석한 새로운 연구에 따르면, 적은 양의 술도 심장 건강에 전혀 도움이 되지 않는다.

또 술을 마시는 사람이 술을 마시지 않는 사람보다 오래 산다는 내용도 잘 알려져 있다. 이 내용과 관련 있는 가장 유명한 연구 중 하나가 홀라한(Holahan)의 연구이다.[66] 찰스 홀라한(Charles J. Holahan)은 연구 시작 당시 55~65세에서 그로부터 20년 뒤 75~

85세가 된 1,824명의 사람을 추적했다. 대다수(65%)는 남자이며 92%는 백인이었다. 이 연구는 술과 장수 사이의 상관관계(인과관계가 아님)를 확인하기 위해 연구에 참여한 금주자 345명과 음주자 1,479명을 비교해 봤을 때 금주자가 20년 동안 사망할 확률이 더 높았다고 보고한다. 단, 사망의 이유를 찾거나 확인하지 않았다. 이 연구는 "보통의 음주자들과 비교해, 금주자들은 이전에 술 문제가 있었고, 비만이며, 담배를 피웠을 가능성이 훨씬 더 높았다." 라고 언급하며 술과 장수 간 상관관계의 중요성을 강조한다. 다시 말해, 금주자들은 다른 건강상의 문제나 이전의 알코올남용 같은 이유로 금주를 하게 된 듯했고, 55세에서 85세 사이에 사망한 금주자 239명의 사망 이유는 확인되지 않았다. 그렇다고 239명이라는 작은 표본 크기의 결과에 맞추어 나의 전반적인 건강을 절대로 결정하고 싶지 않다. 황새의 개체 수와 태어난 아기의 수 사이에 상관관계가 있다고 해도, 이 상관관계를 인과관계로 해석하지는 않는다.[67] 그런데 술에 대해서만큼은 왜 상관관계 연구 결과를 인과관계처럼 해석하는 건지 알 수가 없다.

모르핀, 코데인, 또는 다른 처방약조차도 전문가의 진단과 처방 없이 자가투약을 하는 것은 좋은 생각이 아니다. 사실 스스로에게 어떤 중독성 있는 물질을 약으로 처방하는 것은 좋은 생각이 절대 아니다. 심장병에서 파킨슨병에 이르는 모든 질환에 대한 약물치료는 구체적인 치료 계획과 철저한 문서 작성 그리고 부작용에 대한 이해를 바탕으로 전문가의 감독하에 진행되어야 한다. 술 소비와 건강 사이에 상관관계가 있다고 해도, 자가관리를 위한 약으로 술을 마셔야 한다고 주장하는 믿을 만한 사례는 전혀 없다.[68]

술의 위험성: 몸

앞에서 이야기한 것처럼 인간의 몸은 틀림없이 지구상에서 가장 복잡하고 능력 있는 유기체일 것이다. 우리는 생존을 보장하고 질병을 극복하는 신체의 능력을 이해할 수 없다. 당신이 자신의 소중한 몸을 잘 돌본다는 것은 결국 자신을 잘 돌본다는 의미이다. 지금부터 나는 술이 몸에 어떤 영향을 미치는지 간략히 설명해 보려 한다. 이로써 술이 왜 당신의 건강과 삶에 그렇게 큰 피해를 주는지 알게 될 것이다. 이 정보들을 여러 연구로부터 취합했는데, 주요 출처는 미국 보건복지부(U.S. Department of Health and Human Services)이다.[69]

뇌

우리의 뇌 구조는 믿을 수 없을 정도로 복잡하다. 뇌는 수조 개의 작은 신경 세포인 뉴런과 의사소통하며, 뉴런들은 정보를 뇌와 몸이 이해할 수 있는 신호로 변환한다. 뇌의 네트워크를 가능하게 하는 화학물질인 신경전달물질이 뉴런 사이에 메시지를 전달한다. 이러한 화학물질들은 상당히 강력한데, 감정, 기분 그리고 신체적인 반응을 변화시킨다. 뇌는 정보의 전송 속도를 높이거나 속도를 늦추면서 이러한 화학물질들 간의 균형을 유지시킨다. 그런데 술은 신경전달물질 간의 의사소통을 늦추고, 뇌의 신경 고속도로를 느리게 하여 뇌에서 이루어지는 의사소통을 방해한다.[70] 감각기관으로부터의 의사소통을 지연시켜 반응을 감소시키고 감각을 약화시킨다.

소뇌, 변연계, 대뇌피질은 계획, 사회적 상호작용, 문제 해결, 학습을 포함한 활동을 관리한다. 술이 운동 조정을 방해한다는 것은 잘 알려져 있는 사실이다. 술을 마셨을 때 취하거나 똑바로 걷지 못하고 비틀거리는 것은 술을 마시면 누구나 보이는 전형적인 행동이다. 하지만 술이 감정을 다스리는 타고난 능력을 빼앗아 간다는 사실도 알고 있는가? 술을 마시면 불평과 짜증이 올라온다. 어떤 술꾼들은 자신의 술버릇으로 울음이 터지거나 분노가 치솟는다고 이야기하는데, 이 모든 원인은 술을 마셨기 때문이다.

과음이 심각한 만성 우울증과 밀접하게 연관되어 있다는 것은 많이 알려져 있다.[71] 더욱 무서운 것은 술을 계속 마시게 되면서 뇌가 술로부터 인위적인 자극을 받게 되면, 친구를 만나거나 책을 읽거나 심지어 섹스를 하는 것과 같은 일상 활동에서의 즐거움을 신경학적으로 경험할 수 없게 된다는 것이다.[72] 즉, 술은 행동, 사고 및 사회적 상호작용 능력을 방해한다. 그리고 기억하고, 배우며, 문제를 해결할 수 있는 타고난 능력을 방해한다.

2시간에 남성은 5잔, 여성은 4잔을 마셨을 때 과음이라고 정의하는데, 1회의 과음만으로도 신경세포에 영구적인 변화를 일으키고 개인 뇌세포의 크기가 줄어든다.[73]

생리학적으로 초기의 술기운은 감정을 조절하는 신경전달물질인 세로토닌이 방출된 결과이다. 그리고 술을 마시면 행복감을 일으키는 신경전달물질인 엔도르핀이 방출되기도 한다. 엔도르핀이 나온다는 게 좋은 거라고 생각할지 모르지만, 사실은 그렇지 않다. 왜냐하면 뇌는 엔도르핀이 평소보다 많이 방출되었다고 판단하고 보상하기 위해 결속하기 때문이다. 즉, 뇌는 신경전달물질이 급증하는 것을 이해하지 못하고 균형을 조정하며 복원하려 한다.[74] 그 결과, 술에 대한 내성이 쌓이고, 술에 의존하게 되며, 신체적 금단 증상을 경험하게 되는 것이다.

간은 술로부터 몸을 보호하는 첫 번째 방어선 역할을 한다. 즉, 술을 분해하여 몸이 가능한 한 빨리 독을 제거할 수 있도록 한다. 간에서 술이 분해될 때, 독소와 손상된 간세포가 혈류로 배출된다. 그런데 이 독소들이 뇌에 더 위험하다.[75] 뇌 안쪽으로 스며든 독소는 낮은 수면의 질, 변덕스러운 기분, 성격 변화(폭력적이 되거나 갑작스럽게 우는), 불안, 우울증, 주의력 저하 등의 원인이 되며, 혼수상태와 사망에까지 이를 수도 있다.

그렇다고 지금 너무 낙담하지 않았으면 한다. 단주는 사고력, 기억력, 주의력에 대한 부정적인 영향을 뒤바꾸는 데 도움을 줄 수 있다. 그리고 몇 달에서 1년 사이에 뇌가 스스로 원상복귀되는 것을 확인할 수 있다.[76]

심장

심장은 하루에 10만 번 이상 뛰며 2천 갤런의 피를 몸 전체에 운반한다. 심장 속에는 두 개의 방이 있다. 오른쪽 심장은 폐로 혈액을 보내어 이산화탄소를 산소로 교환한다. 수축이 풀리면서 산소를 담은 피가 당신의 왼쪽 심장으로 다시 흐른다. 심장이 다시 수축하면 산소를 충분히 담은 피를 전신으로 보내어 조직과 장기에 영양을 공급한다. 전신을 돌고 난 혈액은 신장을 통과하여 노폐물을 제거한다. 혈액은 효율적인 청소 시스템 중 하나이고 끊임없이 몸에서 독소를 제거하기 때문에 '더러운' 상태가 된다. 전기적 신호는 심장이 평생 살아가는 동안 정확한 속도로 뛰도록 작동한다.

그러나 술은 심장 근육을 약화시켜 축 처지고 늘어지게 만들며 효율적으로 계속 수축하는 것을 불가능하게 한다.[77] 심장이 더 이상 효율적으로 수축할 수 없으면 장기와 조직으로 충분한 산소를 운반할 수 없고, 그 결과 전신의 조직과 장기는 더 이상 적절하게 영양을 공급받지 못하게 된다.

한 번에 많은 양의 술을 마시는 것은 심장박동을 조절하는 심장 박동 시스템에 영향을 미칠 수 있다.[78] 그리고 혈전의 원인이 될 수 있다. 우리 몸 안에서 힘든 술 싸움이 진행되는 동안 심장은 충분히 뛸 수 없게 될 것이고, 이것은 피가 고이고 응고되는 원인이 될 수 있다. 그 반대의 경우도 일어날 수 있다. 심장이 너무 빨리 뛰어 심실에 혈액으로 채워지는 데 충분한 시간을 제공하지 않아서 불충분한 양의 산소가 전신에 공급될 수도 있다. 그 결과, 폭음으로 뇌졸중이 될 가능성이 39%까지 높아진다.[79]

혈관은 고무줄처럼 신축성이 있어 심장에 많은 압력을 가하지 않고도 피를 운반할 수 있다. 그러나 술을 마시면 혈관을 수축시키고 혈압을 높이며 고혈압을 일으키는 스트레스 호르몬이 분비되는데, 그 호르몬은 혈관을 딱딱하게 한다.[80] 당연히 고혈압은 위험하며 심장병을 일으키는 원인이다.[81]

간

2백만 명의 미국인이 술과 관련된 간 질환을 앓고 있는데,[82] 따라서 술은 질병과 사망의 주요 원인이 되고 있다. 간은 영양분과 에너지를 저장하고, 질병을 퇴치하며, 술과 같은 위험한 물질을 몸에서 제거하는 효소를 생산한다. 앞서 이야기한 바와 같이 술을 분해하는 과정에서 독소가 생성되는데, 실제로는 그 독소가 훨씬 더 위험하다.[83] 술은 간세포를 손상시켜 염증을 일으키고 신체의 자연 방어를 약화시킨다. 간염은 신진대사를 방해하여 다른 장기의 기능에 영향을 미친다. 게다가 간염은 간 반흔 조직(scar tissue)의 증식을 일으킬 수 있다.[84]

술이 간의 천연 화학물질을 변화시키기 때문에 술을 많이 마시면 간 기능이 나빠진다. 간의 천연 화학물질들은 반흔 조직을 분해하고 제거하는 데 필요하다. 또한 술은 '지방 간'을 유발한다. 간에 지방이 쌓이면 간이 제 기능을 하는 게 힘들어지고,[85] 결국 섬유증(반흔 조직)은 간경변이 된다. 간경변은 간에서 감염 관리, 영양소 흡수, 혈액의 독소 제거 등의 중요한 기능을 수행하지 못하게 한다. 그리하여 간암과 제2형 당뇨병이 발생할 수 있다.[86] 술을 많이 마시는 사람의 약 25% 정도가 간경변에 걸릴 수 있다고 한다.[87]

면역체계

세균이 우리를 둘러싸고 있기 때문에 우리의 면역체계는 질병과 싸우는 가장 중요한 도구이다. 피부는 감염과 질병으로부터 우리의 몸을 보호한다. 만약 세균이 체내에 침투하면, 우리 몸은 두 가지 시스템을 이용해 방어한다. 선천적 시스템(처음 세균에 노출되는 것을 막아 주는 시스템)과 적응 시스템(이전 세균 침입에 대한 정보를 가지고 있고 반복 공격자를 즉각 물리치는 시스템)이다. 그런데 술은 이 두 가지 시스템 모두를 억압한다.[88]

우리의 면역체계는 조기 경보 시스템에서 감염에 대한 화학 메시지를 보내기 위해 작은 단백질인 사이토카인(cytokines)을 사용한다. 그런데 술은 사이토카인의 생성을 방해한다. 사이토카인은 침입자에게 우리의 면역체계를 경고하며, 면역체계는 해로운 박테리아를 공격하고, 에워싸고, 삼키는 백혈구로 활동한다. 그런데 술은 두 가지 기능을 모두 억압한다. 그 결과, 우리는 폐렴, 결핵, 다른 질병에 더 잘 걸리게 된다.[89] 술과 HIV에 대한 민감성 증가를 연구한 결과, 술은 HIV에 걸릴 확률을 증가시킬 뿐만 아니라 HIV에 감염되었을 때 병의 심화 속도에도 영향을 미친다.[90]

술과 암

"책임감 있는 음주는 대부분의 사람이 술 소비를 어떻게
보는지에 대한 21세기형 진언이 되었다. 하지만 암에 관한 한,
한 방울의 술도 절대로 안전하지 않다."[91]

– 라우라 스토코프스키(Laura A. Stokowski)

분명하다. 가볍게 술을 마시는 9만 2천 명의 음주자와 6만 명의 비음주자에 대한 222개의 연구를 메타분석한 결과, 적은 양의 술도 유방암을 포함한 많은 종류의 암 발병률과 높은 상관이 있었다.[92]

120만 명의 중년 여성을 대상으로 한 7년간의 연구는 술과 암 사이의 직접적이고 무서운 연관성을 강조하는데, 이 연구에 따르면 술은 유방, 입, 목, 직장, 간, 식도 암에 걸릴 확률을 증가시킨다.[93]

가장 무서운 사실은 여성이 **어떤 종류의 술이건 조금이라도 마시면** 암에 걸릴 위험이 높아진다는 것이다. cancer.gov에 따르면, 술의 양과 상관없이 일단 술을 마시기만 하면 유방암에 걸릴 위험이 더 높았다.[94] 암에 걸릴 확률이 높은 사람은 술을 많이 마시는 사람이나 매일 마시는 사람들뿐만이 아니다. 술을 전혀 마시지 않는 여성들에 비해 일주일에 세 잔의 술을 마시는 여성도 유방암 위험이 15%까지 증가했다.[95] 영국 암연구소(Cancer Research UK)에 따르면, "암에 관한 한 술에 대한 '안전' 한계는 없다."[96]

술을 한 번에 많이 마시는 경우와 매일 조금씩 마시는 경우 모

두 똑같이 암을 유발한다. 한 잔을 한 번에 마시든 조금씩 나눠 마시든 일단 술을 마시면 암의 위험이 높아진다.[97] 또한 어떤 종류의 술을 마시든지 다 똑같다. 맥주, 와인, 독한 술, 약한 술 관계없이 모든 술은 암을 유발한다.[98]

또 다른 연구에서는 전체 유방암 환자 사례의 11%가 술과 관계가 있음을 보고하였다.[99] 2014년에 29만 5,240명이 유방암으로 처음 진단받았는데,[100] 이 중 약 3만 2,476명의 유방암 사례가 술과 관련성이 있었다.

비록 많은 사람이 술과 암의 관계를 모르고 있지만, 이것은 그렇게 놀랄 일은 아니다. 국제암연구소(International Agency for Research on Cancer: IARC)는 1988년 술을 발암물질로 선언했다.[101] 술에 들어 있는 에탄올은 잘 알려진 발암물질이며, 술에는 비소, 포름알데히드, 납을 포함한 최소 15개의 발암성 화합물이 포함되어 있다.[102] 술은 다양한 방식으로 암의 원인이 되거나 암을 유발한다. 간이 술을 분해하면 아세트알데히드라는 독성 화학물질을 만들어 낸다. 아세트알데히드는 세포를 손상시켜서 세포들을 복구가 불가능하게 만드는데, 이는 암에 더 취약해지게 만든다. 간경변도 암으로 진행된다. 알코올은 에스트로겐을 포함한 일부 호르몬을 증가시켜 유방암 위험의 원인이 된다. 또한 DNA를 손상시키고 세포들이 손상된 DNA를 회복하지 못하게 해서 결국 암을 유발한다.[103]

요약하면, 술은 무조건 암을 유발하고 암이 될 가능성을 증가시킨다.[104] 정말 실망스러운 내용이지만 좋은 소식도 있다. 바로 술을 마시지 않으면 암 발병률이 낮아진다는 것이다.

술과 죽음

한 자리에서 술을 너무 많이 마시는 폭음을 하면 알코올 급성중독으로 죽을 수 있다는 것은 이미 알려진 사실이다. 그러나 당신이 아직 잘 모를 수도 있는 사실이 있다. 지속적으로 술을 마시면 혈류에 술이 계속 주입되므로 한자리에서 폭음하지 않아도 사망으로 이어질 수 있다.[105] 술로 인한 조기 사망은 미국에서 연간 24만 시간 이상의 수명을 앗아 간다. 질병통제예방센터(Centers for Disease Control and Prevention: CDC)에 따르면, 알코올중독은 평균 수명을 10~12년 감소시킨다.[106]

어느 정도로 술을 마시는 게 그래도 안전한지 궁금할 수 있다. 최신 연구(2014년 이후)에 따르면, 술에 있어서 안전한 수준은 없다.[107] 매일같이 얼마나 많은 사람이 술을 마시는지 생각해 보면, 이 연구 결과는 정말 정신이 번쩍 들게 하는 것이다.

8장

경계에서 생각하기: 술을 마시면 용감해진다

"행복의 비결은 자유이다. 자유의 비결은 용기이다."

– 캐리 존스(Carrie Jones)

　우리는 대중매체에서 사람들이 술을 먹고 용감해지는 장면을 **관찰**해 왔다. 오후의 총격전 전에 술 몇 잔을 들이키는 카우보이, 영화 속에서 마티니를 마시면서 "젓지 말고 흔들어서."라고 말하는 제임스 본드, 심지어 전투 전에 술을 조금씩 나눠 마시는 군인들에 이르기까지. 그래서 술이 용기를 준다고 **가정**했다. 당신도 실제로 술을 마셔 봤고, 술로 신경이 마비되어 긴장되고 초조한 마음이 가라앉는 것을 **경험**해 봤다. 그래서 '맞다. 술은 여분의 용기를 가지고 삶을 살도록 돕는다'라고 **결론**을 내렸다.

　이제 현실은 어떤지 생각해 보자.

술기운 용기

나는 대중 앞에서 연설을 할 때마다 긴장한다. 최근에 선배들 앞에서 연설을 해야 했다. 정확히 언제였는지 기억이 나지 않지만, 언제부터인가 술이 나를 편안하게 해 주기 때문에 연설 전에 술을 한 잔 하는 것이 도움이 될 것이라고 생각했다. 그래서 호텔 바에 들리거나 와인 네 팩을 사서 가방에 몇 개씩 넣어 두곤 했다. 분명 술이 나에게 자신감을 준다고 확신했다. 하지만 이제야 술이 실제로 나의 자신감을 앗아 갔다는 것을 깨달았다.

현 시대에는 진짜 위험한 상황이 일상생활에서 점점 사라지고 있다. 우리는 이전보다 더 오래 살고, 이웃에 사는 부족이나 야생 동물로부터 공격받을 일이 없으며, 사냥 대신 식료품점에서 음식을 구입한다. 그 결과, 현실에 대한 두려움을 느끼고 반응하는 대신, 주변 환경에 더 주의를 기울이고 더 나은 선택을 하는 데 집중할 수 있게 되었다. 반면에 두려움을 연약함과 같은 것으로 취급하게 되었다. 인간은 두려움을 느끼기 때문에 자신을 보호하게 된다. 즉, 두려움은 인간의 생존 열쇠인 것이다. 따라서 "그는 두려움이 없는 사람이야."라고 말하는 것은 그 사람을 칭찬하는 게 아닐 수 있다. 두려움을 느끼는 것은 인간에게 중요하다. 왜냐하면 두려움은 인간이 불필요한 위험에 처하는 것을 막아 주기 때문이다. 즉, 두려움에 아드레날린이 작동하게 되면 더 예민해지고 반응을 잘하며 더 빠른 결정을 내릴 수 있게 된다. 그러나 술은 감각을 마비시켜 자연스럽게 느껴야 할 두려움을 느끼지 못하게 한다. 다시 말해, 술로 인해 두려움의 감정이 무감각해지면 용기를 낼 수 없기 때문에 술이 용기를 주는 것은 불가능하다. 용기란 두려움이 있음에도 옳고 정당한 일을 하는 것을 의미한다. 두려움을 무시하거나 등한시하는 것은 생존을 보장하는 본능을 거스르는 것이다.[108]

그렇다면 발표 전에 나의 두려움을 무감각하게 하는 것이 무슨 문제인가? 나는 예민한 신경을 타고났기 때문에 미리미리 준비하는 경향이 있었다. 내가 현실에 안주하지 않고 끊임없이 리허설과 계획을 세우는 것도 나의 그런 성격 때문이었다. 하지만 두려움을 누르기 위해 술에 의존하기 시작하면서 나는 미리 준비하기를 중단했다. 또 늦게까지 자지 않고 전날 밤 술을 마시면서 리허설을 미루었다. 내가 훌륭한 대중 연설가였던 이유는 매번 충분히 준비했기 때문인데, 일단 술에 취하기 시작하면 준비가 되지 않았음을 알고 있기에 내 신경은 더욱 예민해졌다. 사실 술을 마시면서 공포심이 더 악화되었고, 그래서 단상에 서기 전에 약간의 술이 필요하다고 느끼게 되었다. 짐작할 수 있듯이, 내 연설은 더 나빠졌다. 감사하게도, 내가 무대에서 눈에 띄게 술에 취한 적은 없었는데, 만약 내가 이 책 『벌거벗은 마음』을 발견하지 못했다면, 지금도 술에 취해 연설을 하고 있었을 것이다.

운동선수나 군인이 '술을 마셔야 용기가 난다'고 생각한다고 해보자. 내 경우와 똑같은 일이 벌어지게 된다. 즉, 두려움이라는 자연스런 감정을 제거하여 자신의 중요한 능력을 스스로 빼앗게 되는 것이다. 나는 두려움, 초조함, 불안감이 불쾌한 감정이라는 것에 동의하지 않는다. 이 감정들은 가치가 있으며 인간에게 반드시 필요한 감정들이다.

현 사회에는 자신을 보호하는 방법들이 너무 많아서 실제로 자신이 용감하다는 것을 보여 주기 위해 모험 스포츠와 같은 활동들을 찾는다. 술을 마시는 것은 또한 위험한 모험 스포츠와 같은 활동 중 하나라고 볼 수 있다. 우리는 술이 얼마나 위험한지 알고 있지만, 그런 위험한 술을 자신의 몸에 담을 수 있는 능력을 자랑한다. 흉터를 보여 주면서 힘을 과시하는 전사와 같이 자신의 몸을 두들겨 패고 다음 날 아침 회복시키면서 힘을 과시한다. 동료들과 긴 밤을 보낸 뒤 얼마나 취했는지, 누가 그날을 더 기억하지 못하는지, 누가 최고의 또는 최악의 기분인지 등을 비교하는 것이 단골 화두가 된다. 숙취는 용기의 훈장이 되었다.

최근에 스키를 타러 간 적이 있다. 남편과 나는 아이들이 레슨을 받는 동안 백볼(back bowls) 코스에서 스키를 탔다. 아이들은 용감하고, 용기 있으며, 어른스럽다는 것을 증명하고 싶어 우리와 함께 백볼 코스에서 스키를 타고 싶어 했다. 내가 위험성을 설명했지만 내 설명은 백볼 코스의 매력을 더 강조한 꼴이 되어 버렸다. '우리는 할 수 없는데 엄마와 아빠는 할 수 있다면 정말 멋지겠다'라고. 백볼 코스가 아직 아이들에게는 위험하다고 주의를 주려 했지만, 위험하다는 설명보다 어른들의 스키 타는 모습이 더 멋져 보였던 것이다. 어른의 충고는 아이들에게 전혀 효과적이지 않았다. 아이들은 코스에 포함되어 있는 절벽이 위험하다거나 아직 능숙한 스키어가 아니라는 것에 전혀 신경 쓰지 않았다. 우리는 아이들의 부모이고, 아이들은 부모를 감탄하며 바라본다. 그리고 부모가 난코스에서 스키를 타면, 아이들도 난코스에서 타기를 원한다.

부모가 십 대 자녀들에게 어떤 상황이 위험하다고 경고하면 자녀들은 이 위험한 상황에 도전해 보고 싶어 한다. 부모가 하지 말라고 충고한 모든 것이 재미있을지, 즐거울지 궁금해지면서, 위험한 것은 흥미진진한 것이라고 생각한다.

아이들에게 "술은 어른들이 마시는 음료란다."라고 말하면, 아이들이 부모의 말을 듣고 조심하는 데 도움이 된다고 믿는가? 오히려 아이들은 더 강하게 궁금해하고 강한 유혹을 갖게 된다. 물질남용과 정신건강관리국(Substance Abuse and Mental Health Services Administration)에 따르면, 12세 이상의 미국인들 중 절반 이상이 현재 술을 마시며,[109] 청소년의 30%는 중학교 1학년 때 술을 마신다.[110] 아이들은 어른이 하는 것을 하고 있는 것이지, 어른이 말한 것을 하고 있는 게 아니다. 아이들은 용감하고 용기 있고 어른이 되기를 원하며, 자신의 부모를 모방하여 프로그램화된다. 아이들이 어른들의 위험한 행동을 하는 것을 볼 때, 그것이 난코스 스키 활주이든지 술을 마시는 것이든지 자신들의 위험한 행동 안에서 용감함을 증명하고 싶어 한다. 그런데 술을 마시는 것은 아주 위험하다. 불법 마약은 일주일에 327명, 처방약은 일주일에 442명의 사망자를 내는 반면, 술은 일주일에 1,692명의 사망자를 낸다.[111] 우리는 본의 아니게 자녀들을 조건화 학습시키고 있다. 즉, 아이들에게 술이 없이는 자신의 삶이 완성되지 않을 것이라고 믿게끔 프로그래밍하고 있다.

우리는 선택을 하기 위해 뇌를 사용하는데, 선택이 두려움에 의해 정해지기도 한다. 즉, 우리는 덜 두려워하는 것을 선택한다. 따라서 두려움이 바뀌면 결정도 바뀐다. 예를 들어, 학대받는 여성은 학대자를 떠나지 않을 수도 있다. 왜냐하면 그녀가 학대자 없이 사는 것이 두렵기 때문이다. 그러나 만약 그녀에게 아이가 생기면 두려움은 달라질 수 있다. 이제 파트너가 없는 두려움보다 자기 아이가 다치는 것에 대한 두려움이 더 크기 때문이다. 이런 경우에 아이들은 학대받는 여성이 학대자를 떠나도록 자극하는 촉매제가 될 수 있다. 흡연이 폐암을 유발하고 당신의 삶을 30년 단축한다는 새로운 연구가 발표되면 담배를 끊는 것에 대한 두려움은 사라진다. 폐암으로 인한 사망의 두려움이 담배 없는 삶에 대한 두려움을 능가했기 때문에 많은 사람이 담배를 끊게 된다.

우리가 내리는 합리적인 결정은 많은 정보에 따라 변한다. 당신이 키가 작고 깡마른 남자라고 상상해 보자. 그런데 키가 195cm이고 몸무게가 113kg인 어떤 남자를 화나게 했고, 화가 난 그 남자는 당신을 두들겨 패려고 쫓아 오고 있다. 당신은 필사적으로 도망갔지만 막다른 골목에 갇히게 되고, 다른 방도가 없어 싸우려고 발길을 돌린다. 상대 남자는 여전히 당신보다 강하지만 더 이상 도망갈 수 있는 상황도 아니다. 이 상황에서 도망치는 것을 비겁하게 보지 않으며, 돌아서서 싸우는 걸 용감하게 보지도 않는다.[112]

이번에는 상대 남자를 화나게 했을 때, 술을 마시고 있다고 상상해 보자. 술을 마시는 것은 당신의 입장을 개선하는 데 아무런 도움이 되지 않으며, 오히려 상황을 악화시킨다. 당신은 거짓 허세를 부리면서 궁지에 몰리기 전부터 싸우기로 결심한다. 더구나 싸울 때는 반응이 늦어지고 감각도 둔해져 잘 피하지 못해 심각한 부상을 입게 되고, 통증도 제대로 느끼지 못한다. 술을 마신 결과,

본능에 둔해지고 용감해지기는커녕 어리석게 행동하게 된다.

만약 혼자 등산을 하다 사자 새끼들을 보게 되었다면 사진을 찍을 만큼 가까이 다가가는 것이 용감하다는 의미일까? 어미 사자는 인간에 대한 두려움에도 불구하고 새끼들을 보호하기 위해 당신을 죽일 것이다. 하지만 어미 사자의 가족이 위협을 받지 않았다면, 어미 사자는 인간으로부터 도망치는 비겁한 모습을 보일까? 앨런 카는 용감함과 비겁함 둘 다 동물의 왕국에는 존재하지 않는 인간들만의 개념이라고 말한다.

나는 진정한 용기가 존재한다고 믿는다. 진정한 용기는 도덕적으로 옳은 일을 하기 위해 본능적인 두려움을 무시하기로 결심했을 때 나타나는 것이며, 감각을 마비시켜 두려움을 없앤다고 해서 나타나는 것은 아니다. 아이를 구하기 위해 지하철 선로에 뛰어드는 것은 비이성적이지만 용감하다. 자신이 죽는 두려움은 다른 사람이 죽는 두려움보다 확실히 더 크다. 그러나 다른 사람을 돕기 위해 이런 두려움을 극복할 수 있다. 분명한 건, 두려움 없이 용감할 수는 없다는 것이다. 술이 두려움을 없애면 진정한 용기도 낼 수 없게 된다. 겁쟁이는? 겁쟁이는 두려움 때문에 옳은 일을 하지 못하고 도덕적 기준에 맞게 행동하지 않는 사람을 말한다. 내 경험에 비추어 볼 때 삶을 등한시하고 처리해야 할 실제적인 문제를 피하려고 술을 마시는 것은 겁쟁이의 행동이 분명하다.

우리는 신체적으로 해를 끼치는 것만큼이나 조롱을 두려워한다. 마약을 하라는 압력을 처음 받았다고 생각해 보자. 친구들 앞에서 약해 보이고 비겁하고 멍청해 보이는 것에 대한 두려움이 마약에 대한 두려움보다 더 크다. 우리는 경멸을 피하기 위해 본능을 무시한다. 그러나 이것은 비겁한 것이지 용감한 것이 아니다. 올바른 결정을 내리고, 보다 나은 결정을 내리며, 자존심에 가해지는 타격을 견뎌 내는 것이 훨씬 더 어렵다. 보편적인 것을 거스르면서 술을 거절하고 자녀들에게 다른 길을 보여 주는 것이 우리의 음주 문화에 휩쓸리는 것보다 훨씬 더 어렵다. 그것이 용기이다. 주변 사람들 모두가 술을 마시기 때문에 혹은 소외될까 걱정하며 술을 마시는 것은 용기가 아니다. 옳은 것을 위해 술자리를 떠나거나 맥주보다는 아이스티를 주문함으로써 묵묵히 다수에 맞서는 것은 대단한 용기가 필요하다. 이 책을 읽으려면 용기가 필요하다. 두려움을 없애기 위해 술을 마시는 것은 용기가 없다는 의미이다.

그리고 술이 실제로 우리를 더 취약하게 만든다는 사실을 무시하지 말자. 남편이 조종사 훈련을 받고 있다면 비행할 때에 지상 승무원의 지시와 정보에 의존해야 한다. 지상 승무원들은 착륙이 언제 확실한지 그리고 충돌하지 않도록 하기 위해 다른 비행기들이 어디에 있는지를 남편에게 알려 주기 때문이다. 남편과 지상 승무원 간의 통신이 끊기면 남편은 취약해지며, 주변 환경에 대한 정보가 줄어들기에 두려움이 증가한다. 유쾌한 경험은 아니지만 우리가 술을 마실 때에도 이런 상황이 벌어진다. 술은 우리의 마음과 감각으로부터 오는 정보의 흐름을 차단한다. 자신이 더 이상 지상 승무원의 지시를 명확하게 들을 수 없다는 것을 알기 때문에 두려움도 증가한다. 그리고 감각이 제공하는 본능적인 피드백이 불분명해지기 때문에 자신이 어떤 상황에 처하든 대처할 준비가 부족하다는 것을 알게 된다. 즉, 위험할 때 술을 마시면 자신을 방어할 수 없음을 알기 때문에 두려움이 더 심해진다.

하지만 만약 술이 용기, 휴식, 즐거움을 제공한다고 믿는다면, 술이 실제로 그러한 것들을 제공한 것이나 마찬가지 아닐까? 비록 플라세보 현상이거나 환상일지라도 삶을 헤쳐 나갈 도우미가 있다고 믿는 편이 더 나을 수도 있으니까. 하지만 당신은 마음속으로 진실을 알고 있다. 즉, 알코올중독자는 삶의 고충과 고통에 용감하게 부딪치지 않는다는 것을 안다. 나 또한 술을 마시면 용기가 아닌 나약함이 드러난다는 것을 항상 알고 있었다. 스스로의 힘으로 삶을 직면할 수 없는 사람이 되어 가고 있다는 것을 알고 있었다.

사람들은 자신이 감지할 수 없을 정도의 느린 속도로 술에 사로잡히면서 아주 천천히 변한다. 실제로는 술이 자신감을 빼앗아 가지만 하루를 버틸 용기를 준다고 느끼면서 서서히 술에 의존하기 시작한다.

9장

젠장, 갇혀 버렸어!

"일단 자신의 한계를 받아들이면, 그 한계를 뛰어넘게 된다."
- 알베르트 아인슈타인

열쇠 없는 올가미

『단주 혁명(The Sober Revolution)』에서 루시 로카(Lucy Rocca)는 알코올의존을 이렇게 묘사한다. "단주하는 것은 스스로 지은 감옥에서 탈출하는 것과 같다. 중독의 순환 속에서는 자신이 사실상 철창에 갇혀 있다는 걸 전혀 몰랐다." 마시고 싶은 양보다 더 많이 술을 마시게 되면 그건 감옥에 갇힌 것과 같다.[113] 로카나 나만 이런 생각을 갖고 있는 게 아니다. 다른 많은 전문가도 알코올의존을 로카의 묘사처럼 보기 시작했다.

당신이 열쇠도 없는 수갑을 양손에 차고 있다고 상상해 보자.

그리고 모두가 그렇게 한 것이 당신 자신이라고 말한다. 그런데 당신은 자신이 그랬는지조차 기억하지 못한다. 그저 자신이 한 짓을 몹시 애석해할 뿐이다. 비참할 뿐이다.

이 수갑을 어떻게 해야 할지 몰라 당신 아내가 의사를 찾아간다. 수갑 때문에 손목이 벗겨지고 피부가 감염됐다. 아내는 더 이상 자신의 역할을 하지 못하는 당신에게 화가 났다. 당신은 이제는 수갑을 찬 채로 쓰레기를 내다 버리는 것조차 힘들어한다.

의사는 당신에게 "스스로 손목에 수갑을 채운 것은 정말 나쁜 일입니다."라고 말해 준다. 그러면서 만약 당신이 조심하지 않는다면 손목의 감염은 당신을 죽일 수도 있고, 가능한 한 빨리 수갑에서 풀려나야 하며, 수갑을 풀어야 하는 이유로 가족, 건강, 삶에 미치는 영향 등을 계속해서 말해 준다. 의사는 수갑을 찬 채 아이들을 데리러 가는 것이 얼마나 어려운지 그리고 수갑을 찬 상태에서는 아이들도 사랑받지 못한다고 느낄 것이라고 말한다. 그러면서 수갑을 벗으라고 엄하게 지시한다. 그렇지만 의사도 열쇠를 가지고 있지 않아서 의사의 지시 중 어떤 것도 실제로 당신이 자유를 얻는 데 도움이 되지 않는다.

정말로 절망스러운 경험이 아닌가? 의사는 당신이 어리석다고 생각하고, 당신은 의사가 멍청하다고 생각한다. 그러나 의사들이 할 수 있는 것이라고는 이게 전부이다. 술에 의존하게 된 술꾼에게 "술을 끊으셔야 합니다."라고 말하거나 "술을 끊지 않으면 아이들이 졸업하는 것조차도 볼 수 없습니다."라고 말한다. 그런데 술꾼은 이미 술을 계속 마시면 어떻게 될지 알고 있다. 그래서 술을 끊으려 노력도 하고 있다. 의사 또한 자신의 이런 충고가 다른 술꾼들에게 전혀 도움이 되지 않았다는 걸 알고 있기에 당신이 이런 충고를 따를 거라고 믿지도 않는다. 아내가 남편에게 "술을 끊지 않으면 내가 떠나겠어요."라고 협박할 때도 마찬가지이다. 무엇보다 술꾼도 단주를 하고 자신의 결혼생활을 회복하고 싶어 한다. 논리적으로나 감정적으로 가족을 포기하고 술을 선택하지는 않는다. 하지만 여전히 술을 끊을 수가 없다. 그러나 중독자들을 곁에서 지켜보는 사람들은 중독자가 원해서 술을 마신다고 믿는다.

만약 내가 원해서 술을 마셨다면 술로 내 인생이 엉망진창이 되기 시작했을 때 왜 술을 끊을 수 없었을까? 나 또한 술을 끊고 싶었지만 그럴 수 없었다. 만약 술을 선택한 사람이 당신이라면 당신이 그 선택을 돌이킬 수 있어야 한다. 하지만 중독의 경우는 자신의 선택을 돌이키는 게 불가능하다. 그럼에도 불구하고 여전히 지금보다 더 강력한 의지를 가지면 술을 끊을 수 있고 수갑에서 풀려날 수 있을 것이라 믿는다.

결국 우린 갇히고 말았다. 어떻게 이런 일이 일어난 걸까? 우리는 호박벌처럼 과즙을 유혹하는 향기를 맡은 것도 아니다. 실제로 술은 처음에는 맛이 나빴다. 그런데 왜 술에 유혹을 당한 것일까?

마케팅 101: 정말로 팔고 있는 것은 무엇인가

주위를 둘러보거나 텔레비전을 켜 보자. 우리는 평생 술을 마시게끔 훈련되어 왔다. 술을 마시면 진정되고, 편안함을 느끼며, 용기가 생기고, 파티와 직장 행사에서 행복한 시간을 보내게 된다고 들어 왔다. 젊은 사람들은 심지어 술이 건강에 좋다고도 믿는다.

어느 누구도 자신이 무언가에 영향을 받고 있다는 걸 인정하고 싶어 하지 않는다. 자신의 운명을 스스로 통제하고, 자유롭게 자신의 길을 선택하며, 마케팅 담당자의 책략에 휘둘리지 않는다고 느끼고 싶어 한다. 광고는 자신에게 아무런 영향을 주지 않는다고 느낀다. 왜냐하면 광고의 힘을 의식적으로 인식하지 못하기 때문이다. 사실 광고가 자신에게 아무 영향도 주지 않는다고 믿는 것이 광고가 효과적이라는 근거 중 하나이다. 브리티시 컬럼비아 대학교의 심리학자 마크 샬러(Mark Schaller) 박사는 "의식하지 못하는 효과가 의식적인 효과보다 훨씬 더 클 수 있다. 왜냐하면 인간은 의식적으로 접근할 수 없는 것들을 절제할 수 없기 때문이다."라고 말한다.[114] 이치에 맞는 설명이다. 의식적인 이해에서 완전히 배제된 믿음에 의식적으로 대항할 수 있을까?

『사이언티픽 아메리칸(Scientific American)』지의 한 기사는 "우리가 흔히 저지르는 실수는 자신이 광고의 내용을 의식적으로 인식하고 있기 때문에 광고가 자신의 행동에 미치는 영향을 통제할 수 있다고 가정하는 것이다."라고 말한다.[115] 그러나 광고 메시지를 의식적으로 거부한다고 해서 자신의 잠재의식이 속지 않는다고 보장할 수 없다. 우리는 어쩌면 '정말 말도 안 되는 자동차 광고야! 화려한 양복을 입고서 경주 코스를 질주하며 멋진 데이트 상대를 낚아채는 잘생긴 남자라니. 누가 이런 물건을 사겠어?'라고 생각할지도 모른다. 하지만 그다음에 자신의 낡아 빠진 포드 자동차를 보면 무의식적인 마음이 되살아나고, 차를 바꿀 생각을 하거나 혹은 새 차에는 있는 멋진 기능들이 없는 것을 한탄하는 자신을 발견하게 된다. 왜 그럴까? 무의식은 욕망과 감정을 일으키는 원인인데, 새 차가 자신의 행복과 성공을 높일 것이라는 광고의 숨겨진 메시지가 무의식에 남아 있기 때문이다.

지난 18개월 동안 확인해 본 결과, 무의식적인 마음이 일상적인 생각과 결정에 얼마나 깊게 파고드는지 알 수 있었다.[116] 생각 없이 결정을 내린다는 것은 거의 혹은 전혀 의식적인 생각을 하지 않는다는 의미이다. 이처럼 광고는 우리의 무의식에 스며들어 생각과 결정에 영향을 주는데, 특히 광고를 의식적으로 알아차리지 못할 때 더욱 그러하다.

나는 대학 졸업 후 첫 직장으로 광고 회사에서 일을 했다. 창업자는 일주일에 몇 번씩 인터폰으로 "선장이 갑판 위 전원에게 알립니다. 지금 브레인스토밍을 해야 하는 비상사태가 발생했습니다."라고 말했다. 그러면 우리는 엄청난 양의 '창조의 주스(술)'가 있는 회의실로 향했다. '술은 창의력을 자극한다'는 게 명백하고 분명했다. 술을 마셔야 훌륭한 캠페인 아이디어가 만들어지기 때문에 우리는 술에 취해야만 했다.

그렇다면 그 회의에서 최고의 무언가가 탄생했냐고? 전혀 기억나지 않는다. 다른 곳에서 "아하!" 했던 창조적인 순간들은 기억난다. 사실 술 취한 회의실에서 나온 어떤 큰 캠페인 아이디어 하나도 기억나지 않는다. 술을 마셔서 그런가? 그렇지는 않다. 그 당시에는 술을 많이 마시지 않았고, 마케팅과 광고를 위해 열심히 일했다. 그러나 얼마 되지 않아 술이 내 커리어의 열쇠라는 것을 알게 되었다.

그 회사는 지역에 있는 술집을 위한 캠페인도 벌였는데, 술을 파는 방법론에 대해 골똘히 고민했던 기억이 난다. 내가 자주 사용하는 마케팅 공식은 '상품의 상품의 상품'이다. 혼란스럽게 들릴 테니 설명을 해 보자면, 가장 성공적인 광고는 판매되고 있는 상품에 대해서는 거의 말하지 않고 그 상품이 당신의 삶에 어떤 공허함을 채워 줄 것인지에 대해서만 강조한다.

향수 광고를 찍는다고 해 보자. 상품은 무엇인가? '소변처럼 생긴 누런 액체'이다. 소변처럼 생긴 누런색의 액체라는 광고 문구는 그렇게 설득력 있는 것 같지 않다. 그렇다면 그 상품의 상품은 무엇인가? '누런 액체는 좋은 냄새가 난다'이다. 하지만 좋은 냄새 때문에 사람들이 향수를 사지는 않는다. 냄새를 파는 광고는 그다지 성공적이지 못하다. 바로 당신이 팔아야만 하는 것은 상품의 상품의 상품이다. 그렇다면 향수의 경우는? 그렇다. 바로 매력이다.

존재의 상처

마케팅의 한 가지 접근인 '상품의 상품의 상품'을 마음에 새겨 두고, 마케팅의 또 다른 중요한 측면에 대해 이야기해 보자. 마케팅 담당자들은 실제로 소비자의 취약성을 드러내면서 '이 상품이 당신에게 정말 필요합니다'라고 강조한다.

어떻게? 마케팅 담당자들은 인간의 특성을 엄청나게 이용한다. 인간은 단순히 존재하는 것으로 만족하지 않고 더 많은 것을 찾는다. 다른 어떤 동물도 삶의 목적이 무엇인지, 자신이 우주 안에서 어떤 역할을 하는지 등을 질문하지 않는다. 인간만이 유일하게 이런 질문을 한다. 그러나 이런 질문은 내적으로 공허함을 만들어 내기도 한다. 우리는 답보다는 질문을 더 많이 하며 이런 질문들은 긴장을 유발한다. 그리고 우리는 더 많은 것을 원한다. 이러한 고통을 흔히 '존재의 상처(wound of existence)'라고 부른다.

마케팅 담당자들이 이용하는 것이 바로 '존재의 상처'이다. 인간의 내적인 열망은 쉽게 무의식적으로 연출될 수 있다. 향수를 팔때 매력만 파는 게 아니다. 성취, 완성, 만족 그리고 자기실현을 동시에 약속한다. 즉, 소비자가 갖고 있던 불안을 해결해 줄 수 있는 생활양식도 제시하는 것이다. 마케팅은 "당신이 더 날씬하고 더 똑똑하고 더 매력적이라면 만족을 찾게 되고, 당신의 삶은 완벽할 것입니다."라고 말한다. 그 결과, 자신이 느끼는 불안이 단지 인간의 일부분이라는 것을 인식하지 못하고 무조건 그것을 제거할 방법을 찾으려 한다. 하지만 자신에게 물어보자. 원하는 모든 것을 얻는다면 진정으로 행복할까? 댄 해리스(Dan Harris)는 이를 쾌락적 적응(hedonic adaptation)이라고 설명한다. "좋은 일이 일어나면, 그것을 자신의 기본적인 기대치 안으로 매우 신속하게 포함시켜 버리기 때문에 결국 원시적인 공허감은 채워지지 않는다."[117] 일반적으로 더 많이 소비할수록 더 많은 것을 원한다는 것이다.

실존주의 심리치료사 어빈 얄롬(Irvin D. Yalom)은 인간의 궁극적인 관심사를 죽음, 소외, 자유, 무의미로 규명했다.[118] 이 네 가지 관심사는 인간의 근본적인 욕구를 반영한다. 우리는 삶의 의미를 이해하기 위해 노력하지만, 질문을 할수록 더 많은 논쟁을 불러일으킬 뿐이다. 만족감을 경험하길 간절하게 원하지만 지나친 방종으로 만족감을 박탈당한다. 소외의 필연성과 씨름하고, 심지어는 집단이나 가족 속에서도 외로움을 느낀다. 죽음을 피할 수 없다는 것을 고통스러워하며, 만족을 탐하는 끝없는 노력으로 쾌락과 성취감을 추구한다. 해리스에 따르면, "우리는 일생 동안 자기 자신에게 거짓말을 한다. 밥을 먹으면, 파티에 가면, 방학이 되면, 섹스를 즐기면, 결혼을 하면, 승진을 하면, 공항에서 입국수속을 마치고 보안검색을 통과하면, 앤티 앤스(Auntie Anne's) 프레첼 가게의 계피 설탕 과자를 먹으면, 정말 기분이 좋아질 거야. …… 그런데도 무언가 부족한데."[119] 마케팅은 이러한 인간의 관심사를 직접 공략한다. 술 광고 또한 우정, 수용, 만족, 행복, 젊음을 약속한다.

독을 파는 방법

왜 주류 판매업자들은 인간의 가장 근본적인 욕구를 목표로 광고를 해야 할까? 이것을 다른 시각으로 살펴보자. 만약 내일 처음으로 술이 발견될 예정인데, 이 발견에 현재 세계 최고의 살인자 이름과 개인 및 사회에 미치는 술의 영향에 관한 모든 과학적 자료가 포함되어 있다면 어떨까?[120] 아마도 술을 오락적으로 사용하거나 홍보할 것 같지는 않다. 연료로, 소독약으로, 또는 통증을 완화시키기 위해 사용할 수는 있다. 확실히 술을 마시도록 장려하지는 않을 것이다.

훌륭한 마케팅 담당자는 상대가 누구든 거의 모든 것을 판매할 수 있다. 담배는 말 그대로 말라 썩어 가는 식물성 물질로, 불을 붙여서 흡입하면 지독한 맛의 유독 가스를 폐로 들이마시게 된다.[121] 한때 마케팅 담당자들은 흡연을 지위의 상징으로 홍보했고, 흡연이 건강상의 이점을 가지고 있다고 주장했다. 일단 흡연을 하게 되면 담배가 지닌 마약의 중독성이 발동하게 되어 판매자의 일은 훨씬 쉬워진다. 그렇기에 마케팅 담당자가 당신을 낚을 수만 있다면 그 제품은 저절로 팔릴 것이다.

이 제품(술)은 실제로 독이기 때문에 광고주들은 당신이 갖고 있는 본능적인 혐오감을 극복해야만 한다. 바로 술 광고가 넘어야 할 산이다. 그래서 세계에서 가장 우수한 마케팅 회사들이 광고를 만들 때 심리학자와 인간행동 전문가를 고용한다. 마케팅 담당자들은 가장 효과적인 판매 방법이란 바로 소비자의 가장 깊은 두려움과 궁극적인 관심사를 이용하는 감정적인 판매 방법이라는 것을 잘 알고 있다. 술 광고에서 술이 우정과 로맨스를 준다고 강조하며, 당신의 외로움을 제거해 줄 것이라고 과장한다. 또한 술이 당신을 특별하고, 용감하고, 대담하고, 활력 있게 만들 것이라고 말하면서 자유에 대한 욕구에 호소한다. 그 광고들은 소비자에게 성취, 만족, 행복을 약속한다. 이 모든 메시지는 의식적인 마음과 무의식적인 마음을 향해 말한다. 앞으로 며칠 동안 술 광고를 관찰해 보는 기회를 갖자. 이때 각 광고에 대해 '상품의 상품의 상품'을 구별해 보는 거다. 광고가 호소하고 있는 가장 근본적인 감정적 욕구가 무엇이며, 그것이 술이라는 현실과 얼마나 관련이 없는지를 알아보도록 노력해 보자. 특정 종류의 맥주를 마시면 세 명이서 성행위를 할 가능성이 높아진다고 주장하는 것은 말도 안 되기 때문에 이런 술 광고를 우스꽝스럽다고 치부하게 된다(하지만 이 광고는 진짜였다). 그러나 이러한 광고들이 겉으로는 터무니없어 보여 의식적으로 묵살해 버리지만, 무의식적 욕망에 직접 자극하는 방법의 일부라는 것을 기억해야 한다. 이제 술을 마시면 소외감이 끝나고 자유를 찾으며 젊음을 유지하고(죽음을 피하고), 삶의 의미를 발견한다는 술 광고들에 경악할 것이다. 더불어 어떻게 사회가 이러한 광고들을 허용하는지에 대해 의아해할 것이다.

술은 당신에게 맛있는 꿀을 주지 않는다는 것을 잊지 말자. 매력적인 광고가 제거된 술, 그 실제 상품은 단지 에탄올이다.[122] 끔찍한 맛과 중독성이 있는 독이다. 그래서 사람들은 에탄올에 설탕과 향료를 넣어 달게 하거나 더 맛있게 하기 위해 가공한다. '상품의 상품'은 완전히 취하기 전까지 서서히 감각을 마비시키는 취기이다. 그리고 술에는 전혀 공개되지 않은 부작용이 정말 많다. 비아그라나 혈압약과 같은 새로운 약에 대한 광고를 생각해 보자. 이런 약들은 관련된 모든 부작용의 통계를 법적으로 공개해야 한다. 술도 석면과 동일하게 암을 유발하며[123] 여성이 일주일에 세 잔만 마셔도 유방암 발병률이 15%까지 높아지는데,[124] 어떠한 제품 라벨의 요구 조건도 없다. 분명한 것은 술이 다른 약물(불법 약물, 법정 약물, 처방 약물)과 비교해 가장 높은 유해 등급을 가지고 있다는 것이다.[125]

술을 홍보할 때 마케팅 담당자들은 더 나은 인간 경험을 함께 판매한다. 그러면서 술이 실제로 제공하는 것과 정반대의 것, 즉 고통을 제공하면서 행복을 판다고 약속한다. 술이 건강과 만족스러운 관계를 파괴하지만 술 광고는 낭만적인 관계를 판다. 술을 마시면 감각이 떨어지고 중추신경 억제제로서 성욕이 감소하면서 발기와 오르가슴이 어렵게 되는데 술 광고에서는 섹스를 판다.[126] 실제로 술은 조루증, 낮은 성욕, 발기장애 등 남성의 성기능 장애의 주요 원인이다. 2007년에 행해진 임상 연구에서는 술의 소비량이 성기능 장애를 일으키는 가장 중요한 예측 변인이라는 것이 밝혀졌다.[127] 중독이 당신의 삶을 망칠 때, 마케팅 담당자는 스트레스를 해소하기 위해 술을 마셔야 한다며 스트레스 해소를 판매한다. 술을 마시면 정신력과 창의력이 증가한다며 정신력과 창의력을 판매하지만, 술은 우리의 두뇌 기능을 둔화시켜[128] 지적이고 창의적인 사고를 저하시킨다.

아마도 여전히 '나는 광고에 영향을 받지 않아'라고 믿고 있는지 모른다. 대부분의 사람은 광고에 면역력이 있다고 생각하지만 연구 데이터는 그와 다르다는 것을 말해 준다. 술 광고에 노출된 이후, 사람들이 술을 마시도록 그리고 기존 음주자들도 술을 더 많이 마시도록 부추겨진다는 증거가 확인되었다.[129] 이 연결고리는 특히 젊은이들에게 강하게 나타난다.[130] 연구에 의하면, 뇌는 감각 정보를 수신할 뿐만 아니라 무의식적인 세포 수준에서도 정보를 입력한다.[131] 특히 잠을 자고 있을 때에도 정보를 입력하고 있다![132]

가장 비싼 광고의 대상이 무엇일까? 짐작할 수 있듯이 바로 술이다. 기네스 맥주는 역사상 가장 비싼 광고로 2천만 달러를 썼다. 초당 달러로 환산하여 가장 비싼 광고를 한 경우는 버드 라이트 광고이다. 버드 라이트는 초당 13만 3천 달러의 광고비를 들였다. 미국의 주류업계는 연간 20억 달러 이상을 광고비로 쓰고 있다. 만약 기네스와 버드 라이트의 광고가 소비자들에게 통하지 않는다면 과연 그들이 이렇게 돈을 광고에 투자할까? 절대 그렇지 않을 것이다.

마케팅이 당신에게 영향을 미친다는 것을 인정하더라도 광고가 전적으로 음주 욕구에 책임이 있다고 믿기는 어렵다. 맞는 말이다. 광고가 아무리 강력하다 해도 성인의 87%가 자발적으로 암을 유발하는 독을 마시는 사회를 만들기에는 역부족이다. 광고 산업이 87%라는 숫자에 기여하고 있지만 마케팅 담당자들만이 책임이 있는 것은 아니다. 우리는 주변 사람들, 특히 자신이 알고 있는 존경하는 사람들의 행동을 관찰하면서 가장 큰 영향을 받는다. 입소문은 강력한 도구이다. 광고는 시작에 불과하다. 광고는 자신의 역할을 마친 후에 그 임무를 걸어 다니는 광고에게 넘겨 준다.

와인 마케팅: 사례 연구

마케팅이 내 직업이고 와인은 내가 사랑하는 술이었기에 잠시 시간을 내어 와인 마케팅의 절대적 천재성에 대해 이야기하려 한다. 나는 두 가지 이유로 적포도주를 마셨다. 첫째는 적포도주가 가장 건강한 선택이라는 광고 때문이었고, 둘째는 비즈니스 만찬에서 나를 어른이 된 것처럼 느낄 수 있게 해 주었기 때문이다.

식당에서는 와인을 시음하는 의식을 한다. 와인이 초산 때문에 시큼한 맛으로 변했는지를 확인하기 위해서이다. 즉, 와인을 잔에 따르기 전에 샘플을 확인할 필요가 있었던 것이다. 하지만 와인을 시음하는 의식은 현재 새로운 차원으로 쓰이고 있다. 내가 이 의식을 인정할 줄이야. 호화롭고 격식을 차리는 와인 맛보기가 지금은 웃길 뿐이다.

마케팅에 대한 나의 경험에서 볼 때, 그리고 마케팅 담당자들이 특정 상품에 대한 문화를 창조하기 위해 끊임없이 노력하는 것을 고려한다면, 앞서 말한 모든 것은 마케팅 책략일 가능성이 더 높다. 사실 나는 와인과 음식의 결합 그리고 정성스런 와인 맛보기는 우리 시대의 가장 영특한 마케팅 전략 중 하나라고 본다. 사람들이 와인 한 병 값으로 수백 달러, 심지어 수천 달러를 지불하겠지만, 병이 비워지는 순간에 그 즐거움도 사라지는 것이다.

모두가 속고 있다. 미국와인경제학자협회(American Association of Wine Economists)는 사람들이 실제로 '좋은' 와인과 싼 와인을 구별할 수 없다는 것을 증명했는데,[133] 이는 정말로 강조할 가치가 있는 내용이다. 이미 와인에 대해서는 특별한 문화가 형성되어 있어 와인 맛의 차이를 구별할 수 없다면 자신이 바보 같다고 느낀다. 그래서 비록 와인 맛의 차이를 알지 못하더라도 아는 것처럼 그 문화의 사람들을 따라간다. 나는 사람들과 어울리기 위해 '오크 향(oaky)'과 같은 단어들을 배웠지만, 실제로는 오크 향이 무엇인지 알지 못했다. 아직까지 오크 향을 알아내기 위해 참나무를 핥아 본 적이 없다. 또한 내가 전 세계적으로 와인 맛보기 의식에 수없이 참여했지만, 와인 잔을 빙빙 돌린 뒤 향을 맡았던 그 와인을 이후에 다시 마셔 본 적이 없다.

만약 다른 음료를 이렇게 시음한다고 상상해 본다면? 예를 들면 우유 같은 거? 우유를 이렇게 테스팅한다면 훨씬 더 의미가 있지 않을까? 만약 우유가 신선하지 않다면 발효되는 냄새를 맡고 반환할 수 있으니까. 하지만 우유 맛보기 의식이란 없다.

와인은 백색과 적색의 두 가지로 구별되는데, 각 와인이 특정 음식과 잘 어울린다고 알려져 있다. 하지만 이 또한 잘못된 이야기이다. 적포도주를 좋아하는 사람들은 거의 100% 적포도주만을 마신다. 그런데 적포도주는 고기나 파스타와 잘 어울리며 백포도주는 생선과 닭고기에 잘 어울린다고 한다. 혹시 연어와 함께 적포도주를 마시는 사람들을 어떻게 설명할 수 있을까? 와인의 맛을 즐긴다는 것은 사실 술에 첨가된 설탕 때문이다. 우유, 설탕, 향료를 드라노(Drano, 역자 주: 배수관 청소용품)와 충분히 섞으면 베일리(Bailey, 역자 주: 와인의 한 종류)의 맛처럼 만들 수 있을 거라고 나는 장담한다.

자신이 과거에 와인 애호가였다는 크레이그 벡(Craig Beck)은 훌륭한 와인 산업을 한 마디로 정의했다. "개소리(bullshit)."[134] 벡은 자신의 문제를 감추기 위해 와인을 시음하는 의식을 이용하면서 '난 아무 문제없어'라고 자신을 속일 수 있었다고 말했다. 더불어 그는 "저는 전혀 문제가 없었어요. 왜냐하면 맥주 깡통을 질질 끌고 다니는 공원의 알코올중독자보다는 분명히 한 수 위였으니까요. 전 왕들의 물건, 사회적 지위 그리고 세련됨의 표시를 사서 마셨거든요. 알코올중독자의 모습은 아닌 거죠!"라고 말했다.[135]

살아 있는 광고

오늘날 데이터 중심의 지능적인 마케팅에서는 정확한 메시지를 목표로 한다. 예를 들어, 타겟(Target)의 마케팅 부서는 임산부가 자신의 임신 사실을 알기도 전에 임신 사실을 예측할 수 있다.[136] 성공적인 마케팅 부서란 비용 센터가 아닌 수익 센터를 의미한다. 그래서 목표 시장을 소비층으로 나누고, 특정 인물 집단에게 집중하며, 누구와 대화하고 있는지 정확히 밝히고 큰 수익원이 될 가능성이 가장 높은 사람들의 무의식적인 욕구를 이용하는 광고 캠페인을 벌인다. 매출이 쏟아지기 시작하면 마케팅 예산을 늘리고 대상 인구의 추가 부문을 목표로 한다. 이 방법으로 마케팅 산업에서 이익이 극대화되면 대중의 의견과 사회적 조건화에 맞추어 소비자의 범위를 확장하면 된다.

이런 사회적 조건화는 실제 생활에서 어떻게 작동할까? 어린아이들은 어른들이 맥주를 마시는 동안 주스를 마실 수 있다. 십 대가 되면 어른이 되었다는 것을 증명하고 싶은 강한 충동을 갖게 되어 첫 술을 몰래 마신다. 주변의 어른들은 모두 술이 이롭다면서 술을 찬양한다. 이것이 바로 살아 있는 광고들이다. 아이들은 어른들을 믿는다. 어른들의 행동을 보면서 믿음을 갖게 된다. 틀림없이 술은 놀라운 것임에 분명하다. 그렇지 않다면 왜 술을 그렇게 많이 마시겠는가?

우리 사회는 술 마시기를 권할 뿐만 아니라 술을 마시지 않는 사람들에게 문제가 있다고 치부한다. 내 경우, 술을 끊은 후부터 주변에서 충격적인 질문들을 던졌다. 하지만 우유 한 잔을 거절한 사람에게는 "임신했니?" "너 젖당 소화장애가 있니?" "우유 때문에 고생했니?"라고 묻지는 않을 것이다.

벡은 자신의 저서 『술이 나에게 거짓말을 했어: 지능적으로 술 끊는 방법(Alcohol Lied to Me: The Intelligent Way to Stop Drinking)』에서 사람들의 이런 반응을 다음과 같이 설명한다. 인간은 오직 두 가지 요소인 '쾌락 추구'와 '고통 회피'에 의해 동기화된다. 그렇기 때문에 친구들이 아무리 당신을 아끼더라도 술 끊기를 원하지 않는다. 당신이 술을 끊으면 친구들은 술이 자신들에게 해롭다는 것을 깊은 내면에서 알고 있다는 사실에 직면할 수밖에 없다. "술을 끊은 당신의 수준이 여전히 술을 마시는 주위 사람들보다 더 높아지는 것처럼 보인다. 자동적으로 주위 사람들은 수준이 낮아지면서 심리적 고통을 느끼게 된다."[137]

그 어느 때보다도 더 많은 사람이 술을 마신다. 또 알코올중독이 더 젊은 나이에 시작된다. 미국 국립알코올남용 및 알코올중독연구소(NIAAA)가 발표한 「알코올중독은 예전 같지 않다」라는 기사에서는 알코올의존이 시작되는 평균 연령이 22세라고 밝히고 있다. 그리고 "대부분의 알코올중독자는 영화 〈라스베이거스를 떠나며(Leaving Las Vegas)〉의 주인공인 니콜라스 케이지(Nicolas Cage)처럼 보이기보다 밤새 술을 마신 대학 룸메이트나 난폭 운전을 하는 옆방 동료와 더 닮았다."라고 표현한다.[138]

어떻게 우리는 광고업계가 20억 달러 이상을 써 가면서 삶을 획기적으로 단축시키고, 자신감을 파괴하며, 암을 유발하고, 죽음·학대·폭력·자살과 같은 불행을 초래하는 중독성 물질을 섭취하는 것이 삶을 더 좋게 만들 것이라고 우리와 아이들에게 말하게끔 할 수 있었을까?

코카인도 같은 방법으로 광고하는 것을 허용한다면 어떻게 될까? 미국 프로 미식축구 대회인 슈퍼볼 기간 동안 수백만 명의 젊은 사람이 지켜보는 가운데 코카인 몇 번 흡입하면 삶이 얼마나 놀라워지는지를 선전하는 1,200만 달러의 광고가 나오는 것을 상상할 수 있을까? 특히 미국에서 술로 인해 하루 241명이 죽고[139] 코카인은 15명만이 죽는데,[140] 왜 코카인과 술을 그렇게 취급하는 걸까? 왜 술 마시는 게 좋다고 미화하는 걸까?

그 대답은 상당히 복잡한데, 주류 회사, 정치, 세금, 로비스트 등과 연결되어 있기 때문이다. 그렇다면 우리가 통제할 수 있는 것에 집중하려 노력하기 위해 다시 질문해 보자. 왜 술 마시는 게 좋다고 미화되는 걸까?

나는 코카인 사용자들을 많이 안다. 우리 아이들 앞에서 그들이 코카인을 흡입한다면 가만히 놔둘까? 절대 안 된다. 하지만 아이들은 친구들이나 식당 그리고 텔레비전에서 매일매일 누군가가 술을 마시는 것을 본다. 그러나 술은 매년 코카인보다 17.6배나 많은 사람을 죽인다.[141] 음주운전과 관련된 통계는 끔찍하다. 매일 밤과 주말, 도로 위의 운전자 10명 중 1명은 만취 상태이며, 젊은 층의 사망 원인도 술과 관련된 사고이다.[142] 치명적인 고속도로 사고의 절반은 술과 관련이 있다.[143] 500명을 태운 보잉 747 여객기가 8일마다 추락해 승객 전원이 사망한다고 상상해 보자. 매일 음주운전으로 사망하는 사람이 그만큼 많다.[144]

우리 모두가 통계학자가 될 필요는 없다. 우리는 음주운전으로 다른 사람을 의도적으로 죽이지는 않는다. 대부분의 음주운전자는 자신이 취했다는 것조차 알지 못한다. 통제력이 무너졌고, 의식은 더 이상 정상적으로 작동하지 않아 운전대를 잡는 것을 피할 수 있는 의식조차 더 이상 갖고 있지 않다.[145]

'책임 있는 음주자들'을 위해 술의 장점을 미화시키는 반면에 술취한 사람은 무거운 낙인이 찍힌다. 그 낙인이 너무 강해서 "정상적인 사람들은 절대로 술꾼이 될 수 없고 오직 술꾼만이 '술꾼'이된다."는 믿음을 만들어 냈다. 그리고 이 믿음 때문에 자기 자신과 다른 사람들에게 술에 대해 거짓말을 하게 된다. 솔직히 말해 보자. 우리 모두는 자신이 마시고 싶은 술의 양보다 더 많이 마신다. 절주하는 '통제 가능한' 음주자들도 술을 마신 뒤에 구토를 하거나 살인적인 숙취로 잠을 깰 때가 있다. 어느 누구도 이러고 싶어 하지 않는데 왜 술을 마시면 자신이 생각하는 것만큼 통제하지 못한다는 것을 인식하지 못할까?

왜 자신의 통제력 상실을 인정할 수 없을까? 왜 술 없는 삶을 상상하는 것이 고통스러워졌을까? 그 이유는 마케팅, 친구들, 가족 그리고 자신의 경험들이 강한 정신적 욕구를 만들기 위해 똘똘 뭉쳐 있기 때문이다. 술은 문화와 교육에 너무 깊이 스며들어 있기 때문에 사실상 의식적이든 무의식적이든 술을 마시도록 훈련이 된다. 하지만 앞으로 당신은 자유를 찾을 수 있는 방법을 알게 될 것이다. 더 이상 지루하고 결핍된 삶을 살고 있다고 느끼지 않아도 된다. 명확한 증거에 근거하여 결정을 내리면서 '오늘은 얼마만큼 마셔 볼까?' 하고 술의 양을 결정해야 할 때 무의식적인 마음은 '마시지 말자'고 답하게 될 것이다.

10장

경계에서 생각하기: 술을 마시면 몸이 이완되고 섹스를 잘하게 된다

"술은 무언가를 더 잘 할 수 있게 하지는 못하지만,
그 대신 못하는 행동에 대해 덜 부끄럽게는 한다."

- 오슬러(W. Osler)

평소에는 조용하고 내성적인데 술 몇 잔 마시면 시끄럽고 불쾌해지는 사람을 **관찰**해 왔다. 술을 마신 후에 쉽게 '포기하는' 사람도 관찰해 왔다. 그래서 술을 마시면 긴장이 풀리고 편안해지는 것 같다고 **가정**했다. 당신도 술을 마신 후에 자제력이 약해지는 것을 **경험**해 봤다. 평소와 같이 자제하지 않아야 더 많은 힘을 발휘해서 섹스를 하게 된다. 술을 마시지 않을 때보다 술에 취해서 섹스를 더 많이 하는 것 같다. 그래서 '맞다! 술은 긴장을 풀어 주고 더 나은 섹스를 하는 데 도움이 된다'라고 **결론**을 내렸다.

이제 현실은 어떤지 생각해 보자.

몸을 이완하기 위해

인구의 절반 이상은 자신이 수줍어하는 편이라고 여긴다. 나도 수줍음을 많이 타는 편이다. 그런데 아이러니하게도 친구들과 가족에게 물어보면 내가 외향적이라고 한다. 이것만 봐도 상대에 대한 인식과 현실이 얼마나 다른지 비교해 볼 수 있다. 그런데 사회적 상황에서 수줍어한다는 것은 치명적일 수 있는데, 특히 낯선 사람들과 외향적으로 지내야 할 때 더욱 상처를 받는다. 내 친구 하이디(Heidi)는 이런 상황을 '잡담하고 술 마시는 것'이라고 부른다.

나에게 있어 '잡담하고 술 마시는 상황'은 출장, 네트워킹 행사, 회의장 부스 운영 등의 상황이었다. '수줍은' 사람들은 대부분 술을 마시는데, 회의장에서는 '수줍은' 사람들이 더 술을 마셨다. 회의장에서 하루 종일 무료로 술을 제공하기에 술을 마시고 싶으면 언제라도 술을 마실 수 있고, 이런 공짜 술이 부족했던 적은 한 번도 없었다. 이처럼 사람들과 교류하는 동안 긴장을 풀고 사교성을 높이는 데 술이 열쇠라는 것은 믿을 만하다.

중요한 질문은 사교를 위해 술을 마시는 것이 효과가 있었는가이다. 술을 마신다고 해서 더 재미있는 사람이 되지는 않는다. 왜냐하면 술을 마시면 뇌가 평소보다 더 느린 속도로 작동하기에 유머 감각 또한 둔해지기 때문이다. 단, 술을 마시면 자제력이 줄어든다. 처음에는 자제력이 줄거나 제거되는 게 좋은 것이라고 생각했다. 하지만 자제력은 신체적 해로움으로부터 자신을 보호할 뿐만 아니라 해서는 안 되는 말이나 행동으로부터 자신을 보호하기 위해 반드시 필요하다. 내 경우, 자제력이 없어져 친한 친구들과 이야기하듯이 낯선 사람들과 이야기를 나누었고, 이런 모습 때문에 어려움을 경험한 적도 있다. 사소한 문제였지만, 결과적으로 사람들이 '주정뱅이 애니'라고 수근거리기까지 했다. 또한 함께 모인 사람들 중에 내 나이가 가장 어릴 때가 많아서 이런 어리석은 행동은 미숙함으로 치부되었다. 그리고 자제력의 상실이 나의 순진한 천성과 결합되어 나를 난처하고 위험한 상황에 빠뜨릴 때도 있었다.

나는 내 명함보다 나에게서 더 많은 것을 원했던 남자와 단둘이 있었던 적이 여러 차례 있었다. 다행히 한 번도 해를 입지 않아 그 정도로 감사해하고 있지만, 연구에 의하면 여성이 해를 입지 않는 경우는 거의 불가능하다. 술을 마실 때 남성은 여성이 의사소통하려는 의도보다 더 높은 수준의 성적 관심을 인지한다. 공격적 행동을 증가시킬 수 있는 술과 여성에게 끌린다고 느끼는 인식이 결합했을 때, 남성이 성적으로 폭행할 가능성이 더 높아진다. 술에 취한 남성은 술을 마시지 않는 남자들보다 섹스를 하려고 무력을 사용할 가능성이 높다.[146] 또는 술은 위험을 평가하고 반응하는 여성의 능력에 영향을 미쳐 평소에 피할 수 있는 상황, 예를 들어 낯선 남자와 단둘이 있는 것과 같은 상황에 노출될 가능성이 더 높아진다.[147]

긴장을 풀기 위해 술을 두어 잔 마시는 것은 큰 문제가 되지 않는다고 주장할 수도 있다. 그렇다면 특히 대학에서 성폭력이 사상 최고치라는 것을 알고 있는가? 『청소년 건강 저널(Journal of Adolescent Health)』에 발표된 2015년 연구의 저자들은 "교내에서의 성폭력이 전염병 수준에 도달했다."라고 말한다.[148] 당신의 아들이 이런 학교 환경에서 긴장을 풀고 자제력을 잃기를 원하는가? 술과 관련된 대부분의 대학에서 일어나는 강간 사건들은 우발적이다. 이 청년들은 강간범이 될 생각이 없었다. 한 주요 연구에서 여자 친구를 강간한 청년은 "술이 우리를 느슨하게 했고, 상황은 우연히 일어났다. 술을 마시지 않았다면 절대 그 선을 넘지 않았을 것이다."라고 썼다.[149] 같은 연구에서 54%의 여대생이 어떤 형태로든 성폭행을 경험했다는 것을 확인하였다.[150]

좀 더 깊이 생각해 보자. 지난 10월 나는 내 아들의 유치원에서 자원봉사로 할로윈 호박을 조각하는 것을 도왔다. 앞의 통계에 의하면 이 귀엽고 순수한 6세 소녀들 중 절반 이상이 대학에 갈 때까지 어떤 형태로든 성폭행을 경험하게 된다는 의미이다. 다시 말해서, 성폭행, 특히 술로 인한 성폭행을 경험하게 되는 것 같다. 내 친한 친구는 그녀의 기숙사 방에서 자고 있었는데, 한 남자가 술에 취해서 그녀의 방 창문을 깨고 들어와 강간했다고 했다. 그 사건이 있은 지 수십 년이 지난 지금도 그녀가 여전히 느끼고 있는 공포와 고통을 상상할 수 있을까? 또한 비록 합의된 성관계라고 해도 술은 다른 위험성을 증가시킨다. 성병의 60%는 술과 관련될 때 전염되며, 술을 마시는 젊은 성인은 무방비로 성관계를 가질 확률이 7배나 높다.[151]

수줍음과 자제력은 부정적인 성향이 아니다. 하지만 이 사회가 부정적이라고 생각하도록 조건화되어 왔다. 수줍음과 자제력은 우리를 보호하며 품위 있게 삶을 영위할 수 있도록 도와준다. 수줍어하는 성격은 상당히 정상이다. 모든 사람이 수줍음을 느낀다.

수잔 케인(Susan Cain)의 책『조용함, 말을 멈출 수 없는 세상 속에서 내성적인 사람들이 지닌 힘(Quiet, The Power of Introverts in a World That Can't Stop Talking)』에서는 듣는 것이 얼마나 중요한 재능이며, 말하는 사람과 자기 자신에게 얼마나 큰 선물인지에 대해 이야기한다. 말하기만으로는 새로운 것을 배울 수 없다. 특히 술을 마셔서 말을 더 많이 하는 사람은 상대에 대해 사려 깊게 대화하지 않으며, 설득력 있는 대화를 이끌지도 못한다. 술로 인해 뇌는 더 느린 속도로 기능하기 때문에 생각과 말하기 사이에 여과기가 더 적어질 뿐이다. 덜 여과된 말을 하기에 재미도 없는, 전혀 훌륭한 조합이 아니다.

내성적인 성격의 긍정적 측면과 다르게, 사회는 수줍음이 저주라고 믿도록 조건화되어 왔다. 인간의 타고난 자제력을 부끄러워하면서 외향적인 성격을 지향하는 사회적 편견이 생겼다.[152] 그러니 술을 마시면서 본성을 벗어나려 하는 것은 당연하다. 술을 몇 잔 마셔서라도 그렇게 열망하는 외향적이고 매력적인 사람이 되기를 바라는 것이다. 그러나 술을 마시는 방법은 효과적이지 않다. 그보다 훨씬 효과적인 방법이 있다. 즉, 자신과 주변 사람이 모두 비슷하다는 것을 인정하면서 대화가 자연스럽게 전개되도록 하는 것이다. 침묵을 깨기 위해 억지로 말을 만들기보다 간단히 질문을 건네면서 상대를 알아 가는 시간을 가질 때, 놀랍게도 상대로부터 새로운 무언가를 배우게 된다. 질문하고, 듣고, 배우는 모습에서 상대방은 당신을 더 흥미로운 사람으로 여긴다. 함께 있고 싶은 사람으로 보게 된다.

특히 운전할 때 자제력을 상실하는 것이 얼마나 치명적인지 너무도 잘 안다. 맑은 정신일 때는 술에 취해 운전한다는 걸 상상도 하지 못한다. 하지만 술에 취하면 끔찍한 생각처럼 보였던 것이 갑자기 일리가 있어 보인다. 자신의 허세감이 높아지면서 평소보다 자신이 더 잘 통제할 수 있다고 느낀다. 다음 날이면 '아, 어젯밤에 운전하지 말았어야 했는데'라고 생각한다. 교통사고의 절반은 술과 관련이 있다.[153] 음주운전자들의 대다수가 음주운전을 하려고 마음먹는 것은 아니지만, 일단 술을 마시게 되면 더 이상자신이 얼마나 취했는지 판단할 수 없게 된다. 도로가 그 어느 때보다 위험해지고 있다. 자제력은 우리 자신뿐만 아니라 주변 사람들도 보호한다.

일단 술을 마시기 시작하면 어느 시점부터는 술이 술꾼을 지배한다. 그런데 술꾼은 자신이 감당할 수 있는 양보다 더 많이 마시기 때문에 상상할 수 없는 일들을 일으킨다. 내가 술에 취해 끔찍한 짓을 얼마나 많이 저질렀는지 생각하면 소름이 돋는다. 중독이되면 혐오스러운 것도 아무 거리낌 없이 저지른다. 비천해진다. 누구라도 그렇게 된다. 실수가 계속 이어져 실수에 대한 면역이 생기면 혐오스런 행동이 더욱 증가한다. 모든 인간은 누구나 비참하게 실수할 수 있다. 그러나 한 번의 실수, 한 번의 판단 착오로 모든 게 끝난다. '모두가 실수를 한다'는 말에 속지 말라. 음주운전으로 다른 사람을 죽이려는 사람은 한 명도 없다. 하지만 매번 일어난다. 미국에서는 51분마다 음주운전에 의한 사망자가 발생하고 있다.[154]

엄청나게 취해서 토했던 기억이 있을 것이다. 미리 그렇게 하기로 마음을 결정한 거였나? 당신의 판단이 완벽하다면 그런 행동을 저질렀을까? 당신이 항상 현명한 결정을 내리고 자신과 다른 사람들에게 해를 입히지 않는다면 파티에서 쉴 새 없이 떠드는 그런 사람이 되어도 좋은가? 술에 흠뻑 취해 있지만, 정작 본인은 감각이 없어 자신이 취한 걸 모르는 사람? 주변에서 이런 사람을 자주 볼 수 있다. 어느 누구도 자신의 농담에 혼자 웃거나 계속 이야기만 하는 '술꾼 애니'와 시간을 보내고 싶어 하지 않는다.

약간의 술이 대화 기술이나 골프 게임에 좋다고 여길 수 있다. 하지만 일단 술을 마시기 시작하면, 조금 마시면 좋고 많이 마시면 재앙이 되는 지점을 판단할 수 없다는 게 중요하다. 술에 취하면 자신이 웃음거리가 되고 있는지 또는 대화 실력이 바닥났는지 전혀 알지 못한다. 자신이 얼마만큼 술을 마셨는지 안다고 해도 더 영리하거나, 더 재미있거나, 더 창의적이거나, 더 흥미로워지는 건 불가능하다. 술은 본래부터 이런 것들을 가능하게 하는 물질이 아니다. 수줍음이 많은 사람이 술에 취하면 감정이 올라와 흐느끼고 이를 되풀이할 뿐이다. 모두가 술에 취해 있기 때문에 자신들이 얼마나 이상한지 아무도 모른다. 오래된 질문 하나가 있다. 만약 모두가 절벽에서 뛰어내렸다면 당신도 뛰어내릴 것인가? 우리의 술 문화에서 듣는 그 대답은 충격적이게도 '그렇다'이다.

더 나은 섹스를 위해

앞서 이미 언급했듯이, 술은 남성에게 성기능 장애를 일으키는 주요 원인으로, 성적 흥분 상태를 유지하기 어렵게 한다.[155] 그렇다면 여자에게는 어떨까? 내가 술을 끊은 여성들과 이야기를 나누었는데, 압도적인 의견은 맑은 정신에 하는 섹스가 절대적으로 났다는 것이었다. "내 성욕이 완전 디바 스타일로 중앙 무대로 복귀했어요."라고 말하기도 했다. 또 자신의 섹스를 '맑은 정신의 모조 혁명'이라고 부르기까지 했다. 나도 동의하는 바이다. 느낄 수 있는 능력이 살아 있을 때 오르가슴을 더 쉽게 느낄 수 있고, 그것이 훨씬 더 오래 지속되는 것 같다.

내 경우에 술을 끊은 후 오랫동안 복용해 온 항우울제도 함께 중단했는데, 그 결과 성욕이 되살아났다. 그래서? 리비도! 요즘은 섹스가 더 재미있고 더 잦아졌다.

모두가 한결같이 피하고 싶은 것 한 가지는 '술에 취한 사람과 맑은 정신에 섹스를 하는 것이 그렇게 재미있지 않다'는 것이다. 한 여성은 "술 없는 섹스가 훨씬 나아요. 남편의 와인 입김이 싫어서 지금은 아침에 섹스를 하죠."라고 말했다. 또 "둘 다 취했을 때 하는 섹스는 그저 그래요. 그런데 둘 다 맑은 정신일 때 하는 섹스는 놀랍죠. 하지만 한쪽은 맑은 정신이고 다른 한쪽은 취했을 때 하는 섹스는 최악이에요. 타이밍이 중요하잖아요. 제 말이 무슨 뜻인지 아시죠. 남편이 취해 있으면 섹스가 너무 빨리 끝나 버려요." 술은 절대로 섹스에 도움이 되지 않는다. 맑은 정신에 하는 섹스가 얼마나 좋은지는 따로 말하지 않아도 될 듯하다! 당신 스스로가 직접 경험해 보면서 즐길 수 있기를 바랄 뿐이다.

11장

단주를 위한 탐험

"자신에게 인내심을 가지자. 자기성장은 부드럽고
성스러운 토대이다. 이보다 더 큰 투자는 없다."
– 스티븐 코비(Stephen Covey)

당신이 술을 끊기로 결심했다고 상상해 보자. 가장 먼저 온라인
에서 술의 폐해를 조사할 것이다. 술에 대해 알게 되면서 단주하
고 싶은 마음이 강해지고 단주에 대한 동기가 그 어느 때보다 높
아진다. 하지만 술을 마시는 진짜 이유를 찾아보지는 않았다. 찰
스 두히그(Charles Duhigg)가 그의 저서 『습관의 힘(The Power of
Habit)』에서 언급했듯이, 의지력은 피곤해지고 마침내 고갈되는
근육이다.[156] 결국 힘든 하루를 보내고 나면 지치고, 의지력의 근
육이 약해지면서 딱 한 잔만 하기로 결심하게 된다. 그리고 그 한
잔은 곧 여러 잔으로 변하고 만다. 결국 술을 끊는 데 성공하지 못

했기 때문에 자신이 정말로 술에 중독되었다고 믿기 시작한다. 술을 끊는 것은 이제껏 들어 온 것처럼 어려워 보인다.

술을 끊는 게 어려워지면 술이 자신보다 더 큰 힘을 갖고 있다는 믿음이 강화된다. 술은 틀림없이 엄청나게 중독성이 있고, 자신은 틀림없이 엄청나게 중독되어 있다고 생각한다. 술을 마시지 말아야 할 이유에 연연할수록 술을 마시지 않을 때 기분이 더 나빠지고, 술의 유혹에 빠졌을 때 더 심하게 휘청거린다.

그런데 이런 식의 접근은 상당히 비논리적인 것 같다. 우리는 술 때문에 문제가 생겼다고 판단했고, 술을 줄이려 노력하면서 술이 주는 즐거움까지 모두 제거했다. 더 이상 술을 즐겁게 마시지 못하게 되었고, 술을 마시는 자신을 혐오하면서 후회로 가득한 시간을 보낸다. 결국 술을 포기할 때도 비참했지만, 왜 술을 끊지 못하는지도 이해할 수가 없다. 자유를 찾기 위해 알아야 할 것은 무엇일까? 우리의 몰락이 어떻게 시작되었는지를 이해하는 것이 그 출발점이다.

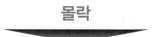

몰락

당신의 상황이 나와 다르겠지만 원칙은 동일하다. 그래서 내가 어떻게 몰락하게 되었는지를 먼저 이야기해 보려 한다.

어렸을 때 나는 열정과 에너지로 가득 차 있었고, 술 한 방울 없이도 파자마 파티, 놀이터, 학교 댄스 등 모든 것을 즐겼다. 그러다

고등학교 때 술과 관련된 사건들이 시작되었다. 처음에 나는 술맛이 마음에 들지 않았다. 첫 술의 맛이 좋다고 한 사람은 내 친구 제니(Jenny)뿐이었다. 제니는 프랑스의 해변에서 말리부와 콜라를 마시고 있었다. 물론 95%가 설탕이었으니 맛이 좋을 수밖에. 주변 환경도 이국적이어서 처음 마신 술이 마음에 들었다고 말한 거일 수도 있다. 솔직히 말해서, 제니는 술을 좋아한 게 아니었다. 설탕과 주변 환경이 좋았던 거였다. 만약 제니의 첫 술이 어두운 지하실에서 마시는 독한 술이었다면 술을 뱉었을 것이다. 쥐도 술은 절대로 마시지 않는다. 『학습과 행동 개론(Introduction to Learning and Behavior)』에서 파웰(Powell)과 심벌룩(Symbaluk)은 대부분의 실험용 쥐에게 술을 줘도 스스로 술을 마시지 않는다고 쓰고 있다.[157] 실제로 쥐는 강제로 술을 먹여서 신체적인 중독이 된 후에야 자발적으로 술을 마신다.

어쨌든 내가 마신 첫 술은 그렇게 좋지 않았다. 동료들의 압력이 엄청나게 많았던 기억이 난다. 그 당시 나보다 나이가 많은 남자와 사귀고 있었는데, 그는 내가 술을 거부하지 않기를 원했다. 그래서 나에게 설탕이 들어간 시원한 와인을 사 주었지만 맛이 별로 좋지 않았다. 나도 남자 친구에게 잘 보이고 싶었기 때문에 다른 음료를 마시고 싶었지만 술맛에 익숙해지려 노력했다. 나는 젊고 행복하고 건강했기 때문에 술이 전혀 필요 없었다.

처음 마신 술의 맛을 싫어했던 경험은 오래 남는다. 만약 반대로 첫 술이 기막히게 맛있었다면 술 마시는 걸 더욱 조심하게 될 것이다. 그런데 초반에 경험한 술맛이 별로 좋지 않았기 때문에 술 마시는 걸 조심하지 않게 되었다. 그렇다면 도대체 자신이 싫어하는 것에 어떻게 중독될 수 있는 걸까? 나는 보드카가 들어간 오렌지 주스를 처음 맛본 기억이 난다. 그때 나는 12세였고, 사촌들과 자연 온천에 가려고 10마일이나 되는 황야로 배낭을 메고 가는 중이었다. 보드카와 오렌지를 섞은 칵테일이 담긴 물병을 받아 한 모금 마셨을 때, "누가 오렌지 주스를 망쳤지?"라고 말하며 하마터면 뱉을 뻔했다.

이 경험은 지성에 맞춘 것이며, 본능을 무시한 좋은 예이다. 만약 동물이 맛이 나쁜 무언가를 마시게 되면, 맛이 나쁜 것은 해로운 것임을 본능적으로 알기 때문에 더 이상 마시지 않는다. 그것으로 끝이다.

하지만 인간은 지성과 추리 능력을 사용하기 시작한다. 즉, 모두가 술을 마시는데, 직접 술을 마셔 보니 너무도 맛이 없고, 아마도 술에는 숨겨진 뭔가 엄청난 게 있다고 생각한다. 매일 밤 부모님이 맛도 없는 와인을 마시는 것은 무언가 특별한 게 틀림없이 있기 때문이며, 술을 마시면 분명 놀라운 이득이 있을 거라 생각한다. 이득이 없다면 왜 모두가 술을 마시겠는가? 이러한 생각이 의식적으로, 더 위험하게는 무의식적으로 일어난다. 그래서 우리는 술맛에 익숙해지기 위해 열심히 노력한다.

그러다 갑자기 자신도 모르게 매일매일 술을 마신다. 지금처럼 술을 많이 마시겠다고 의식적으로 결정을 내린 적도 없었다. 그냥 언제부턴가 술을 많이 마시고 있다. 이제 와인이 없는 저녁 식사나 맥주가 없는 축구경기는 상상할 수 없다. 술맛에 익숙해졌고, 시간이 흐르면서 내성이 커져 더 도수 높은 술에 도전하고 더 자주 마신다. 이렇게 술을 마시는 것은 절대로 의식적으로 결정한 게 아니다.

나의 사회생활 경력은 술에 의존하게 된 중요한 요인이다. 회사 경력 초기에 나는 상사로 승진했고, 26세에 회사에서 최연소 부사장이 되었다. 그 시절, 출장으로 여러 나라를 여행했다. 외식을 할 때면 술을 많이 마시는데, 모두가 나보다 더 잘 마셨다. 사람들은 나를 '어린애'로 불렀고, 나는 내가 이렇게 어린 나이에도 승진할 자격이 있다는 것을 증명하기 위해 엄청 예민해져 있었다. 나는 동료들을 따라잡기 위해 술에 대한 내성을 쌓는 데 전념했다. 내가 술을 마실 때에는 와인 한 잔, 물 한 잔 번갈아 마셨다. 이렇게 술을 마시면 취기 없이 더 많은 와인을 마실 수 있었고, 숙취에도 효과적이었다. 한심해 보이겠지만, 종종 내 호텔 방으로 몰래 돌아가서 목구멍에 손가락을 넣어 토하고 나서 술을 계속 마셨다. 또는 밤새 마신 술을 잠자리에 들기 전에 게워 내려고 토하곤 했다. 내 자신을 증명하고 적응하는 임무를 수행했고 확실히 나는 엄청난 내성을 기르고 있었다.

나는 172cm에 63kg로 술을 끊기 직전에는 저녁에 와인 두 병을 쉽게 마실 수 있었다. 회사 내의 누구와 마셔도 뒤떨어지지 않는 내 능력을 자랑하곤 했다. 내가 다닌 회사의 본사가 런던에 있었기에 더 성취감을 느꼈다. 나는 술의 내성, 즉 내 자신을 독살하는 독특한 능력을 키우기 위해 열심히 노력했고, 그런 자신을 자랑스러워했다.

놀랄 것도 없이, 직장 일을 할 때든 아니든 와인은 내 일상의 한 부분이 되었다. 집에서도 와인을 마셨고, 친구들과 외출할 때는 더 많이 마셨다. 솔직히 지난 몇 년 동안은 음식보다 술로 칼로리를 채웠다. 술을 마시는 이유가 항상 있었던 건 아니였지만, 그렇다고 술을 마시지 않을 이유도 전혀 없었다.

얼마나 술을 마시는지 질문을 받았을 때 "전 술에 강해요. 술을 마셔도 해가 되지 않아요."라고 말하면서 술 마시는 것을 정당화했던 기억이 난다. 술을 마셔도 해가 되지 않는다고 정당화를 하다니? 술이 아닌 다른 것에 대해 '해가 되지 않아서'라고 정당화하지는 않는다. 술이 몸을 망가뜨리고 있는 게 명백한데 '술을 마셔도 해가 되지 않아요'라고 정당화하는 것은 진짜로 어리석어 보인다.

상황이 언제 변했는지 정확히 알 수 없지만 분명히 상황은 변한다. 내가 저 밑으로 미끄러지는 것에 대한 경고를 받은 것처럼, 당신이 아무리 똑똑하고 성공적이며 통제력이 있다고 믿는다 해도 이 경고는 당신에게 몰래 다가온다.

내 경우를 이야기해 보면, 나는 국제선 밤 비행기의 비즈니스석을 자주 이용했다. 비즈니스석 승무원들은 마치 승객들을 취하게 하여 여행 중에 깊이 잠들게 하는 임무를 수행하는 것 같다. 승무원이 계속해서 내 술잔을 채웠으니까 말이다. 그 결과, 나는 아직 술이 덜 깬 채로 이른 아침에 다른 나라에 착륙하곤 했다. 항상 회의가 첫 일정이기에 사무실로 가는 택시를 타기 전에 공항 라운지에서 샤워를 하고 옷을 갈아입곤 했는데 그날은 다른 관점으로 상황을 보기 시작했다. "음, 애니, 시간은 더 이상 상관없어. 오전 8시에 착륙했지만, 집에 있다면 밤 10시잖아. 착륙해서 기분이 좋게 한 잔 더 하는 게 어때?" 술을 더 마시는 건 쉬웠다. 공항 라운지에서 술을 하루 24시간 자유롭게 마실 수 있기 때문이다.

술을 많이 마셔서인지, 아니면 술에 열중해서 물 마시는 걸 잊어서인지 숙취가 늘 따라다녔다. 술이 숙취에 가장 좋은 치료제라는 말을 들은 적이 있어서 점심 때나 또는 더 일찍 맥주 한두 잔 더 마시는 것이 좋겠다는 생각이 들기 시작했다.

만약에 당신이 술을 통제한다면, 해장술까지 마시는 일은 절대로 일어날 수 없다고 생각할 것이다. 맞는 말이다. 술을 통제할 수 있는 '보호막'이 있으니 아침부터 술을 마실 정도로 알코올 의존은 아닐 테니까. 맞는 말이었으면 좋겠다. 사실 나도 내가 아침부터 해장술을 마실 거라고 생각해 본 적이 없었기 때문이다. 나의 합리화는 너무나 강력해져서 현실을 보지 못하게 만들었다. 해장술 때문에 술을 마시는 게 아니라 중압감 높은 국제적인 나의 역할을 더 성공적으로 수행하기 위해서 술을 마신다는 명분을 갖고 있었다.

술을 한 번도 마신 적이 없는 상태부터 술독에 빠져드는 상태까지의 알코올중독의 연속선상에서 당신이 이 정도로 술을 마시게 되면, 주위 사람들이 먼저 당신의 문제를 보기 시작한다. 가족, 친구, 동료 또는 상사로부터 지적을 받는다. 그러면 자신이 정말로 자제하고 있다는 것을 증명하기로 마음을 먹고, 술을 덜 마시기로 결정한다. "난 술을 마실 수도 있고 안 마실 수도 있어."라고 늘 말하면서 당연히 그럴 수 있다고 완전히 확신한다.

완전히 술을 안 마시는 날도 있고, 하루 정도는 술을 덜 마시려고 애쓴다. 이것은 대단한 변화이다. 이 시점 이전에 당신은 원할 때마다 원하는 술을 마셨고, 술 마시는 것을 대수롭지 않게 여겼다. 나 또한 술을 얼마나 마시고 있었는지 생각하지 않았고 그냥 마셨다.

하지만 지금은 누군가가 당신에게 술을 그만 마시라고 지적할 정도로 삶에서 술이 문제를 일으키고 있기 때문에 술을 조금이라도 덜 마셔야 한다고 생각한다. 의식적으로 말이다. 그러나 불행히도 당신의 무의식은 메시지를 전달받지 못했고, 여전히 술을 원하며 술만이 사회를 즐기고 긴장을 푸는 열쇠라고 믿고 있다.

단주를 시작했지만 정말 지루하고 짜증이 밀려와서 자꾸 투덜거리게 된다. 모두가 퇴근 후에 술을 마시고, 당신도 간절하게 술을 원한다. "딱 한두 잔만 마실 거야."라며 공표할 수도 있다. 그러고는 '난 술을 딱 몇 잔만 마셔야 해' 하며 걱정하는 게 재미없다고 생각한다. 한두 잔을 마시고 나면 몇 잔 더 마시는 게 의미가 없어 보인다. 내일부터 술을 덜 마시면 된다고 결심한다. 그러나 술 마신 다음 날이 되면 '난 왜 술을 덜 마실 수가 없을까?' 하고 의아해하며 의지력이 부족한 자신을 질책한다. 술을 줄이겠다고 약속했는데, 그 약속을 지키지 못하는 자신을 보면서 문제가 심각해지는 것 같다고 느낀다. 그러면서 '술이 나를 지배할 거야'라며 걱정한다. 그렇지 않다면 술을 덜 마시는 것이 왜 그렇게 힘들까?

술을 줄여야겠다고 결심하기 전에는 술 마시는 게 전혀 문제가 되지 않았다. 적어도 자신만은 술 마시는 게 문제라고 생각하지 못했다. 아마 자신에게 술 문제가 있다고 생각해 본 적이 없었을 테니까. 하지만 이제는 술이 나온 사진만 봐도 스트레스를 받는 딜레마에 직면하게 된다. 술을 줄이겠다고 결심했지만 계속해서 술을 마시게 되면, 이 스트레스는 매일매일 일어나게 된다. 난 피로를 풀고 스트레스 해소를 돕기 위해 와인에 크게 의존했고, 스트레스를 많이 받을수록 병따개에 손이 더 자주 갔다. 하지만 사랑하는 와인이 스트레스의 근원이 되었을 때 내가 악순환에 빠져 있음을 알았다. 고통스러운 처지에 빠진 것이다. 즉, 술을 아주 많이 마시고 있지만 충분히 마시지는 못하고 있기 때문이다. 언젠가 "한 잔은 너무 많고 천 잔은 충분하지 않다."라는 말을 들은 적이 있다. 정말 당혹스러울 뿐이다. 술이 문제라고 판단하는 뇌와 마시고 싶을 때 언제든지 마시라고 판단하는 뇌가 서로 충돌하고 있는 것이다.

이쯤에서 받는 고통이 너무 크고 엄청나게 스트레스를 받으면서, 이전보다 더 많은 술을 마신다. 결국 더 이상은 술을 통제할 수 없고, 술을 완전히 끊어야 한다는 것을 깨닫게 된다.

술을 완전히 끊어야 하고 단주해야 한다는 것은 많은 사람에게 비극이다. 지금은 이 책 『벌거벗은 마음』으로 자유를 찾았지만, 술 마실 때 자주 필름이 끊기는 술꾼이었던 메리(Mary)는 이렇게 표현했다. "이제 술을 그만 마셔야 할 것 같다고 생각했던 게 기억나요. 제가 그 말을 했을 때 온몸에서 힘이 빠지더라고요. 영원히 단주할 생각에 슬펐고, 동시에 단주를 할 수 있다고 믿지 못했기에 슬펐어요. 너무 억울했지요. 왜 나는 다른 사람들처럼 술 마시는 법을 배우지 못했을까? 왜 이렇게까지 되었을까?"

몇몇 사람은 처음 몇 주와 몇 달 동안의 단주가 지금까지 해 본 것들 중 가장 힘든 일이라고 말한다. A.A.를 다니면서 술을 끊은 내 친구 베스(Beth)는 단주가 가장 친한 친구를 잃는 것과 같다고 말했다. 베스는 술을 잃은 것을 애도했고, 심한 슬픔의 과정을 거쳤다. 술 없는 인생은 결코 달콤하지 않을 것이라고 믿는 사람에게는 단주가 끔찍한 경험이다.

어느 누구도 자신이 외도할 수 있다고 생각하지 않는 것처럼 아무도 알코올중독자가 될 계획을 하지 않는다. 의식적으로는 알코올중독자와 나는 다르고, 내가 알코올중독자가 되는 걸 절대로 허락하지 않을 거라 믿는다. 그러나 진실은 누구나 알코올중독자가 될 수 있다는 것이다. 알코올중독은 당신과 나같이 사람이면 누구에게나 일어난다. 사람이면 누구나 외도할 수 있음을 인정하고, 자신의 결혼을 보호하기 위해 예방 조치를 취할 때 결혼이 가장 안전하다고 배웠다. 알코올중독도 마찬가지이다. 술은 신체적으로 중독성이 있으며, 술에 대한 신체적 의존은 누구에게나 일어날 수 있다.

나는 술을 마시면서도 평소처럼 모든 것을 할 수 있었기 때문에 나 자신이 알코올중독자들과 다르다고 여겼다. 절대로 알코올중독자가 될 수 없다고 확신했다. 가정생활과 직장에서 너무나 성공적이었기 때문에 내가 마시는 술의 양을 신경 쓰지 않았다. 심지어 술을 마셨기 때문에 이 모든 일을 해냈고 이런 훌륭한 아이디어를 낼 수 있었다면서 술의 공로를 높이 샀다. 하지만 지금은 술을 마시지 않을 때 일을 훨씬 더 잘 한다는 것을 안다. 당신도 자신의 인생에서 술에 대한 잘못된 생각을 반증하는 게 얼마나 즐거운지 경험하게 될 것이다. 나의 획기적인 아이디어는 술병에서 나오는 것이 아니라 내 머리 속에서 나온다는 것을 알게 되면서 능력 또한 신장되었다. 난 술이 전혀 필요 없다는 것을 알게 되어 기분이 너무 좋다. 나는 강하고, 행복하며, 나 그 자체로 온전하다.

탐험을 시작하기

술이 자신의 삶을 지배한다는 것을 깨닫는 순간, 통제력을 되찾기 위한 탐험이 시작된다. 안타깝게도 많은 사람이 술의 지배로부터 자유를 간절히 원하지만, 이 자유를 얻는 게 불가능하거나 혹은 평생 동안 고통을 받을까 봐 두려워서 이 여정을 회피한다. 라스베이거스 길거리에 살고 있는 알코올중독자를 기억해 보자. 분명히 그는 더 이상 행복하지 않다. 더 이상 술은 그에게 진정한 안도감이나 즐거움을 주지 않는다. 사실 지금의 이 비극적인 상황, 즉 길거리에서 자고, 배고프며, 불결하고, 돈을 구걸하며, 경찰에게 괴롭힘을 당하는 것 모두가 술 때문인 건 분명하다. 그러나 그가 들고 있는 갈색 종이봉투를 보면서 이 비극적인 상황에서도 왜 계속해서 술을 마시는지 도저히 이해할 수가 없다.

이 알코올중독자가 술을 끊는 건 거의 불가능하다고 해석할 수 있다. 그런데 왜 사람들은 자신의 삶이 망가지도록 내버려 두는 걸까? 통계적으로 분석한 결과에 따르면, 단주에 성공한 사람들은 아주 소수이다. 우리 앞에 놓인 과제가 도달하기 어려운 것으로 보인다. 단주하는 게 절대로 쉽지 않을 거라는 불안과 공포심을 갖고 출발한다.

우리는 만약에 우리가 아주 오랫동안 술을 안 마신다면 기적적으로 술에 대한 욕구에서 해방될 것이라는 비논리적인 희망을 갖고 있다. 하지만 절대로 그런 일은 생기지 않는다. 주위에서 술은 여전히 '삶의 만병통치약'이며, 친구들은 술을 마시면서 너무도 즐거워한다. 당신과 내가 술을 끊은 것 외에는 아무것도 변한 게 없는데, 도대체 언제 어떻게 저절로 술에 대한 욕구에서 해방될 수 있다는 말인가?

혹시 순수한 의지력으로 술을 끊는다면 그 혜택을 보기 시작할 것이다. 더 건강해지고 삶의 상황이 좋아지면서 단주하게 된 이유들이 배경으로 사라지기 시작한다. 단주로 스스로가 건강하고 튼튼하다고 느끼기 시작하며, 강해지는 걸 확인하면서 힘이 있다고 느낀다. 그러다 점점 술을 끊게 된 이유를 잊어버린다. 인간은 선택적으로 기억하는데, 모든 걸 기억하기보다는 좋은 것들만 기억하는 경향이 있다. 배우자와의 싸움, 숙취 또는 자신이 말하고 행동했던 어리석은 짓을 잊어버린다. 과거의 비참했던 시간이 가물가물해지고, 단주를 하게 된 이유도 더 이상 중요하지 않게 된다. 점점 치유가 되면서 단주해야 할 이유들은 그 절박함을 잃어 간다.

이쯤에 딱 한 잔 마실 핑계를 찾으면, 순식간에 알코올중독이라는 정신적 고통으로 되돌아가게 된다. 곧바로 필름이 끊기는 지경으로 되돌아가든, 몇 년에 걸쳐 점진적으로 재발이 되든 전혀 다르지 않다. 당신은 변하지 않았고, 술도 변한 것이 없으며, 사회도 변하지 않았다. 이번이 지난번과 다른 게 전혀 없다.

그렇다면 당신이 단주에 성공했다는 걸 어떻게 알 수 있을까? 다시 술을 마시는지 혹은 단주를 하는지 확인하기 위해 계속 기다리다 보면, 죽을 때쯤에는 성공했다는 걸 알 수 있을까? 회복 중에 있는 삶을 살면서도 결코 회복되지 않는 삶을 사는 것은 '삶이 그저 괜찮아졌네요'일 뿐 '그 이상의 더 큰 삶에 대한 기대감은 없어요'라는 것을 의미한다. 하지만 당신이 술에 대한 정신적(의식적이고 무의식적인) 관점을 완전히 바꾸면 술에 대한 진실을 보기 시작한다. 그때부터는 술을 끊어야 한다는 의지력이 더 이상 필요 없어지며, 술을 마시지 않는 것 자체가 기쁨이 된다. 이것이 다음 장의 '경계에서 생각하기' 이후에 함께 이야기할 자발적 단주의 신비로움이다.

경계에서 생각하기:
술은 스트레스와 불안을 날려 버린다

"삶을 피하면서 평화를 찾을 수는 없다."

– 버지니아 울프(Virginia Woolf)

사람들이 긴 하루를 지낸 후에 술이 필요하다고 이야기하는 것을 **관찰**해 왔다. 당신도 스트레스를 받은 날에 술을 한 잔 마셨더니 스트레스와 불안이 없어지는 것을 **경험**해 봤다. 술은 스트레스 해소와 불안을 잠재운다고 **가정**했다. 그래서 '맞다, 술은 스트레스와 불안을 줄이기 위해 필요하다'라고 **결론**을 내렸다.

이제 현실은 어떤지 생각해 보자.

술이 스트레스와 불안감을 덜어 준다

처음에 나는 사교를 위해 술을 마시기 시작했다. 하지만 지난 5년 동안 긴장을 풀기 위해 술을 마셨다. 아이러니하게도, 술을 마시면서 내 삶은 스트레스로 훨씬 더 가득 찼다. 건강이 나빠진 것이다. 직업적으로 스트레스를 받는 것에 더하여 술을 마시면서 내가 누구에게 무슨 바보 같은 말을 했는지 전혀 기억하지 못하는 불안이 가중되었다. 결국 술을 마시면서 내 인생에 스트레스를 쏟아부은 꼴이 되었고, 술이 나의 긴장을 풀어 준다고 내 자신을 속이고 있었다.

진정한 휴식이란 무얼까? 완전히 이완된다는 것은 육체적으로나 정신적으로 걱정이나 짜증이 없는 상태라고 할 수 있다. 그렇다면 술이 진정한 휴식을 제공할 수 있을까? 술은 짜증이나 스트레스를 제거하는 게 아니라 그 증상을 일시적으로 둔화시킬 뿐이다. 그런 다음에는? 술에 대한 내성이 커질수록 술의 실제 효과는 줄어들고, 술을 마시고 싶은 욕구는 더 증가한다. 술을 마시면 화났던 마음이 가라앉지만 술에 중독이 된다.

물론 중독은 당신이 술을 마셔서 제거하려고 했던 스트레스 요인보다 훨씬 더 큰 스트레스 요인이다. 이전에는 없었던 술에 대한 정신적 갈망이 생겨서 이제는 더 많은 술을 마시거나 아니면 술을 끊어야 하는 처지가 되었다. 절대로 가져서는 안 되는 것을 갖고 싶을 때 편안하게 지낼 수 없다는 것과 같다. 결국 마음속에 정신적 분열이 생기는데, 바로 편안함과는 정반대되는 좌절감과 초조함이다. 자신의 문제를 해결하기 위해 술을 마시면, 문제의 진짜 원인을 처리할 수 없는 상황이 되어 버린다. 술을 마시면 스트레스의 원인이 해결되기보다 스트레스의 증상에 영향을 주기 때문에 결과적으로 스트레스에 갇혀 버리게 된다. 스트레스에 알코올의존까지 더해져 상황은 훨씬 더 나빠진다.

나는 몇 년 전 영국 윈저에서 70여 명의 청중을 대상으로 연설을 한 뒤에 무대에서 내려왔다. 평소라면 연설을 잘했다고 느끼는데, 그날은 그런 것 같지 않았다. 뭔가 잘못된 느낌이 들었다. 내가 청중에게 잘 반응하지 않은 것 같았고, 그들도 나의 연설에 적극적으로 호응하지 않았다. 아니나 다를까 친구가 무엇이 문제인지 물어보기 위해 나를 옆으로 데리고 갔다. 그는 좋은 친구이기에 나에게 열정을 잃은 것 같다고 솔직하게 말했다. 나는 예전처럼 활기차고 재미있고 호감 가는 그런 연설가가 아니었다. 그의 말이 옳다고 인정하면서 울음을 터뜨렸다. 뭐가 잘못된 건지, 왜 그렇게 초조했는지 알 수가 없었다. 내가 알고 있었던 것은 나를 진정시키기 위해 한 잔의 술을 마시고 싶어 한다는 것뿐이었다. 술이 나의 연설 능력을 급격히 떨어뜨렸지만 그 순간만큼은 술이 내가 가진 유일한 위안이라고 생각했다.

나는 '초조하고 불안한 신경을 가라앉히기 위해' 술을 마셨다. 하지만 나중에는 스트레스가 너무 많아서 술 마시는 게 전혀 도움이 되지 않았다. 과음과 수면 부족이 내가 열정을 잃은 이유였다. 하지만 내가 왜 그렇게 엉망이 되었는지 지금에 와서 다시 돌이켜 봐도 이유를 모르겠다. 직장생활 때문에 스트레스를 받을 수 있지만, 지속적으로 변화하고 빠른 속도로 성장하고 있었고, 많은 예산과 국제팀을 책임질 때에도 내 본분을 다했다. 그렇다고 생사의 갈림길에 처해 본 적은 없었다. 나의 모든 스트레스는 향상되고 싶은, 탁월해지고 싶은 내 안의 욕망에서 비롯된 것이었다. 거기에 스트레스를 풀려고 술을 마신 것이 상황을 악화시켰다. 이제는 더 이상 정기적으로 강력한 독(술)을 투여하지 않기 때문에 위압적인 상황을 포함한 어떤 상황도 처리할 수 있다. 쉬운 상황들만 있냐고? 아니다. 평소처럼 스트레스를 느끼냐고? 물론이다. 당면한 문제를 처리할 힘이나 자신감, 용기가 없다고 해서 스트레스가 두 배, 세 배가 되는 건 아니다. 술은 내가 쉽게 빠져나갈 수 있는 길을 열어 주는 것 같았다. 술 한 잔을 마시고 감각을 마비시키면 스트레스가 내 마음 밖으로 빠져나온다고 생각했다. 그러나 술은 모든 상황을 악화시켰다. 내 자신이 해결해야 할 문제를 정면으로 마주하는 대신 술을 마셨기 때문이다.

나는 6일간의 4개국 출장을 마치고 귀국하는 비행기 안에서 이 글을 쓰고 있다. 집에 가면 쉬고 싶다. 이런 여행이 끝나면 예외 없이 마음이 착잡해지는데, 예전 같으면 이런 것이 스트레스라고 믿고 그걸 풀기 위해 술을 마셨다. 그것이 어느 정도 스트레스인 것은 맞지만 대부분은 내 역할이 지닌 책임감일 뿐이다. 지금은 내가 무언가를 밀어붙이면 성공한다는 것을 안다. 직업, 가족 그리고 내가 관여하는 프로젝트 모두 빠르게 추진되기를 원한다. 내가 특히 초조해하면 주변에서는 나에게 천천히 진행하라고 조언한다. 그러나 나는 속도가 빠르게 진행될 때 행복감을 느낀다. 문제는 속도가 아니다. 진짜 문제는 내 몸과 마음에 독을 부어 넣어서 신체적으로 내가 원하는 삶을 따라갈 수 없게 된 것이다.

무더운 여름날에 혹독한 운동을 한 후 뜨거운 욕조 안에 몸을 담글 때의 강렬함을 상상해 보자. 차갑고 상쾌한 샤워에 기분이 더 좋아질 것 같지만, 오늘같이 29시간 동안 여행한 후 뜨거운 욕조에 몸을 담그는 것은 아주 좋은 것 같다. 내 근육을 이완시키고 잠드는 것을 도와주기 때문이다. 좋은 책과 함께 침대에 누워 있는 것도 아주 좋다. 반면에 아직 글을 읽을 줄 모르는 세 살 배기 아들은 넘쳐 나는 기운을 억제하고 가만히 앉아 있어야 하기에 매우 스트레스를 받고 있을 것이다. 몸을 이완하기 위해 왜 긴장하고 있는지 그 이유를 찾아 해결하면 된다. 만약 피곤해서 긴장하고 있다면 잠을 자면 된다. 추워서라면 온도를 따스하게 높이거나 스웨터를 입으면 된다. 가려우면 긁으면 된다. 이제 이해되었을 것이다.

만약 중요한 전화에 회신하는 것을 잊어버려서 스트레스를 받고 있다면, 바로 전화를 걸거나 또는 전화할 수 있을 때 잊지 않고 전화할 수 있도록 메모를 하면 된다. 그러면 스트레스가 경감된다. 만약 프로젝트 마감 때문에 스트레스를 받는다면, 프로젝트에 할애할 시간을 충분히 늘리거나 지금 당장 진행해 버리면 된다. 긴장을 푸는 가장 완벽한 길은 스트레스의 원인이 되는 특정 자극을 제거하는 것이다.

나에게는 경영 멘토와 코치가 있다. 몇 년 전에 우리는 내가 업무를 생각하느라 주말 동안에도 여전히 긴장해 있으면서 가족 시간을 즐기지 못하거나 휴식을 취하지 못한다는 사실에 대해 함께 이야기했다. 이렇게 긴장된 상태에서도 난 여전히 술을 마시고 있었는데, 술을 마셔도 긴장이 풀리지 않고 있었다. 즉, 술이 내가 생각했던 마법의 구제 버튼은 아니었던 것이다. 이날, 코치가 나에게 좋은 조언을 해 주었다. 그는 직장 밖에 있을 때 업무로 스트레스를 받는 것은 세 가지 유형뿐이라고 말했다. 첫 번째는 해야 할 무언가를 잊은 경우이다. 이때는 잊은 것을 기록해 두었다가 월요일 아침에 가장 먼저 해 버리면 된다. 두 번째는 무언가 망쳤다는 것을 깨달은 경우이다. 이때는 망친 것이 수정 가능한 것인지 파악하고, 만약 그렇다면 '가능한 한 빨리 수정할 것'이라 메모해 두면 된다. 만약 수정이 불가능한 일이라면, 그에 대한 보상이 뒤따를지도 모르니 우선은 그대로 내버려 두는 게 좋다. 세 번째는 새로운 아이디어가 갑자기 떠오르는 경우이다. 만약 새로운 아이디어가 머릿속에 떠올랐다면, 일단 메모해 놓고 사무실에 출근해서 실행하면 된다. 이러한 조언은 그 어떤 술보다 업무와 관련된 나의 스트레스를 더 많이 덜어 주었다.

불만을 갖게 된 원인을 제거하면 편안해진다. 다시 말해, 술은 당신을 결코 편안하게 할 수 없다. 이즈음 되면 술의 마비 효과에 대해 궁금해진다. 확실히 술은 통증을 완화시키는 데 도움이 된다. 그렇다. 술은 뇌와 감각을 마비시키고, 당신을 무감각하게 만든다. 술을 많이 마시면 의식은 멈추고 무의식만 작동할 것이고, 무의식은 통증을 덜어 줄 것이다. 좋은 생각일까? 마치 편두통 때문에 단두대 밑으로 들어가는 것이 좋은 생각이라고 말하는 것과 같다. 더 나은 해결책이 있는데도 말이다.

2012년에 수행된 연구에 따르면, 술은 스트레스와 불안을 다루는 능력을 약화시킨다. 연구자들은 실험쥐들에게 한 달 동안 술을 투여한 다음, 정상 쥐와 술을 투여한 쥐를 스트레스 상황에 노출시키고 반응을 측정하였다. 그 결과, 술은 사실상 쥐의 뇌를 변형시켜서 불안과 스트레스에 대처할 수 없게 만들었음이 확인되었다.[158] 대부분의 사람은 이러한 실험 결과가 충격적이라고 생각하겠지만 규칙적으로 술을 마시는 음주자라면 그 결과가 사실임을 이미 알고 있을 것이다.

그런데도 왜 우리는 술이 스트레스와 불안 해소에 도움이 된다고 생각할까? 왜냐하면 술은 스트레스가 악화되고 있을 때에도 스트레스 요인을 감지하지 못하게 만들기 때문이다. 스트레스 상황을 개선하기 위해 어떤 조치도 취하지 않으면 술이 깼을 때 스트레스가 여전히 남아 있다는 것을 당신은 이미 알고 있다.

나는 지금 세상일에는 전혀 신경 쓰지 않은 채 훌륭한 책과 함께 해변에서 태양과 바닷바람을 즐기면서 완전히 이완되어 있다. 술을 마시면 이런 기분이 더 좋아질까? 최근에 하와이 해변가에서 바로 이 편안함을 즐긴 적이 있는데, 이때 술 한 잔을 마시는 것에 대해 생각했다. 나는 해변에 있을 때 항상 마이 타이(Mai Tai, 혹은 에이트)를 마셨는데, 술을 마신다고 생각하니 술을 마시면 피곤하고 짜증이 났다는 게 떠올랐다. 즉, 술 한 잔을 마신 후 갈증을 느끼면서 내 안의 음주 갈망을 깨우게 되고, 다시 한 잔 더 마시고, 다음 날 해변에서 일광욕을 하는 대신 숙취 때문에 침대에서 대부분의 시간을 보낼 것이다. 이런 생각을 하자 술을 마시고 싶다는 생각이 뚝 떨어졌다. 정신적 평화는 아무런 괴로움이 없는 상태이다. 이러한 평화는 약물로는 결코 얻을 수 없는 감정이다.

우리가 진정으로 행복하고 편안하다면, 마음 상태를 바꿀 필요도 없고 그걸 바라지도 않는다. 돌이켜 보면 긴장을 풀기 위해서 술을 마셔야 한다는 나의 지속적인 욕구는 실제로 술이 나를 편안하게 해 주지 않았다는 증거인 셈이다. 만약에 술이 나를 편안하게 하는 데 도움이 되었다면 내가 술을 그렇게 많이 마실 필요가 있었을까? 술을 마셔서 스트레스가 풀렸다면 시간이 지날수록 술이 더 필요한 게 아니라 덜 필요했겠지? 그런데 아니었다. 술은 우리의 긴장을 풀어 주지 않는다. 술은 우리 삶의 스트레스를 해결해 주지 못한다. 단지 술에 취해 있는 짧은 시간 동안만 그 고통을 덮어 버릴 뿐이다. 술에서 깨고 나면 스트레스는 바로 되돌아오고, 시간이 흐를수록 더 증가한다.

몸과 마음을 마비시키기보다는 스트레스의 근본 원인을 다루면서 행복하게 스트레스 없이 지내는 것이 편안함을 찾는 오직 확실한 방법이다. 그러면 더 이상 증상을 독으로 덮을 필요도 없다. 내가 자살한 사람을 몇 명 알고 있다는 것이 가슴 아프다. 우울이나 불행을 치유하는 유일한 치료법이 자신을 완전히 지우는 것이라 믿고, 자신을 영원히 무의식으로 보내는 이런 방식으로 자신의 불행을 처리하는 것은 비극적인 일이다. 술을 마실 때마다 술은 당신을 조금씩 지운다. 당신이 폭음하는 날에는 밤 전체가 지워진다. 술은 절대로 스트레스를 해소하지 못한다. 다만 우리의 감각과 사고 능력을 지울 뿐이다. 결국 당신 자신도 지워진다.

편안함의 반대: 뇌에서 일어나는 일

술이 긴장을 풀어 주는 게 아니라면 무엇을 하는 걸까? 아주 간단히 말해, 술은 뇌 기능을 저하시킬 뿐이다. 즉, 술이 뇌세포 간 신호를 전달하는 신경전달물질의 종류인 글루타민산염(glutamate)과 GABA에 영향을 주기 때문이다.[159] 글루타민산염은 뇌의 활동 수준과 에너지를 증가시키는 흥분성 신경전달물질이다. 술은 글루타민산염의 방출을 억제하여 뇌의 신경회로의 전달을 늦춘다. 그 결과, 술을 마시면 천천히 생각하게 된다.[160] GABA는 억제성 신경전달물질이다. 억제성 신경전달물질은 에너지를 감소시키고 활동을 늦춘다. 술은 뇌의 GABA 생성을 증가시켜 진정, 사고력 저하, 이성 능력 저하, 언어 저하, 반응 시간 감소, 운동 저하 등을 초래한다.[161]

술을 마시면 뇌 화학물질이 변하여 우울증을 증가시킨다는 결과가 뇌과학을 통해 알려졌다.[162] 뇌는 쾌락 중추에 대한 술의 인위적 자극에 대항하여 쾌락 환상이 더 이상 존재하지 않을 때까지 즐거움을 감소시키게 된다. 이 단계에서는 도파민 수치가 높기 때문에 술을 마시고 싶은 갈망은 증가하지만 환상적인 즐거움은 줄어든다.[163] 술에 대한 욕구가 의존성과 관련된 병적 갈망으로 바뀔 수 있음이 신경과학을 통해 확인된 것이다.[164] 즉, 술을 마실수록 술에 대한 강박적 욕구는 강해지지만 실제로 어떤 즐거움도 얻지 못하게 된다. 이런 변화까지 걸리는 시간은 사람마다 다르다. 어떤 사람들은 그 변화가 거의 즉시 나타날 수 있고, 어떤 사람들은

몇 주, 몇 달 또는 몇 년이 걸릴 수도 있다.[165]

술은 대뇌피질, 특히 전두엽에 영향을 미친다. 술은 행동억제 중추를 억압하여 자제력을 떨어뜨린다. 또한 눈과 입에서 나오는 정보의 처리를 억제하고,[166] 나아가 사고 과정을 억제하여 명확하게 생각하기 어렵게 한다.

술은 뇌 기능을 저하시킬 뿐 아니라 폭음(2시간 동안 여성은 네 잔, 남성은 다섯 잔)[167]의 경우 신경세포가 파괴되어 뇌손상을 초래할 수 있다.[168] 끝으로, 술은 성적 수행과 성적 각성을 조절하는 시상하부의 신경 중추를 억제한다. 이 때문에 성적 충동은 증가할 수 있지만 실제 성적 수행과 감각 쾌감은 감소한다.[169]

술이 실제로 우리에게 어떤 영향을 미치는지 이제껏 이야기한 많은 것을 요약하기 위해 제이슨 베일의 책『쉽게 술을 차버리기(Kick the Drink… Easily)』에서 발췌한 부분을 사용하겠다.

술은 다음과 같은 영향을 준다.

- 전 신경계를 억제한다.
- 용기, 자신감, 자존감을 훼손시킨다.
- 뇌세포를 파괴한다.
- 면역체계를 망가뜨려 각종 질병에 대한 저항력을 떨어뜨린다.
- 칼슘을 흡수하는 신체 기능을 방해하여 뼈가 약해지고 물러져서 골절되기 쉽게 한다.
- 시력을 떨어뜨려 빛의 변화에 적응하기 어렵게 만든다.
- 소리를 구별하는 능력과 방향을 인식하는 능력을 약화시

킨다.

- 발음이 불분명해지게 한다.
- 미각과 후각을 무디게 한다.
- 식도 내벽을 손상시킨다.
- 근육을 약화시킨다.
- 백혈구와 적혈구의 생산을 억제한다.
- 위벽을 파괴한다.
- 비만을 초래한다.[170]

베일은 이어서 "당신의 몸에 술과 같은 독을 부어 넣지 않으면, 몸은 정말로 안도의 한숨을 내쉬게 된다."라고 말했다.[171]

13장

자발적 단주의 신비

"자신 외에는 그 누구도 자신을 구하지 못한다. 아무도 할 수 없고
누구도 못한다. 자기 자신만이 스스로 그 길을 걸어가야 한다."

– 석가모니(Buddha)

자발적 단주에 대해 들어 본 적이 있는가? 이상하게 들리는 단어
같지만, 자발적 단주는 단어 그대로 어떠한 공식적 치료도 받지 않
고 알코올의존으로부터 회복하는 것을 의미한다. 그리고 이 자발
적 단주의 비결은 술을 끊으려는 열망과 술을 잃는 것에 대한 두려
움이 야기한 내면의 갈등의 두 가지를 조정하는 데 있다.

중독치료 없이 단주하기

미국에서는 알코올의존으로부터 자발적으로 회복하는 사람들이 알코올 치료 접근법인 A.A.보다 약 4~7배 더 성공적이라고 한다. 놀랍지 않은가? 미국 국립알코올남용 및 알코올중독연구소(NIAAA)의 최근 연구에서는 알코올의존자의 1/3 이상이 어떤 치료도 받지 않고 완전히 회복되었다고 밝히고 있다. 즉, 내성, 금단 증상, 재발 등으로부터 벗어나 완전히 술을 조절하는 데 성공했다.[172] 이와 대조적으로, 최근 하버드 의과대학에서 은퇴한 정신의학 교수 랜스 도드스(Lance Dodes) 박사는 "A.A.의 성공률을 5~10%로 보고 있다. 즉, A.A. 참여자 15명 중 한 명이 단주를 시작하여 유지할 수 있다는 해석이다."라고 말했다.[173]

외부의 도움이나 특정 프로그램 없이 단주를 하고 있는 사람들은 술과 건강한 관계를 유지하는 데 성공했고 자신의 결정에 대해 더 평화롭고 행복해 보였다. 자신의 시간과 에너지의 상당 부분을 단주 유지에 허비하지 않았다. 중독 모임에 참석하고 중독 관련 책을 읽고 종교 생활을 함에 따라 단주가 하루하루의 초점이 되는 대신에 술과의 관계가 배경으로 물러나면서, 단주는 그들에게 진정한 자유를 허락했다. 후속 연구에 따르면, 알코올의존에서 자발적으로 회복한 사람들 중 75%는 알코올중독 치료 프로그램이나 A.A를 포함한 어떤 종류의 도움 없이 회복되었다.[174]

어떻게 자발적 단주가 가능한 걸까? 자발적 단주가 공식적인 프로그램 참여보다 더 효과적이라는 게 믿겨지지 않는다. 특히 자발적 단주의 성공률도 놀라웠지만, 자발적 단주가 일반에 널리 알려지지 않았다는 사실이 더 놀라웠다. 만약 큰 노력이나 가슴앓이도 하지 않고 술을 끊거나 줄일 수 있는 방법이 있다면 당장 참여해야 한다. 나는 자발적 단주가 도대체 무엇이고 어떻게 해야 자발적으로 단주가 되는지 이해할 필요가 있었다. 자발적 단주자들로부터 내가 배울 수 있는 무언가가 있는지 알고 싶었다.

자발적 단주: 사례 연구

운 좋게도, 자발적 단주에 성공한 한 명이 바로 나의 아버지이다. 아버지는 20년 동안 흡연을 하셨고 술도 많이 드셨다. 어느 날 아버지는 뒤도 돌아보지 않고 두 가지 모두 끊었다. 아버지는 참 독특한 인생을 살고 계시다. 대학 졸업 후, 아버지는 맨해튼에 있는 전도 유망한 영화 제작사에서의 미래를 포기하시고, 로키 산맥 한가운데 있는 아주 작은 방 하나짜리 통나무 오두막으로 이사를 하셨다. 그곳에서 우리 부모님은 수도와 전기도 없이 나와 형제들을 키우셨다. 그 고도에서는 11월에서 5월 사이에 도로가 폐쇄된다. 그래서 근처 마을에 가기 위해 스키나 스노모빌(snowmobile)을 타야만 했다.

난 이곳에서 자랐고, 44년이 지난 지금도 아버지가 살고 계신다. 이곳은 거의 수목 한계선에 있는 해발 고도 1만 500피트의 분지에 있으며, 가장 가까운 이웃은 수마일 떨어져 있다. 사실 학교에서 '이웃'이라는 단어를 듣고서 이웃에 대한 두려움을 가졌던 기억이 있다. 우리는 이웃이 없었기 때문에 이웃이 무언지 알지 못했다. 사실 이웃이라는 단어가 꽤 무섭게 들렸기에 집에 가서 어머니에게 "엄마, 이웃들이 물기도 하나요?"라고 질문한 적도 있다.

나는 아버지가 술을 마시는지 몰랐기에 전혀 마시지 않는다고 생각했다. 하지만 아버지는 술을 많이 마셨고, 1960년대의 그 어떤 남자 대학생들보다 훨씬 술을 많이 마셨다고 했다. 그런데 어째서 아버지에게는 '회복(recovery)'이 없었을까? 내가 아버지께 묻자 아버지는 "술이 나에게 아무 도움도 되지 않는다는 걸 알았지. 그래서 바로 그만 마시기로 했어. 주저하지 않고 바로."라고 대답하셨다.

그렇게도 많은 사람이 더 이상 술을 마시지 않기 위해 자신의 인생을 '회복'에 투자하고 있는데, 아버지의 경우는 '회복'도 없이 단주가 가능했던 걸까? 어떻게 술을 마시고 싶지 않다고 결정하고 절대 뒤돌아보지 않을 수 있었을까? 아버지는 왜, 언제 단주하기로 굳게 결심했는지, 고통도 갈망도 없이 단주할 수 있었는지 그 이면의 심리학이나 과학에 대해 전혀 알고 있지 않으셨다. 아버지가 내 질문에 남긴 대답은 분명하지 않았지만 '회복' 없이 단주가 가능한가에 대한 대답은 매우 간단하다. 이제 내 경험을 이용해 설명해 보겠다.

인지적 부조화: 자신과의 불화

━━━▼━━━

나의 절친 첼시(Chelsey)는 지금 멋진 남자와 결혼하여 행복하게 살고 있다. 지금의 남편을 만나기 전, 첼시는 오랫동안 여러 특징의 남자들을 만났는데 진짜 내 마음에 들지 않는 남자가 있었다. 제스(Jesse)였는데, 정말 최악이었다. 그런데 첼시는 그를 좋아했다. 그것도 아주 많이.

내가 제스에 대해 이야기를 할 때면 우리 사이에 긴장감이 감돌았다. 난 첼시가 왜 그렇게 제스를 좋아하는지 인정하기 어려웠다. 그렇다고 제스가 그렇게 싫을 이유도 없었다. 다만 첼시가 제스를 그렇게 좋아할 거라 생각하지 못한 거였다. 어느 날 우리가 무언가에 대해 다른 의견이 있어 길게 대화를 해야 했는데, 그때 제스에 대한 관점이 서로 다르다는 걸 알게 되었다. 나는 첼시가 왜 그를 좋아하는지 알 수 없었고, 첼시도 내가 왜 그를 싫어하는지 이해할 수 없었던 것이다. 첼시가 제스와 사귀는 내내 우리 둘은 서로 불편했고, 함께 대화하는 것도 예전보다 줄었다.

몇 년 후 내가 알코올중독으로 허덕이고 있을 때 그 반대의 상황이 일어났다. 첼시는 내가 술에 중독되었다는 것을 인정하지 않았고, 내가 겪고 있는 고통을 솔직하게 말하길 원했지만 나는 그럴 수 없었다. 나는 첼시에게 내가 무엇을 하고 있는지 설명할 수 없었고, 지금의 내 자신이 얼마나 싫은지에 대해서도 이야기할 수 없었다. 결국 내 상황을 첼시와 충분히 공유하지 못했다. 앞의 두 가지 경우 모두에서 첼시와 나는 소통이 어려웠고, 서로를 더 알지 못하게 되어 버렸다.

이런 상태가 바로 당신이 마셔야 하는 양보다 더 많은 양의 술을 마시고 있음을 알아차렸을 때 당신의 뇌에서 일어나는 일이다. 심리학에서는 이 현상을 인지적 부조화(cognitive dissonance)라는 멋진 용어로 표현한다. 인지적 부조화란 두 가지의 모순되는 가치, 생각, 믿음들을 동시에 갖고 있는 사람이 경험하는 불편함에 대한 정신적 스트레스라고 정의된다. 예를 들어, 할로윈을 생각해 보자. 사무실의 동료가 사탕 한 바구니를 당신이 매일 지나다니는 책상 위에 놓아두었다. 당신은 사탕을 먹고 싶지만 살을 빼기로 스스로에게 약속했기 때문에 사탕을 먹어서는 안 된다.

지금 정신적 스트레스를 유발하는 내면의 투쟁, 두 가지의 모순되는 생각을 갖게 되었다. 즉, 설탕이나 칼로리를 원치 않기 때문에 사탕을 먹고 싶지 않지만 그 사탕이 자신에게 기쁨과 만족을 줄 것이라고 믿기에 사탕을 갈망하고 있는 것이다. 결국 스스로에게 한 약속을 저버리고 사탕을 먹는다. 이때 인지적 부조화의 문제가 시작된다. 자기 자신에게 행복하지 않은 무언가를 했고, 그래서 불편해져 버렸다.

이러한 내면의 갈등이 심도 있게 연구되어 왔다. 우리의 뇌가 동의하지 않는 무언가를 할 때 행복감이나 평화로움을 느끼기는 무척 어렵다. 우리는 엄청난 시간 동안 그 부조화를 극복하고 내면의 평화를 되찾으려고 노력할 것이다. 이런 노력은 의식적·무의식적으로 진행된다. 단, 갈등을 제거하려는 노력이 의식적인 것만은 아니기 때문에 자신도 모르게 스스로에게 거짓말을 할 수도 있다.

이런 분열을 극복하고 조화를 되찾을 수 있는 몇 가지 방법이 있다.

1. 자신의 행동을 바꿀 수 있다. '오늘 하나만 먹고, 앞으로 절대 먹지 않을 거야.'

2. 모순되는 생각이나 정보를 바꾸어 자신의 행동을 정당화할 수 있다. '가끔 한 번씩은 사탕을 먹을 수 있지. 나는 그럴 자격이 있다고.'

3. 새로운 행동을 추가함으로써 자신의 행동을 정당화할 수 있다. '괜찮아. 오늘 저녁에 체육관에 갈 거야.'

4. 마찰되는 정보를 무시하거나 부정함으로써 자신을 속일 수 있다. '사탕이 내 다이어트에 그렇게 나쁘지는 않아.'

중독성 물질의 경우, 인지적 부조화가 더 복잡하다. 당신은 술이 스트레스를 해소하고 삶의 질을 높여 준다는 강한 무의식적 믿음을 갖고 있다. 그리고 술을 줄이거나 끊는 것은 확실한 희생이라는 의식적·무의식적 믿음도 갖고 있다. 술을 끊으면 스트레스를 받을 것이라고 걱정하고 있지만, 술을 대신할 무언가를 알지도 못한다. 사실 술이 없다면 인생은 무미건조할 것 같고, 주위를 둘러보아도 모두가 술을 마신다!

하지만 지금은 술이 건강에 해롭고 대인관계를 망치며 삶의 다른 영역에 부정적인 영향을 미친다는 것을 강하게 의식적으로 믿게 되었다. 술은 중독성 물질이기 때문에 정신적인 갈등뿐 아니라 신체적인 갈등도 포함된다. 중독성 물질을 섭취하게 되면 거의 감지할 수 없는 미세한 신체적 갈망이 생기는데, 이 갈망 때문에 술을 끊는 게 더 어렵고, 시간이 지날수록 이 갈망은 더 강해진다. 갈망에 대한 반응은 신경학적 현상인데, 뇌 신경회로는 중독성 물질에 반복적으로 노출되면서 변화하며, 시간이 흐르면서 학습된 화학 반응의 결과로 도파민 수치가 높아져 음주 갈망도 강해져 간다.[175] 심지어 술을 마시지 않을 때에도 내면의 갈등은 격화된다. 왜냐하면 음주 갈망이 술을 마시지 않겠다는 당신의 열망과 끊임없이 충돌하기 때문이다. 거기에 추가적으로 건강까지 악화되면 그 갈등은 점점 더 고통스러워진다.

이런 현상은 중독에서 기본적으로 확인 가능하다. 모든 중독자는 자신과 주변 사람들에게 거짓말을 한다. 자신을 보호하기 위해 그리고 의지의 갈등 때문에 생기는 내적 트라우마를 최소화하기 위해 거짓말을 한다. 점점 더 변명을 잘하게 되고 진실을 숨기는 데 능숙해지면서 자신의 거짓말을 스스로 믿게 된다. 자기 자신을 믿을 수 없다는 건 끔찍한 일이며, 엄청나게 고통스러운 것이다. 이것이 바로 중독의 고통이다. 일반적으로 사람들이 믿고 있는 것과 달리, 중독으로 신체가 망가져 삶이 파괴된 것이 아니라 술이 자신의 삶에 필수적이라고 무의식적으로 믿고 있으면서 술을 더 이상 마시지 않겠다고 하는 내면의 갈등과 자신의 결심이 삶을 파괴하는 것이다.

술에 있어서 단순히 행동만 바꾸는 것으로는 이 갈등을 절대로 해결할 수 없다. 무의식적 마음은 술이 ˙친구이며 스트레스를 해소하고 삶을 향상시키는 데 도움이 된다고 믿도록 조건화되었기 때문에 술을 끊거나 줄이기로 결심한 뒤에도 여전히 술을 마시고 싶어 한다. 이제는 단주하기 위해 의지력이 필요하다. 그러나 이쯤 되면 의지력이 말라 버린 상태이다.[176] 그리고 딱 몇 잔만 마시면 좋겠다면서 술이 너무 마시고 싶어진다. 결국 술을 안 마시겠다는 결심이 무너지면서 술을 마시게 되고 죄책감까지 느낀다. 바로 인지적 부조화, 즉 분열된 마음의 한가운데에 있게 되며, 내면의 갈등을 겪는다.

우리가 의지력으로는 술을 끊을 수 없다는 것을 깨달았을 때 뇌는 더욱 갈등하기 시작한다. 행동을 변화시키려고 노력했지만 쉽지 않다는 걸 알았다. 술이 초래한 끔찍한 결과를 살펴보면서 인식이나 생각을 바꾸려고 노력해 봤지만 그것 또한 실패했다. 그래서 술을 마신 것에 대한 핑계를 찾으며 자신의 행동을 정당화하려고 노력한다. 처음에는 이러한 합리화를 스스로 믿지 않는다. 하지만 내면의 갈등을 겪기보다는 "지금 집에 있었다면 밤 10시였을 테니 아침 8시에 술을 마셔도 괜찮아."라고 스스로에게 말하는 것이 훨씬 더 쉽다. 이때 뇌는 이러한 변명들이 말도 안 되는 것임을 알기에 더 많은 술을 마시면서 자신을 마비시킨다. 우리는 술을 마셔서 생긴 갈등을 극복하기 위해 무엇이든 다 시도해 보지만, 술을 마시고자 하는 욕구와 상충되는 정보들을 무시하고 부정하게 된다. 마침내 더 이상 시도해 볼 것이 없어지면 왜 이걸 극복하지 못하는지 스스로 이해할 수 없게 된다. 이때 스스로를 비난하기 시작한다.

술 문제를 해결하기 위해 공포 전술이 사용되기도 한다. 하지만 공포 전술이 성공적이지 못하는 이유를 알 수 있다. 우리는 평생동안 술이 중독성이 있으며 사람들의 삶을 망친다는 것을 익히 들어 와서 잘 알고 있지만, 술에 대한 이러한 정보를 무시하거나 부정하기로 선택하는데, 이로써 우리 뇌의 갈등을 더욱 복잡하게 만든다. 결국 논리적으로 판단하면서 술을 마시지 않는다.

사람들은 알코올중독이 신체적 혹은 정신적 결함이 있는 사람에게만 일어난다고 믿는다. 우리 뇌는 이 믿음을 이용하여 갈등을 쉽게 해결한다. 즉, 술을 통제하지 못하는 사람도 자신은 신체적 혹은 정신적 결함이 없는 사람이니까 술을 통제할 수 있다고 믿으면 된다. 즉, 이 믿음을 이용해 자신의 문제를 부정하면 된다. 사람들이 술을 마시기 위해 변명하는 것을 주의 깊게 들어 보면 어떻게 인지적 부조화에 대처하는지 관찰할 수 있다. 만약 당신이 술 마시는 이유에 대해 스스로에게 정직하다면, 절대 정당한 이유를 찾기가 어려울 것이다.

내면의 전쟁 멈추기

그렇다면 나의 아버지는 어떻게 인지적 부조화를 극복했을까? 어떻게 자발적 단주에 성공했을까? 아버지는 단번에 영원히 술을 끊는 방법을 선택했다. 그렇지만 그런 결정을 하기 오래전부터 술이 자신의 인생에 전혀 긍정적으로 작용하지 않는다고 판단했다. 어떤 미련이나 자신의 결정에 의문을 제기할 여지도 남기지 않고, '이제는 술을 끊어야겠다'는 사실을 마음의 100%로 깨달았다. 두 뇌는 술을 끊기로 선택했고, 그 결과로 아버지는 갈등을 끝내고 평화를 얻으셨다. 아버지의 결단력 있고 확고한 성격이 술을 단번에 끊는 데 기여했지만, 이 성격 때문에 술을 마실 때도 온 마음을 다해 마셨다. 즉, 술 마시는 것을 고민하거나 따지지 않고 마음이 원하는 대로 마셨다. 이런 전념하는 성격 때문에 아버지가 술에 의존하게 되었지만, 궁극적으로 술을 단번에 끊을 수도 있었던 것이다.

나는 누구나 나의 아버지처럼 단번에 술을 끊고 이후에 술을 안마실 수 있다고 말하려는 게 아니다. 그건 절대로 쉽지 않다. 왜냐하면 무의식과 의식 모두를 변화시킬 수 있을 만큼 충분히 유연하고 충분히 강인한 정신이 필요하기 때문이다. 하지만 이 책을 통해 당신은 유연하고 강인한 정신을 갖게 될 것이다. 즉, 자신의 무의식적인 마음을 변화시키고, 그래서 뇌 속의 갈등을 쉽고 평화롭게 끝낼 수 있게 될 것이다. 수년간, 심지어는 수십 년 동안 뇌 속의 분열과 함께 살아온다는 것이 얼마나 큰 아픔과 고통인지 오직 당신 자신만이 알고 있다.

그런데 뇌 속의 분열은 왜 이토록 고통스러운 걸까? 그건 갈등 때문이다. 갈등 때문에 고통이 생기고, 그래서 인간은 본능적으로 갈등을 싫어한다. 친한 친구와 의견이 맞지 않을 때 마음이 아프다. 심지어는 갈등 상황을 목격할 때도 고통을 겪는다. 그러니 자기 자신과 싸운다면 얼마나 더 고통스러울까? 자신이 싫어하는 짓을 하면서 중독으로 고통받아 왔다면 그 고통이 얼마나 극심한지 알 것이다. 나는 내 인생에서 중독보다 더 나쁜 것을 경험해 본 적이 없다. 중독보다 더 무서운 것은 없다. 그 갈등이 너무나 고통스러워서 '오블리비아테(obliviate, 역자 주: 〈해리포터 비밀의 문〉에 나오는 주문 중 하나로 '잊어버리다'를 뜻한다)'를 외치며, 엉망이 되어 버린 내 삶을 무시하기 위해 완전히 취하는 걸 선택했다. 결국 나 자신에 대한 신뢰도 잃었다. 하기 싫은 짓을 하는데, 왜 자꾸 이런 짓을 하는지도 이해가 되지 않았다. 불행은 강력했고 모든 것을 파괴했다. 나는 더 이상 거울 속에서 나의 익숙한 모습을 찾을 수가 없었다. 내가 누구인지 알 수도 없었다. 나 자신을 잃어버렸다. 하지만 자기 자신을 다시 찾고 행복을 되찾기 위해서는 마음 속의 불일치를 제거하는 것이 필수적이다. 그 첫 번째 단계로, 이제까지 알려진 술의 이점을 면밀히 살펴보고, '경계에서 생각하기'를 통해 술을 마셔서 얻을 수 있는 이득은 절대로 없다는 것을 논리적이고 이성적으로 증명하는 것이다.

14장

경계에서 생각하기:
술을 마시면 즐겁고 행복해진다

"중독은 '밖에 있는' 무언가가 내 안의 공허함을 즉각적으로
채워 줄 수 있다는 희망에서 시작된다."

– 진 킬본(Jean Kilbourne)

사람들이 다양한 방식으로 술을 즐기는 것을 오랫동안 **관찰**해
왔다. 특히 광고는 관계를 발전시키고, 섹스를 하며, 파티를 열고,
일상 활동을 즐길 때 술이 행복하게 해 줄 것이라고 약속한다. 서
구 사회에서는 '술이 사람을 행복하게 한다'는 **가정**을 아주 당연하
게 여긴다. 당신도 술을 마시기 시작하면서, 술이 행복을 가져다
주는 것을 **경험**해 봤다. 동시에 술에 대한 내성이 생겨 술을 마실
수 없을 때 자신도 모르게 불행을 느낀다. 사실 술이 우리를 행복
하게 만든다는 **가정**에는 술을 마시지 않으면 불행하게 된다는 무
언의 **가정**이 포함되어 있다. 술을 마시면 행복하다는 걸 **경험**하

면서 술이 나를 행복하게 한다는 **가정**을 확인해 봤으니, 그래서 '맞다, 술은 진짜로 즐거움을 주고 행복하게 만든다'라고 **결론**을 내렸다.

이제 현실은 어떤지 생각해 보자.

술은 나를 행복하게 한다

연구 결과를 보면, 술은 술꾼들을 불행하게 만들고 그 주변 사람들까지도 불행하게 만드는 등 우리 사회에 많은 불행을 일으킨다. 노숙, 실업, 빈곤, 학대, 우울증, 고통, 강간, 불행 그리고 죽음도 가능하다. 술로 인해 정서적·신체적·성적 학대를 당한 피해자들을 돕는 지원 단체들이 있다. 술과 연관된 폭력 사건의 70%가 가정에서 발생하기에 가정이 황폐화된다. 그중 20% 정도에서 손과 발, 주먹이 아닌 무기들이 사용된다.[177] 그리고 부모가 아이들을 더 이상 돌볼 수 없거나 사망하여 아이들이 고아가 되기도 한다. 술 때문에 분쟁, 싸움, 칼부림, 살인, 원치 않는 임신 등이 발생한다. 강력 범죄에서 범인은 마약보다 술을 마셨을 가능성이 훨씬 더 높다.[178] 그리고 규칙적으로 술을 마시는 사람들은 부상이나 폭력으로 인해 사망할 확률도 더 높다.[179]

이 사회에 술과 그에 따른 피해가 만연해 있다. 그러다 보니 주변에서 술로 인한 가슴 아픈 이야기, 비극, 고통, 후회의 이야기 등을 많이 듣게 된다. 나에게 너무도 아름다운 사촌 여동생이 있었다. 그런데 그녀가 23세였던 해의 크리스마스 다음 날에 죽었다. 길을 건너다 음주운전자에게 치인 것이다. 얼굴을 거의 알아볼 수 없을 정도로 다쳤고, 병원에 도착했지만 결국 숨을 거두었다. 이처럼 우리 모두는 무서운 이야기를 갖고 있다.

가장 가슴 아픈 것은 술 때문에 아이들이 고통받는다는 것이다. 아이들에게 세상 전부인 부모가 비틀거리거나, 아프거나, 다투거나, 서로를 괴롭히는 것은 엄청난 고통이다. 내 친구 줄리(Julie)의 부모님은 줄리가 꽤 어렸을 때 이혼했고, 그녀의 어머니는 술을 많이 마시는 사람과 재혼했다. 내가 줄리 집에서 몇 번 잠을 잔 적이 있는데, 줄리의 방은 부모님의 방 바로 아래였다. 어느 날 줄리 부모님의 언쟁 소리가 들렸고, 난 침대에 누워 어찌해야 할지 몰라 했던 기억이 난다. 줄리는 잠든 척했는데, 아마도 창피했을 것이다. 줄리의 엄마는 절대 술을 마시지 않기에 위층에서 남자 목소리만 일방적으로 들렸다. 한편으로, 줄리는 운이 좋다고 봐야 한다. 많은 경우, 술 마신 아버지로부터 어머니가 신체적으로 학대당하는 동안에 아이들은 그 광경을 목격하면서 침대에 누워 있거나 옷장 안에 숨는다. 아이들이 학대의 희생자가 되는 경우도 많다. 확인된 아동학대 보고서의 절반 이상과 아동학대로 인한 사망의 75%가 술과 관련되어 있다는 것은 무서운 일이다.[180] 아이들을 학대했던 어머니가 이후에 알코올중독에 걸릴 확률은 **세 배** 더 높았고 학대했던 아버지는 **열 배** 더 높았다.[181] 그리고 중독의 사이클이 계속되면서 알코올중독 집안의 아이들이 알코올중독자로 성장할 확률이 네 배 더 높았다.[182]

부모가 아이들을 학대하지 않더라도 아이들은 술에 취한 부모를 무서워한다. 술꾼들은 아이들에게 끊임없이 사랑한다고 말한다. 그러나 이런 말은 모두 거짓이고, 자신들의 공허함을 달래기 위한 것이며, 술에 취해 하는 말뿐임을 알게 된다. 겉으로만 아이들을 애지중지하는 척하거나 아이들을 두고 사라져 버리기도 한다. 결국 아이들도 더 이상 자신의 부모를 알아보지 못하게 된다. 술꾼 부모는 아이들이 알고 있는 부모가 아니며 신뢰할 수 있는 사람이 아니다. 비록 부모가 육체적으로 존재할지라도 아이들은 버림받은 것처럼 느끼며 두려워한다. 그냥 이런 부모가 없어졌으면 하고 바라기도 한다. 부모가 폭력적이지 않더라도 그들 곁에 있는 것 자체가 고통이다. 아이가 부모와 소통을 할 수 없을 때, 결국 상처와 방임이 초래된다. 또한 숙취 상태의 부모로부터 이유 없이 맞는 아침형 학대(morning-after abuse)의 대상이 된다. 아이들은 부모가 술에 취해 있는 것을 보기 싫어한다. 아마 이보다 더 속상한 일은 없을 것이다.

이런 경우는 극단적인 것이고, 적당한 양의 술은 삶을 즐기는 데 분명히 도움을 준다고 주장할 수도 있다. 전반적으로 술로 인해 행복보다 불행이 더 많다고 해도 '나는 예외일 거야'라고 여긴다. '이런 끔찍한 일들이 다른 사람들에게는 일어날 수 있지만 나에게만은 술이 진정한 기쁨이야'라며 술이 주는 즐거움을 찾는다. 술 마신 아버지가 자식들을 해치고, 음주운전자가 가족 전체를 죽이며, 음주자 자신의 목숨까지도 앗아 가는 그런 물질도 어떤 기적이 있어 자신만큼은 행복하게 만든다고 믿는다.

그렇다면 내가 한 말들은 모두 거짓일까? 나도 술 한 잔으로 기분 좋게 올라오는 취기를 잘 안다. 술이 처음 체내에 들어오면 바로 취기가 올라온다. 그건 일반 음식과 다르게 술이 위벽을 통해 직접 흡수되고, 뇌세포에 바로 도달된다는 의미이다. 하지만 이런 취기가 얼마나 빨리 사라지는지 알아챘는가? 이 기분은 술을 마신 지 20분 안에 없어진다. 일부 전문가는 술이 당분과 탄수화물로 구성되어 있기 때문에 혈당이 순간적으로 상승하여 취기를 느끼게 된다고 이론화한다. 하지만 우리 몸은 포도당의 증가에 대항하여 혈당을 균형 있게 조절하기 위해 인슐린 생산을 촉진하게 되고, 분비된 인슐린으로 혈당이 떨어지면서 술을 마시기 시작했을 때보다 혈당이 더 낮아지는데, 그 결과 공허함을 느끼고 긴장하게 된다. 그리고 한 잔 더 마시면 그다음 몇 분 동안 혈당 상승으로 편안해진다.[183]

우리는 이런 기분의 변화에 걸려든 것이다. 술을 마실 때 자신의 기분이 어떤지 관찰해 보자. 처음의 취기가 사라지고 나면 아무리 술을 많이 마셔도 처음과 같은 기분을 다시 느낄 수 없다. 결국 처음의 그 기분을 느끼기 위해 더 많은 술을 마신다. 몇 잔 더 마시고 나면 감각이 둔해지고 지각력도 변화된다. 삶이 더 이상 현실로 느껴지지 않는다. '난 문제없어. 조절할 수 있어'라며 자신에게 통제력이 있다고 믿지만, 자신이 얼마나 취했는지 스스로도 더 이상 가늠할 수 없게 된다. 그리고 결국 조절하는 능력을 잃게 된다. 이것이 음주운전에 대한 경고, 위험, 위협을 알리는 이유이고, 아무리 똑똑한 사람도 술을 마시면 절대로 운전을 하면 안 되는 이유이다.

베일은 이렇게 묻는다. "당신이 술을 마실 때마다 행복했다고 솔직히 말할 수 있습니까? 술 마실 때 신경질적이거나 말다툼을 벌인 적이 있으신가요? 술자리에서 스트레스를 받거나 우울하거나 울어 본 적이 있습니까? 술을 마실 때 역겹고 비이성적인 사람이 된 적이 있나요?"[184]

베일은 만약에 술이 정말 행복을 가져다준다는 이론이 맞다면 술을 마실 때마다 행복으로 가득 차야 한다고 계속해서 강조한다. 그러나 단순히 생리적인 관점에서만 보더라도 술은 우리를 절대로 행복하게 할 수 없다. 우리는 술로 인해 모든 감각이 둔화되고, 마비되며, 정신까지 놓게 된다. 감각이 마비되었는데 행복을 느낄 수 있다고? 분명한 것은 술을 마실 때 절대로 행복감을 느낄 수 없다.

우리 중 누구도 술을 마시고 한 말이나 행동을 자랑스러워하지 않는다. 그러나 술을 마시는 순간에는 술이 우리를 행복하게 만든다고 스스로를 속이면서 하고 싶은 아무 말이나 행동을 하고, 자신이 세상의 최고라고 믿는다. 방이 빙글빙글 돌기 시작할 때 행복한가? 또는 저녁 먹은 것을 구토할 때 행복한가? 술을 진탕 마시기 위해 집과 가족을 모두 잃은 라스베이거스의 길거리 술주정뱅이가 과연 행복할까?

이런 이야기를 듣고 "정말 고통스럽네요."라고 대답하면서도 "그래도 적당히 술을 마시면 행복할 것 같아요."라고 말할 수 있다. 그런데 그게 과연 논리적인 말일까? 사람을 부끄럽게 행동하도록 만드는 물질이 적은 양을 마시면 갑자기 기쁨의 주스로 변한다는 게 도대체 말이 될까? 적은 양의 술은 우리를 약간만 행복하게 하고, 많은 양의 술은 우리를 더 많이 행복하게 해 준다는 논리가 맞는 말일까?

술꾼들이 술을 마시면서 농담도 하고 낄낄거리고 즐거워하면서 항상 행복해하는 걸 본다며 내 이야기에 반박할 수도 있다. 하지만 술꾼들은 술을 즐기는 게 아니라 친구들과 함께하는 자리, 대화, 시간을 즐기고 있는 것이다. 또는 술이 없다면 분위기가 침울해질 거라고 반박할 수도 있다. 나도 그럴 수 있다고 생각한다. 하지만 술 없이는 즐길 수 없다는 대부분의 술꾼의 믿음과 다르게 그들은 술을 마셔서 행복한 게 아니라 술을 마실 수 없기에 매우 불행한 것이다.

그러나 거의 모든 상황마다 술이 있기 때문에 술을 마시지 못해서 불행하다고 느끼지를 못한다. 모든 결혼식과 장례식에는 술이 있다. 비즈니스 저녁 식사마다 항상 술이 있다. 술 없이 바비큐만 먹어 본 적도 없다. 내 경우에 술 없는 행사는 전혀 없었다. 내 친구 로라(Laura)의 집을 방문한 적이 있다. 우리 둘이 부엌에 있을 때 빵 한 덩이가 부서진 것을 보았다. 가까이 가서 보니 술병을 감싸서 구운 빵의 일부였다. 로라의 남편은 위스키 팬인데 그들은 콘서트에 갈 계획이었고, 콘서트 장에서 자신이 선호하는 위스키를 마시고 싶었다. 때문에 로라는 병을 비우고 병 주위를 덮어서 빵을 구웠고, 그걸 식힌 다음에 술병 속에 위스키를 다시 채울 생각이었던 것이다. 콘서트 장에 음식은 가지고 들어갈 수 있지만 술은 가지고 들어갈 수 없고, 콘서트 장 직원들도 적극적으로 가방을 뒤져 조사하기 때문에 위스키를 몰래 들고 들어가기 위해 그 빵을 점심으로 포장해 가려고 한 것이다. 상상할 수 있듯이 로라는 기뻐했고 로라의 남편은 황홀해했다.

내 요점은 이 사회에 항상 술이 존재했다는 것이다. 술이 없는 행사는 한 번도 생각해 본 적이 없다. 즉, 술은 그저 파티의 일부가 아니었다. 하지만 이런 말도 모순처럼 들린다. 왜냐하면 술 없는 결혼식이나 파티가 있는 문화에 살아 본 적이 있어야 술이 있는 사회와 없는 사회를 비교할 수 있기 때문이다. 그렇다면 자신에게 가장 재미있던 파티를 생각해 보자. 아마 술이 있든 없든 상관없이 파티에서 휴식을 취하고 즐길 수 있었기 때문에 재미있었던 거였다. 다시 말해, 모임에서 즐거운 시간을 보냈던 것은 술을 마시고 있었기 때문이 아니라 친구들과 이야기하고 웃으면서 즐거운 시간을 보냈기 때문이다.

나는 이제 어떤 모임에서도 다른 술꾼들과 나 자신을 비교하지 않는다. 그 대신, 술을 마시지 않는 지금의 나와 술을 마셨던 예전의 나를 비교한다. 내가 지금 얼마나 더 내 삶을 즐기는지는 말할 필요도 없다. 나는 내가 언제 즐거워하는지 그렇지 않은지 잘 알며, 내 감정을 100% 느낀다. 내가 현재 얼마나 행복한지 수만 가지 이유를 들 수 있지만, 무엇보다도 내가 나 자신을 알고 있다는 것이 가장 큰 이유이다. 지금 내 모습 그대로에 편안함과 자신감을 느낀다. 난 살아 있는 게 좋다. 난 나 자신이 좋다. 이것은 진정한 행복이다. 이 책을 끝낸 후에 메리는 자신의 행복을 다음과 같이 표현했다. "나는 더 이상 술을 마시지 않아요. 왜냐하면 지금의 이 모든 감정이 술이 나에게 주었던 그 어떤 경험보다 더 행복하고 충만하기 때문이랍니다."

저녁 식사 자리에서 당신의 멋쟁이 친구들이 와인을 '즐기고' 있다면, 술을 마시지 않는 자신을 이해하기란 쉽지 않다. 술은 마시라고 있는 것이기 때문이다. 그러나 우리 모두는 마음속 깊은 곳에서 술이 해로울 수 있다는 것을 느낀다. 그렇기 때문에 술 마시는 것(양이나 횟수)에 대해 이유를 찾아 상대방을 설득시켜야 한다고 생각한다. 술이 해로울 수 있다는 느낌은 술을 마시건 마시지 않건 늘 깔려 있는 검은 그림자이다. 술 없이는 인생을 즐길 수 없다고 스스로가 믿고 있기 때문에 검은 그림자에 우리의 마음을 닫은 것이다. 술을 마시지 않고도 인생을 즐기고 행복을 발견했던 때를 기억하지 못하게 말이다. 그러나 행복은 육체적으로나 정신적으로 건강함을 느끼는 것이며, 살아 있다는 것을 위대하게 느끼는 것이다. 건강을 해치고 자신을 함정에 빠뜨리는 술에 의존하는 사람이 진정으로 행복할 수 있을까? 우리의 마음은 대단히 강하기에 믿는 것은 진실이 될 수 있다. 술을 마시지 않고도 파티를 즐길 수 있고 친구들과 어울릴 수 있다고 믿는다면 그렇게 할 수 있다.

뇌가 작동되지 않는 걸 원한다면 술을 마시면 된다. 하지만 술이 깬 뒤 고통은 여전히 남아 있을 뿐 아니라 더 증가되어 있을 가능성이 많다. 술에 취한 망각의 밤에서 깨어나면 마법처럼 행복감을 느끼게 될까? 상황이 좀 나아져 있을까? 아니면 더 나빠질까? 분명 정신적으로나 육체적으로 괴롭다고 느낀다. 술을 마시면 신경이 무뎌지고, 술을 마신 원인에 대처할 준비조차 하지 못하게 된다.

술을 마신다고 해서 깊은 슬픔이나 괴로움이 제거되는 건 아니다. 그것이 아픔을 제거할 수도 없다. 일시적으로 비극적인 일에 마음을 닫을 수는 있지만, 슬프고 괴로운 일들은 여전히 남아 있게 된다. 술을 많이 마실수록 술에서 깨어났을 때 자신의 문제를 해결하기가 더 어려워진다. 당연히 고통과 아픔도 여전히 그대로

이다. 어쩌면 술 마시기 전보다 더 심각해 보인다.

행복한 사람과 그렇지 않은 사람을 구별할 수 있는 것은 아주 중요하다. 저녁마다 술 마실 곳을 찾고 더 많이 마시려고 전전긍긍하는 삶을 행복한 삶이라 보기 어렵다. 주변에서 술을 마시지 않거나 아주 조금 마시는 사람들을 보는데, 그건 남에게 보이기 위한 게 아니다. 이들은 친구들과 웃고 이야기 나누는 그 분위기 자체를 즐기고 있다. 술에 좌지우지되지 않는다. 아주 편안하고 진짜 행복해 보인다. 직접 관찰해 봐야 한다. 외식할 때나 파티에 갔을 때 주위를 둘러보고, 누가 행복하고 편안해 보이는지 관찰해 보자. 특히 술을 많이 마시는지에 주목해 보면, 분명 관찰의 결과에 놀랄 것이다.

술을 마셔야 행복하고, 긴장이 풀리며, 저녁 시간이 즐겁다고 느낀다면 이미 곤경에 처해 있다고 봐야 한다. 현재 몸에 큰 변화가 없고 다른 방법으로 술의 갈망을 비켜 갈 수 있다 해도 술에 어느 정도는 중독된 것으로 볼 수 있다. 아직까지 신체적으로나 정신적으로 완전히 술에 의존하는 만성 중독 단계가 아닌 것뿐이다. 사교적인 행사를 즐기기 위해 술이 필요하다고 생각하거나 하루하루의 피곤함에서 오는 스트레스를 해소하기 위해 술이 필요하다고 생각한다면 이미 정서적으로는 술에 의존하고 있는 것이다. 그리고 술을 매일 마시면 결국 행복이 아닌 불행을 맞게 된다.

지금 하고 있는 이야기가 상당히 불공평하다고 느끼거나 너무 잔인한 그림을 그리는 것 같다고 느끼더라도 걱정할 필요는 없다. 좋은 소식이 있는데, 지금까지 내가 했던 이야기를 몰라도 된다는 것이다. 일단 당신이 술로부터 자유로워지면 이 모든 것을 당신 스스로 확인할 수 있기 때문이다. 앞으로 당신은 술이 준 행복보다 훨씬 더 큰 행복을 느끼면서 많은 사회적 활동에 참여하고 최대한의 멋진 삶을 살 것이다.

15장

중독 정의하기 1부

중독의 특성: 남용, 의존, 갈망

주변의 모든 곳에서 중독(addiction)이라는 단어가 사용되고 있다. 우리는 초콜릿, 쇼핑, 텔레비전, 또 그 무엇에 든 중독될 수 있다. 이 단어는 매우 다양한 의미를 가지고 있어서 정신과 의사들은 '물질사용장애(substance use disorder)'라는 용어를 선호한다. 물질사용장애는 어떤 특징적인 양상을 보이느냐에 따라 남용, 의존, 갈망이라는 세 가지 범주로 분류된다.[185]

남용(abuse)은 중독자에게 심각한 부정적 결과가 뒤따라오는 것이 특징이다. 여기서 부정적 결과란 건강상에 문제가 생기거나, 대인관계에 문제가 생기거나, 아침에 일하러 나가는 것과 같은 맡은 바를 더 이상 제대로 처리하지 못하는 결과 등이 될 수 있다.

의존(dependence)은 중독자가 심리적으로나 신체적으로 약물에 의존되었을 때를 말한다. 의존의 특징은 내성(tolerance)이다. 내성이란 동일한 효과를 얻기 위해 사용하는 약의 용량을 늘려야 하는 것이며, 금단(withdrawal)이란 약을 중단했을 때 심리적이나 신체적으로 불쾌한 증상이 나타나는 것이다.[186] 내성과 금단 모두는 만성적으로 약물이 존재하는 상태를 보상하기 위해 신체와 두뇌가 변하였을 때 나타나는 증상이다.[187]

갈망(craving)은 약물을 사용하려는 극도로 강하고 비논리적인 욕망이다. 갈망은 당신의 감정과 모순될 수 있다. 즉, 의식적으로는 하루 동안 술을 안 마시고 싶어 할 수 있지만, 술에 대한 강렬한 갈망은 여전히 존재한다는 의미이다. 중독자는 단주를 시도하려고 할 때 갈망이 너무 강해서 다른 어떤 것도 생각하기 힘들어한다.

간단히 정의하면, 중독이란 당신이 하고 싶지 않은 것을 규칙적으로 하는 것 혹은 당신이 하고 싶어 하는 것보다 더 자주 어떤 것을 하는 것, 그러나 쉽게 멈추거나 줄일 수 없는 것을 말한다. 기본적으로 중독은 두 가지의 경쟁적인 우선순위를 가지는데, 무엇인가를 더 많이 하고 싶고 그와 동시에 더 적게 하고 싶어 하는 것이다. 중독성 물질은 당신의 생각 속에 심리적 욕구를 만들어 내고, 뇌 회백질부에는 생물학적 욕구를 만들어 낸다. 이러한 욕구가 커지면 신체는 약물의 존재를 보상하려고 한다. 그러나 이 보상이 너무 지나치게 되어 도리어 약물에 대한 욕구를 만들어 내는 순환이 생겨난다.

마침내 중독성 물질에 대한 갈망과 욕구는 온통 마음을 다 빼앗아 버리기 때문에 더 이상 선택이 아니다. 중독 연구에 따르면, 중독된 쥐는 자식을 돌보거나 먹는 것 등을 포함한 모든 것을 배제하면서까지 중독 물질을 무한히 계속 투입한다. 이 실험에서 쥐들은 스스로 굶어 죽을 것이다.[188]

이 강박적인 단계에까지 이르렀다면 중독의 순환을 완전히 끊어 내야 한다. 즉, 중독 물질의 욕구 자체를 차단해야 한다.

인간은 많은 것에 중독된다. 어떻게 보면 중독성을 가진 종(species)이다. 그래서 중독이 되는 과정과 기술을 그대로 학습과 적응에 사용한다. 학습과 관련된 뇌의 부분이 중독에 관련된 뇌의 부분과 동일하기 때문이다. 포크는 중독이 학습하는 두뇌 능력과 본능적으로 연관되어 있음을 확인한 연구들을 인용하고 있다. 이에 대해서는 다음 장에서 자세히 다루고자 한다.

중독의 순환

이 것은 이 책의 가장 중요한 부분 중 하나이다. 우리가 왜 자신이 술을 마시는지 이해해야만 하기 때문이다.

코카인 중독자들은 코카인이 다 떨어지면 기겁을 한다. 불안하고 짜증내며 심하게 편집증적이 된다. 필요한 약을 얻기 위해 엄청난 노력을 한다. 중독 전에는 상상도 할 수 없었던 일들을 하는 중독자도 있는데, 심지어 한 번 더 할 약을 구입하기 위해 매춘도 한다. 코카인 중독자들의 삶 전체는 약을 중심으로 돌아간다. 정말 비참하다. 하지만 코카인을 피우는 순간 긴장이 풀린다. 코카인이 불행이나 편집증 및 공황을 완화시킨다고 생각하는 게 맞는 것 같아 보인다. 그렇다면 증거를 확인해 보자. 바로 전까지 망가져 있던 사람이 코카인을 하자마자 행복하고 평화로워 보인다. 진실일까? 우리는 그렇지 않다는 걸 안다. 실제로 코카인을 피워 금단 증상이 완화된 것뿐이다.

금단 증상은 약물을 끊었을 때만 경험하는 것처럼 보인다. 그러나 약물을 하면 약이 신체 시스템에서 빠져나가면서 금단 증상이 따라온다. 즉, 약물을 다시 해야 한다고 느끼는 이유가 바로 금단 증상 때문이다. 우리도 약물을 하거나 술을 마시면서 끊임없이 금단 증상을 견뎌 내는 것이다. 만약 코카인 중독자가 처음부터 코카인을 하지 않았다면 절대로 공황 상태나 식은땀, 비참한 코카인 금단 증상에 시달리지 않을 것이다. 그렇다면 약물이 이런 증상을 완화시키는 것이 아니라 이런 증상을 만들어 낸다고 보는 것이 분명하지 않을까? 외부에서 중독자를 보면 금단 증상 때문에 약물을 더 찾게 된다고 볼 수 있지만 중독된 사람에게는 그렇지 않다.

중독 물질은 다양하지만 중독이 되는 패턴은 동일하다. 중독자는 중독 물질이 즐거움이나 안도감을 줄 것이며, 삶을 더 즐기거나 스트레스를 완화시키는 데 도움이 될 것이라고 믿도록 조건화되었다. 즉, 중독자는 자신을 다소 불완전하다고 본다. 자신 안에 무언가 빠진 빈 공간이 있으며, 이 공간을 중독 물질로 채워야 한다고 믿는 것 같다. 일반적으로 이러한 믿음은 의식적으로 드러나지 않는다.

중독자들도 약물을 사용하는 경험에 익숙해지는 데 어느 정도 시간이 걸린다. 나는 처음 마리화나를 피웠을 때 전혀 즐겁지 않았는데, 편집증적인 느낌이 마음에 들지 않았다. 내 친구들은 그게 정상이라고 말했고, 다음번에는 나아질 거라 했다. 그래서 나는 다시 시도했다. 첫 경험이 좋지 않았기 때문에, 즉 첫 맥주 맛은 역겨웠고 첫 마리화나는 편집증적인 느낌을 주었기에 중독이 될 것이라는 두려움은 전혀 없었다. 그렇게 좋아하지도 않은 것에 중독될 것 같지 않아서였다. 하지만 베일은 "아이러니하게도 그 끔찍한 맛이 술의 덫에 걸려들게 하는 원인 중 하나이다."라고 강조했다.[189]

앞서 이야기했듯이 카페인에서 코카인에 이르기까지 중독성이 있는 물질을 섭취할 때 그것이 신체 시스템에서 빠져나가면서 금단 증상을 동반한다. 강력한 약물의 경우에 금단 증상이 강하게 나타나지만, 니코틴, 설탕, 카페인, 술과 같은 대부분의 중독성 물질의 경우에는 미약하고 거의 알아채지 못할 정도의 불편함만 느껴진다. 약해진 것 같은 느낌, 불안하며 공허한 느낌, 뭔가 잘못되어 가고 있거나 빠져 버린 것 같은 생각, 삶이 불완전하다는 생각 등이 그 예이다. 술의 경우, 신체 시스템에서 빠져나가는 데 며칠이 걸릴 수 있기 때문에 술을 마시는 사람은 거의 며칠 동안 계속적으로 이런 느낌을 가질 수도 있다.

약물을 하는 동안에는 이런 느낌을 못 느끼기 때문에 약물 때문에 이런 느낌이 생긴다고 관련짓지 못한다. 무언가 잘못되었다는 느낌은 스트레스나 배고픔과 비슷해서 일반적으로 그 느낌의 원인을 정확히 찾아내지 못한다. 그러다 한 잔을 더 마시면 기분이 다시 좋아진다. 또한 바로 조금 전보다 더 편안하고 자신감 있으며 통제력이 있는 것 같다고 느낀다. 이처럼 우리가 술을 마실 때 더 행복해지는 것은 술이 우리를 행복하게 해 주어서가 아니라, 금단 증상을 완화시켜 주어서이다. 술을 마시면 더 행복하다는 착각은 무의식적으로 조건화되어 온 믿음, 즉 술이 편안함과 즐거움을 제공한다는 믿음을 더 믿게 만든다.

결국 우리는 술이 만들어 낸 공허하고 불안한 느낌을 없애기 위해 계속 술을 마신다. 한 잔의 '쾌락'을 즐길 때 술을 마시기 이전 삶에서 느꼈던 마음의 온전함과 평화를 되찾는다. 특히 술은 몸에 해롭기 때문에 우리 몸은 술에 대한 면역력을 쌓기 시작한다. 동일한 효과를 얻기 위해서 더 많은 술이 필요하고, 공허하고 불안정한 감정을 해소하기 위해서 더 많은 술을 찾게 된다. 또한 중독자들은 자신의 취약한 부분을 중독성 물질로 채워야 한다고 생각하기 때문에 물질을 섭취하면서 계속 긴장하게 되고, 물질을 더 많이 섭취할수록 더 긴장하고 약해지며 불안하다고 느끼게 된다. 베일은 "당신이 술을 마시지 않으면 훨씬 편안한 상태가 되기 때문에 긴장을 푸는 다른 방법을 찾을 필요가 전혀 없다."라고 말한다. 당신이 이렇게 긴장하게 된 것은 바로 술 때문이었다.[190]

술에 대한 면역력이 점점 더 증가하면서 결국 술을 마시면서도 불행해진다. 약물은 우리를 정신적·신체적으로 파괴한다. 건강은 나빠지고, 신경은 고통받으며, 의존감은 더 커진다. 더 많은 약물을 섭취하게 되고, 이 순환은 계속된다. 그리고 어떻게 해서 약물에 의존하게 되었는지 전혀 알지 못한 채 어느 날 갑자기 의존되었다는 것을 알게 된다. 라스베이거스에서 파티를 즐기던 음주자가 술병을 싼 종이봉투를 움켜쥔 노숙자가 된다는 것을 알게 된다.

중독의 악순환이 계속되면서 술에 대한 의존감은 더욱 커지고, 술이 자신의 삶에서 가장 중요한 것이라고 믿기 시작한다. 며칠을 굶었다면 맛없는 음식도 엄청나게 맛있는 것처럼 술에 대한 갈망이 커지면서 '술이 더 값진 것 같다'고 술에 대한 인식도 바뀐다. 사랑하는 사람들은 우리가 미끄러지는 것을 곁에서 보며 안타까워한다. 하지만 그들이 관심을 갖고 술 문제를 이야기할 때쯤 자신을 유일하게 위로해 주는 술을 잃게 될 것 같은 두려움이 너무도 커져서 자신도 모르게 무의식적으로 그들의 말에 마음을 닫게 된다.

결국 내성이 커지면서 술을 더 많이 마시게 되고, 정신적·육체적 건강이 상당히 나빠진다. 만족에 대한 환상은 사실상 존재하지 않는다. 점점 가족과 친구들의 말을 듣거나 머릿속에서 들리는 작고 조심스러운 목소리에 주의를 기울이기 시작한다. 술을 줄여야할지 또는 끊어야 할지 고민하게 된다. 하지만 '술을 줄이거나 끊는 것은 어렵다'고 믿도록 무의식적으로 조건화되어 있기에 슬프게도 힘든 싸움을 준비하기 시작한다.

단주를 시도해 본다. 하지만 무의식적 마음은 여전히 술을 마시는 것이 훨씬 좋다고 믿고 있다. 이런 무의식적 마음 때문에 술을 끊으려 할 때 상당히 괴롭다. 자신에게 소중해진 것을 희생하고 있다고 믿게 된다. 주위 사람들은 여전히 '행복하게' 술을 마시고 있기 때문에 자신만 무언가를 잃고 있는 것 같은 기분이 든다. 결국 술을 끊는 것이 불가능하지는 않겠지만 어렵다는 믿음이 굳어진다.

술 마시는 걸 참으면 참을수록 다시 술을 마실 때의 만족감은 더 커진다. 왜일까? 단주를 하면서 비참한 느낌이 커져서 술을 다시 마시면서 안도감도 커지기 때문이다. 술 마시는 걸 참다가 다시 술을 마시게 되었을 때 우리는 이 안도감을 기쁨으로 해석한다. 이런 중독의 순환 속에서 단주하면서 느낀 '비참함'과 술을 다시 마시게 된 '기쁨' 모두는 현실적이고 강렬하다.

악순환의 후유증

앨런 카는 술과 비참함 사이의 인과관계를 다섯 가지로 설명했는데, 나는 이 설명을 좋아한다. 다음은 다섯 가지 포인트를 명확하게 요약한 것이다.[191]

첫째, 술을 마시면 곧바로 후유증을 경험한다. 기분이 가라앉고, 피곤하며, 숙취와 두통 그리고 나른함이 생긴다.

둘째, 지속적으로 술을 마신 결과 신체적인 피해가 증가한다. 단, 아주 천천히 진행되기 때문에 신체적으로 문제가 있다는 걸 알지 못한다.[192] 매일매일 게을러지고, 스트레스를 받으며, 만성적으로 피곤함을 느끼게 된다. 또한 정신 건강에도 피해를 주는데, 우울증의 주요 원인이 된다.[193] 그리고 재정과 인간관계에 나쁜 영향을 미치기 시작한다.

셋째, 삶 속에서 진짜 스트레스에 직면한다. 『단주 혁명』에서 루시 로카는 술이 중추신경계를 억압해서 우울증과 불안을 악화시키기 때문에 술꾼은 일상적인 스트레스 요인에 대처하는 것이 어렵다고 설명한다. 그들에게는 별문제가 아닌 작고 평범한 문제들도 '도달할 수 없는 높은 산'이 되어 버린다.[194] 술을 마시지 않았다면 이 문제에 압도당하고, 술을 찾으며, 문제 해결을 내일로 미루어 더 악화시키기보다 문제를 개선하거나 해결하면서 오히려 잘 처리했을 것이다.[195]

넷째, 자신이 공허하고 불안하고 위험하다고 느끼는 것을 '한 잔 마시고 싶네'로만 여긴다. 자신 안에 있던 무언가를 잃는다는 것은 알 수 없는 고통과 같다.

이상의 네 가지 요인이 결합되면 술을 마시고 싶은 진짜 이유인 '엄청나게 강력한 심리적 갈망', 즉 다섯 번째 요인인 술에 대한 정신적 갈망이 생긴다. 술을 마셨을 때 즉각적으로 보이는 후유증은 당연히 술 때문이다. 그렇다면 계속적으로 술을 마시면 어떤 문제가 뒤따라올까? 만성 피로가 지속될 때 일상의 삶이나 노화 탓이라고 볼 뿐, 술로 신체가 오염되었기 때문이라고 깨닫지 못한다. 자신이 스트레스를 받는 이유에 대해 술을 마시느라 해야 할 일을 미루거나 잊어버렸기 때문이라고 생각하지 않는다.[196] 그리고 더 이상은 '한 잔 마시고 싶네'라는 느낌도 거의 의식하지 못하게 된다. 이런 현상은 모두 술에 대한 정신적 갈망 때문에 생긴 것이다. 정신적 갈망은 앞의 네 가지 요인을 모두 합친 것보다 훨씬 더 강력하다.[197] 술은 모든 중독성 약물과 마찬가지로 실제로 두뇌를 변형시켜 그 기능을 바꾼다. 갈망은 의존과 금단 증상을 동반하는 신경 작용으로, 정신적 착각 그 이상이다.[198]

참을 수 없는 술

술을 마시고 있지 않을 때 갈망이 올라온다. 음주 갈망은 의식적으로나 무의식적으로 일어날 수 있다. 당신은 술 마시기를 원하며 술을 마시지 않을 이유도 없다고 생각한다. 만약 이 순간에 술을 마실 수 없다면, 예를 들어 운전을 하고 있기 때문에 술을 마실 수 없다면 나중에 술 마시기를 고대한다.

술을 적게 마시고 싶어 올라오는 음주 갈망을 무시하겠다고 마음먹으면 비참해지는 걸 느끼게 되며, 술을 마시고 싶다는 느낌이 참을 수 없게 커진다. 왜일까? 어떤 자극도 자신이 해결할 수 있을 때는 별것 아닐 수 있다. 등산을 하다가 발에 물집이 생기면 처음에는 희미하게 느껴져 거의 알아차리지 못하고, 신발을 벗어서 물집을 처치할 수 있다. 하지만 계속 등산을 하면 살이 계속 맞비벼져 더 이상 참을 수 없을 만큼 자극이 커지게 된다.

갈망은 충족되지 않으면 너무 강해져서 다른 어떤 것에도 집중할 수 없게 만든다. 그것은 마치 이웃집 아이가 드럼을 치는 것과 비슷하다. 처음에는 드럼 소리를 잘 알아차리지 못한다. 하지만 점점 드럼이 자신의 거실에서 연주되는 것처럼 들리면서 당신을 압도하게 되고, 더 이상 편안한 마음을 가질 수 없게 된다. 드럼 연습이 끝날 때까지, 그 아이의 드럼 채를 쓰레기장에 버리기 전까지 드럼 소리는 당신 마음을 지배한다.

결국 괴로움을 끝내기 위해 술을 마신다. 술이 즐거움을 주기 때문에 마시는 게 아니라 내 안에서 술을 원하는 성가심을 끝내고 싶기 때문에 마신다. 그 안도감이 너무 강해서 행복함을 느끼고 짜릿하기까지 하다. 술꾼은 술에 의존하지 않는 사람들이 느끼는 평화로움을 얻기 위해 술을 마신다.

바로 술에 대한 정신적인 갈망이 그 어떤 후유증보다 훨씬 더 강한 이유이다. 술꾼이 자신의 갈망을 충족시키기 위해 술이 필요하다고 판단하면, 그 한 잔을 마시기 전까지 불행하게 느낀다. 드럼 소리가 길게 들릴수록 고요함은 더욱 고요하게 느껴지듯이, 술을 갈망하는 시간이 길수록 욕구가 충족될 때 느끼는 즐거움이나 안도감에 대한 착각이 더 커진다.

우리는 술을 마시고 싶지만 스스로 마시지 못하는 비참한 기분을 안다. 이런 비참함이 얼마나 고통스러운지도 안다. 결국 상상도 못했던 방식으로 술 마실 이유를 정당화하게 된다. 갈망이 채워질 때 그 안도감이 얼마나 강렬한지도 분명히 안다.

술 자체가 즐거움과 안도감을 준다는 믿음은 거짓이다. 단주할 때 느끼는 불행은 실제는 술 때문에 생긴 것이다. 술 마시는 걸 이제 막 시작했든 만성 음주 단계에 와 있든 상관없다. 이것이 바로 중독의 현실, 술의 현실이다.

술을 마시는 것이 즐거움을 준다고 주장하는 것은 신발을 벗을 때 느끼는 안도감 때문에 발에 물집 만드는 것이 즐겁다고 말하는 것과 같다. 술은 술에 대한 갈망을 충족시키지 못한다. 왜냐하면 술에 대한 갈망을 만든 것이 바로 술이기 때문이다. 계속해서 술을 갈망하게 만드는 유일한 원인, 시간이 흐를수록 갈망이 더 심해지는 유일한 이유는 단 한 가지 '술' 때문이다.

언젠가 내가 운전해야 할 차례가 되었을 때 상당히 기분이 언짢았다. 운전 때문에 술을 못 마시기에 술 없이 재미있을 것 같지 않아서였다. 내가 그럴 것이라고 믿었기에 그건 사실이 되었다. 그리고 파티가 재미없었을 때면, '파티에는 술이 있어야 즐거워'라며 술이 파티를 즐기는 비결이라고 무의식적으로 결론을 내리게 되었다. 재미가 있느냐 없느냐의 차이를 만드는 것이 술이라고 믿게 되었다. 이는 분명 속임수이다. 술은 절대 즐거움을 주지 않는다. 단지 술을 마시지 못하는 저녁이 비참했던 것이다. 진실은 즐기기 위해서 술이 필요한 게 아니라 스스로가 '즐기기 위해 술이 필요해'라고 생각했던 것이다.[199]

좋은 소식을 알리려 한다. 그건 바로 속수무책인 건 아니라는 것! 당신의 삶은 술 없이 또다시 완전하고 온전해질 수 있다. 더 이상 고통받을 필요가 없다.

최후의 시험

긴 하루가 끝날 무렵 와인을 한 잔 주문하는 순간, 내 기분은 달라지곤 했다. 기분이 좋아지고 흥분되며 그날의 근심거리가 차츰 사라지는 것 같았다. 술을 주문할 때 또는 첫 잔을 마신 바로 뒤에는 신체적으로 술에 영향을 받지 않는다. 그러나 기분은 급격히 좋아졌다. 정신적 갈망이 해소된 것이다. 이후에 술을 서너 잔 더 마시지만 실제로는 그렇게 즐겁지 않았던 것 같다. 내 감각은 마비되었고, 점점 어눌해졌으며, 재치가 줄었고, 재미가 없어졌다.

당신도 실제로 술이 진정한 즐거움을 주는지 시험해 볼 수 있다. 나는 진짜로 궁금해서 시험해 봤다. 매일매일 술을 마셨지만 정말 술을 마셔서 즐거운 건지 정확히 설명할 수가 없었다. 술을 마시면 기분이 어떻게 변하는지 너무도 알고 싶었다. 술 마실 때의 분위기나 갈망을 끝내는 안도감 외에 어떤 진정한 즐거움이 있는 걸까?

실험은 집에서 혼자 하는 걸로 했다. 공정한 테스트를 위해 행복을 주는 친구들을 만나지 말아야 하며, 나를 행복하게 해 줄 어떤 종류의 행사에도 참여하면 안 된다고 판단했다. 또한 이후에 내 자신을 객관적으로 확인할 수 있도록 이 모든 실험을 비디오카메라로 찍었다. 나는 와인 한 병을 따서 마셨다.

처음에 머리 쪽으로 피가 올라오는 것처럼 취기가 올라오고 머리가 가벼워지는 느낌이 들었다. 약간 균형을 잃었다. 이 기분이 썩 좋은 건 아니었지만 실험 중에서는 가장 즐거운 부분이었다. 그런데 이 기분은 20분도 채 안 되어 사라지고 술에 취하기 시작했다. 내 느낌이 어떤지를 정확하게 말하기 위해 카메라 앞에 앉았는데, 시야가 좁아지고 벽이 나를 향해 다가오는 것 같았다. 독서나 글쓰기와 같은 계획들을 수행할 능력이 훨씬 떨어지는 느낌이었다. 실험을 시작하기 전에 술에 취하면 뜨거운 욕조에 들어가거나 비디오 게임과 같은 재미있는 것을 하고 싶다고 생각했다.

술에 취한 기분을 즐기고 싶다고 생각했다. 그러나 실제로는 아무 것도 하고 싶지 않았다. 에너지가 전혀 없었고, 어떤 것도 재미있을 것 같지 않았다. 상태는 그리 나쁘지 않았지만 재미있다고도 할 수 없었다. 모든 것이 무뎌지는 것 같았고, 조금 덜 예민하고 덜 현실적이 된 것 같았다. 생각을 정리하여 이야기를 하는 데에 애를 먹었다.

이후에 실험을 찍은 비디오를 보고 소름이 끼쳤다. 평소 활기차고 자신만만하며 행복한 모습은 온데간데없고, 내가 서서히 바보로 변해 가고 있었다. 술이 나의 지성을 앗아 갔다. 진짜 바보 같았다. 순간 충격을 받고 당황했다. 이렇게까지 나빠질 줄은 꿈도 못 꿨다. 술을 마신 사람과 이야기를 나누는 게 고통스러울 수 있다는 정도는 알고 있었지만, 그래도 내가 술에 취하면 가장 재미있고 더 재치 있으며 분위기를 더 재미있게 할 거라고, 나는 남과 다르다고 확신해 왔다. 하지만 그건 단지 나의 생각이었을 뿐 현실은 완전히 달랐다. 카메라 앞에서 내가 멋진 농담을 했다고 생각했는데 전혀 그렇지 않았다.

여기까지가 내 경험이다. 당신의 경험은 어떤가? 술을 마시는 사람과 대화할 때 상대의 기분을 부러워하지 않는다. 누구도 술 취한 사람처럼 느끼기를 원하지도 않는다. 술에 흠뻑 취한 술꾼들과 재미있게 대화해 본 적도 없다. 왜일까? 당연히 술에 취한 사람들은 재미없기 때문이다. 그들은 더 이상 그들 자신이 아니다. 이미 그 장소에 없는 셈이다. 이런 판단은 당신이 술을 마시지 않은 상태에서 술꾼들과 함께 있어 봐야만 분명히 알 수 있다.

술을 마시면 터널 시야가 된다. 내 경우에 더 이상 주변을 명확히 보지 못하고, 오로지 바로 눈앞에 있는 것만 보려 했는데, 그것도 평소의 에너지보다 더 많은 노력과 집중을 필요로 했다. 실험을 시작한 지 한 시간 정도가 지나자 오로지 잠을 자고 싶은 생각뿐이었다. 밤새 술을 마시면서 즐거운 시간을 보내려 했지만 결국 잠이 들었다. 거창하게 계획을 세운 파티가 밤 10시 전에 끝나 버렸다. 생각했던 것과 너무도 달랐고 혼란스러웠다. 더 이상은 전혀 행복하지 않았다.

나는 마케팅 담당자이다. 그래서 무슨 상품이나 경험이라도 팔 수 있는 방법을 곰곰이 생각하곤 한다. 그런데 이 실험에서 얻은 경험을 어떻게 팔아야 할지 전혀 감이 잡히지 않았다. 그 경험과 느낌을 긍정적인 용어로 표현할 수가 없었다. 도대체 이게 무슨 기분이지? 모든 술이 인간의 감각을 마비시킨다는 걸 알고는 있지만 술을 마시면 정말 기분이 엄청 좋아진다고 어떻게 강조해야 할까? 난 평소에 훌륭한 마케터라고 생각했다. 하지만 음주 실험을 한 그날 이후로, 술 광고에 넣을 어떤 이로운 가치를 찾을 수가 없었다. 모든 술 광고처럼 나 또한 '술은 ~한 점에서 이롭습니다'라고 과대포장할 무언가를 만들어야만 했을 것이다.

내가 이 실험을 할 때에 이 책『벌거벗은 마음』을 통해서 술을 끊은 상태에서 단지 실험을 위해 술을 마셨다. 당연히 술에 대한 갈망이 전혀 없었기 때문에 어떤 안도감도 느끼지 못했다. 하지만 술은 술을 마시고 싶은 욕구를 불러일으킨다. 따라서 술을 마시지 않으면 화가 나고, 반면에 마시면 안도감을 느끼며, 이 안도감을 행복이라는 환상으로 여긴다. 제이슨 베일의 말처럼 "소량의 술만 마셔도 행복감을 느끼는 이유는 술이 자연적인 두려움을 없애고 심리적 의존을 충족시키기 때문이다."[200]

만약 당신이 이 실험을 시도하고자 한다면 행복감을 주는 외부 요인들을 최소화하는 것이 중요하다. 너무 행복하거나 너무 슬프지 않은 날을 선택해야 한다. TV나 영화를 보거나 음악을 듣는 것도 안 된다. 자신이 술을 즐기는지만을 보려면 오로지 술만 경험하는 것이 중요하다. 그리고 자신에게 정직해야 한다. 그래야 진짜 실험이 된다. 술을 마신 뒤 이전보다 행복한지 자신에게 물어보자. 감각이 쇠약해지고, 터널 시야를 경험하며, 한 번에 한 가지 이상에 집중할 수 없는 상태에서 남은 인생을 추하게 보내고 싶은지 자신에게 물어보자.

그리고 친구나 재미있는 장소, TV나 음악 등 외부 요인을 제거하는 것도 중요하다. 이제 자신의 삶을 돌아볼 때이다. 모든 즐거웠던 시간, 순간으로부터 술을 분리할 수 있을까? 실제로 즐거웠던 것은 술이 주는 '즐거움' 때문이 아니라 참여한 행사나 친구들 때문이었음을 알 수 있을까? 술을 마시지 않고도 많은 것을 완벽하게 즐겨 왔다는 것을 기억해야 한다. 그 즐거움은 지금 이 사회에도 여전히 존재한다. 다만 지금은 술로 인해 가려져 있을 뿐이다.

별생각 없이 그냥 술을 마셨던 걸까? 아니면 술이 기가 막힐 것이라며 저녁 외출에 들떠 있었던 걸까? 술을 즐기지는 않았지만 술을 마시지 않으면 박탈감과 불행함을 느낀다고 여겼던 걸까? 술을 마셔서 느끼는 기분이 진정한 기쁨과 다르다는 것을 알 수 있을까? 친구들과 함께한 저녁 시간이 즐거운 것은 술이 아닌 다른 모든 이유 때문이라는 것을 알고 있는가? 사실 매일 술을 마실 때에는 술을 당연히 마시는 걸로 여기기 때문에 술을 마셔서 즐겁다고 생각하지 않는다.

좀 더 찾아보자. 엄마들의 모임이 끝나 집에 돌아왔지만 어떤 곳에 갔는지, 어떤 일들이 있었는지 전혀 기억이 나지 않는다면 그 모임이 정말 재미있던 걸까? 이것을 블랙아웃, 즉 필름이 끊겼다고 하는데, 이는 우리가 알고 있는 것보다 더 자주 일어난다. 실제로『미국 대학 건강 저널(Journal of American College Health)』에 발표된 2002년 연구에서는 듀크 대학교의 음주자 중 50% 이상이 블랙아웃을 경험한 것으로 나타났다.[201] 그 어떤 것도 기억이 나지 않는데 재미있는 시간이었다고 말하는 게 가능할까? 앞으로 절대 잊지 말아야 할 것들이 많다. 바보 같은 말을 하거나, 원하지 않는 사람과 함께 집으로 돌아가거나, 몇 시간이고 계속 토했던 때를 절대로 잊지 말아야 한다. 말투가 어눌해지거나 벽장에 숨겨 두었던 술병을 발견한 배우자와 싸웠던 때도 잊지 말아야 한다. 혹은 음주운전으로 경찰에 붙잡혀서 조사를 받고 법적으로 곤경에 처했던 때를 절대 잊으면 안 된다.

아이러니하게도 술을 마시고 있는 시간보다 술을 마시고 싶지만 마시지 못하는 고통스러운 시간이 더 났다. 술은 아무런 즐거움도 주지 않는다. 술은 어떤 편안함도 주지 않는다.

내가 태어나서 처음으로 술에 취했을 때 방이 빙빙 도는 것처럼 걷잡을 수 없는 느낌이 들었던 걸 기억한다. 정말 끔찍했다. 이 느낌은 최악의 구토 후에 끝났는데, 구토가 내 신체가 지닌 천재적인 생존 기전이었다는 것을 지금은 알고 있다. 내 몸은 나를 죽일 수도 있었던 술을 깨끗이 제거하여 생명을 구했다. 처음 술을 마셨던 건 상당히 오래전 일이지만, 그 느낌만은 변하지 않았다. 술을 마지막으로 마셨던 무렵, 이 정도로 취하려면 훨씬 더 많은 술을 마셔야 했다. 사실 내성이 너무도 커져서 와인을 두 병이나 마신 후에도 전혀 취하지 않았다. 사실 아무것도 느끼지 못했다. 의식적으로 생각해 본 적은 없지만, 내가 술을 좋아하기 때문에 마신다 또는 내가 마시기로 선택했기 때문에 마시고 있다고 믿었다. 하지만 지금 돌아보니 중독되어 술을 마셨던 것뿐이다. 술을 마시면서 킥킥거리며 웃을 수 있지만, 그것은 진짜 행복해서 웃는 것과 다르다. 웃음 가스를 마셔도 킥킥거리며 웃을 수 있다. 그렇다고 웃음 가스 때문에 행복해지는 건 아니다.

16장

경계에서 생각하기: 술은 사회생활을 하는 데 반드시 필요하다

"사랑하는 술에게. 나를 더 재미있고, 더 똑똑하며,
더 나은 춤꾼으로 만들어 주기로 약속했잖아.
그런데 내가 비디오를 봤는데…… 우리 이야기를 좀 해야 할 것 같아."
– 익명의 알코올중독자

술을 마시기는 전까지 누구도 사회생활을 즐기기 위해 술이 필요하지 않았다. 그러나 나이가 들면서 주변의 모든 사람이 사회에서 술을 마신다는 것을 **관찰**해 왔다. 사실 술이 없는 사회는 거의 없었다. 그래서 술이 멋진 파티에 반드시 필요하다고 **가정**했다. 사교적으로 술을 마시기 시작했지만, 처음에는 술이 사교 활동에 필수적이라는 걸 전혀 느끼지 못했다. 사실 술은 모든 사회에 포함되어 있기 때문에 술이 있는 사회를 당연히 **경험**한 것뿐이다. 그러다 술에 의존하기 시작하면서 어쩌다 술을 마실 수 없게 되면 술을 그리워하게 되었다. 술이 사회생활에 도움이 된다는 걸 **경험**하면서 누구나 사회에서 술을 마신다는 게 확실해졌다. 술을 마시지 않으면 재미가 없다. 그래서 '맞다, 술은 사회생활에 필수적이다'라고 **결론**을 내렸다.

이제 현실은 어떤지 생각해 보자.

사회적인 이유로 술을 마신다

분명히 술은 사회적인 오락이다. 그러나 술이 중요한 행사를 난장판으로 만드는 경우도 많다. 결혼식에서는 손님들에게 맥주와 와인만을 제공한다. 술을 마시면 문제가 생기는 손님들이 있기 때문이다. 술에 취해 결혼식을 망친 삼촌이나 친구의 이야기 등이 난무하다. 모임이나 술집에서 사회적 음주가 반사회적으로 변하는 소식은 언제든지 듣는다.

내가 아는 여성에게 남자 친구가 있는데, 그 남자 친구는 술에 취하면 정신을 잃고 침대에 오줌을 싼다. 파티에서 그는 낙천적인 술꾼이었지만, 침대에 오줌을 싸는 건 아무도 모르는 밤에 일어나기에, 그의 문제도 잘 숨겨져 있었다. 단지 술만 마시면 침대에서 오줌을 싸는 이런 행동은 사회적 활동이 아니다.

인간은 서로 경쟁하기를, 새로운 것을 경험하기를, 새로운 사람 만나기를 즐긴다. 왜냐하면 다른 사람들과 함께하고 싶은 것이 인간의 본성이기 때문이다. 요한 하리(Johann Hari)의 연구에 따르면, 사회 활동은 중독을 예방하는 데 도움을 줄 수 있다. 쥐가 약물과 깨끗한 물 두 가지가 함께 있는 환경에 혼자 갇혀 있을 때 빠르게 약물에 중독되었다. 하지만 많은 친구와 사회 활동이 가능한 환경 안에 있을 때—하리는 쥐 공원을 상상해 보라고 말한다—는 약물을 외면하고 깨끗한 물을 더 마셨다. 쥐는 인간과 다르지 않냐고 반박할 수도 있다. 하지만 쥐의 경우 유전적·생물학적·행동적 특성이 인간의 특징과 밀접하게 닮아서 훌륭한 실험 대상이 된다는 것을 알기 바란다.[202] 하리는 중독에 대한 해독제가 바로 친분(동료애, 우정 등)이라고 강조했다.[203]

개인적인 경험상 나는 하리의 의견에 동의한다. 중독은 나를 외톨이로 만들었다. 술 문제라는 비밀 때문에 예전처럼 다른 사람들과 자유롭게 소통할 수 없었다. 갈망이 너무도 심해서 사람들보다 술이 더 소중했다. 인정하기 싫지만 사실이다. 술을 마시면 외톨이가 되고 자신을 잃게 되며, 동료애나 우정을 쌓는 기회를 놓치게 된다. 타인과의 관계를 즐겁게 만드는 것은 절대로 술이 아니다. 친구들과 함께 있으면서 서로 좋아하는 것을 하기 때문에 즐거운 것이다.

하지만 언젠가부터 친분을 돈독히 해야 한다며 술을 마시고 있다. 예전에는 친구들과 즐거운 시간을 보내기 위해 술을 마실 필요가 없었는데, 지금은 술 마시는 습관이 생긴 것이다. 마음속에 친구들과 함께하는 즐거움과 술이 서로 얽혀 버린 것이다. 그 이유는 다음과 같다.

- 광고를 보면서 술을 마시면 무엇이든 더 좋아진다는 생각이 의식적·무의식적 마음속에 깊이 배어든다.

- 신체적 의존성 초기에 술을 마시면 모든 것이 더 좋아진다는 생각을 여러 번 확인한다. 술이 체내에서 완전히 빠져나가는 데 거의 열흘 정도가 걸리는데, 그 기간 동안 몸은 신체적으로 술을 갈망한다. 알코올의존 초기에는 이런 갈망을 거의 알아차리지 못하거나, 단지 '술 한 잔 하면 좋겠다'고만 생각한다. 갈망이 충족되어 편안함을 느꼈을 뿐인데 마치 술이 그 상황을 즐기는 데 기여한 것처럼 느낀다.
- 정신적으로 '술을 마시면 모든 것이 더 좋아진다'고 믿게 되면서 이 정신적 믿음이 플라세보 효과를 일으킨다. 그 결과로 다음 두 가지가 일어난다.
  - 술을 마시면 즐거워진다고 믿기 때문에 술을 마시면 더 즐거워지게 된다. 마음은 매우 강력하다.
  - 술을 못 마시게 되면 박탈감을 느낀다. 술을 마실 때가 더 즐겁다고 믿는다. 술 없이는 재미없다고 믿게 된다.
- 술은 중독성이 있기 때문에 이런 순환 과정이 계속되면 결국 신체적인 중독을 일으킨다. 그리고 일단 중독되면 술을 마시지 못하게 할 때 고통을 느끼게 된다.

그런데 이러한 이유들이 사실인지 어떻게 알 수 있을까? 술을 마셔야 사회생활이 즐거워진다는 게 거짓이라는 건 깊게 고민하지 않고도 간단히 알 수 있다. 학창 시절 경험했던 할로윈 파티를 생각해 보자. 술은 없었지만 재미있고 신났다. 남자 친구인지 여자 친구인지 찾느라 재미있었고, 친구들이 입은 옷을 보면서 즐거워했으며, 부모님이 허락하지 않은 친구들과도 사교적인 시간을 보냈다.

로카는 "술은 당신의 창조적인 마음을 질식시키고, 감각을 둔하게 하며, 당신을 술의 모든 변덕을 맞추는 노예로 만들어 버린다. 현실 세계는 심하게 위축되어 결국 숙취와 폭음과 허위가 반복되는 것만 남는다."라고 말했다.[204] 또한 술에 취한 삶은 늘 똑같다. 즉, 하키 경기에서 술에 취한 것과 화려한 저녁 식사 때 술에 취한 것은 전혀 다르지 않다. 그리고 많은 것을 기억하지 못하게 된다. 우리가 할 수 있는 다양한 사회 활동을 즐기는 대신, 술로 인해 모든 것이 뒤죽박죽 얽혀 버린다. 로카는 이런 모습을 '삶이 점점 축소되는 것'으로 설명한다. 당신은 술 취한 똑같은 날이 반복되는 올가미에 걸려들게 되었다. 이 올가미에서 빠져나와 삶의 땅으로 다시 들어가기 전까지는 그 좁아진 삶에 단단히 붙잡혔음을 깨닫지 못한다.[205] 술을 마시면 사회적 사건들을 기억하지 못하게 되며 삶이 단조로워진다. 결국 모든 것이 취해 버린다.

또한 모든 경험이 지나치게 단순화된다. 뚜렷하고 활기차며 평생 기억할 수 있는 추억은 없어지고, 그 모든 것이 희미하게 기억나거나 전혀 기억이 나지 않는다. 단지 "분명 재미있던 것 같은데, 전 기억이 안 나네요."라고만 말할 뿐이다.

단주를 하고 있는 지금, 나는 술을 마실 때보다 더 즐겁다. 다음에 무엇을 마실지, 어디에서 마실지, 얼마나 마실지에 대해 더 이상 걱정하지 않는다. 나와 같은 즐거움을 당신도 하루 빨리 경험했으면 한다. 레스토랑이나 스포츠 행사에서 자신이 얼마나 즐겁게 시간을 보내는지 깨닫게 되어 놀랄 것이다. 당연히 더 이상 술을 마시지 않는 것이 얼마나 행복한지 알게 된다. 재미있는 삶을 위해 술을 마셔야 한다는 믿음을 던져 버리면, 재미있는 삶을 위해 술을 마실 필요가 없어질 뿐 아니라 술이 자신이 그렇게도 원하는 재미있는 삶을 방해한다는 것을 깨닫게 된다.

힌두교식 결혼식을 생각해 보자. 결혼식을 축하하는 파티에서는 기쁨이 가득하며 새벽까지 춤과 노래가 계속된다. 며칠 동안 계속해서 웃고, 먹고, 이야기하고, 축하한다. 절대 농담이 아니다. 진짜 여흥과 즐거움이 매일매일 가득하다. 그리고 놀라운 게 있는데 그게 무엇일까? 힌두교도들은 술을 마시지 않는다는 것이다. 파티가 즐겁기 위해 반드시 술이 필요한 건 아니라는 게 분명하다. 만약 모두가 술을 마시고 있다면 이 파티는 며칠 동안 계속되지 못할 게 분명하고, 둘째 날이면 숙취와 두통이 가득할 것이다.

술을 끊게 되면 앞으로 술 마시지 않는 사람들과만 시간을 보내야 하는 건가라며 걱정할 수도 있다. 어느 누구도 친구들을 포기하고 싶지 않고 술이 있는 상황을 피하고 싶어 하지 않는다. 당연하다. 사회 활동이 술 때문에 제한되는 걸 누구도 원치 않는다. 그런데 분명한 건 절대 걱정할 필요 없다는 것이다. 당신의 무의식적인 음주 욕구가 사라지면 술을 갈망하지 않게 되고, 무언가를 포기하고 있다는 느낌을 더 이상 받지 않게 된다. 술집은 상실을 느끼게 하는 곳이 아니라 자신이 획득한 자유를 일깨워 주는 곳이 된다. 일단 정신적·무의식적 욕구가 사라지면 술에 대한 갈망은 순전히 신체적인 것이 되며, 몸에 남아 있는 술이 해독되는 동안에만 지속되고 곧 사라진다. 이전과 완전히 다른 느낌을 갖게 된다. 술이 가장 친한 친구가 아닌 무서운 적이 될 때 술 마시지 않는 기쁨을 알게 되고 즐거운 나날을 보내게 된다. 그림자 속에 숨는 대신에 적의 무덤 위에서 춤을 추게 될 것이다.

한때 친구들에게 술을 마시라고 압력을 가했던 기억이 난다. "술을 안 마시면 재미없잖아."라며 술을 권하곤 했다. 지금은 내가 무알코올 음료를 주문할 때 사람들이 나에게 지루하다고 말한다. 그런데 왜 주변 사람들에게 술을 마시라고 강요하는 것일까? 그건 다른 사람들이 자신의 술 문제를 의심하지 않도록 하기 위해서이다. 마약중독자와 술꾼이 왜 함께 어울릴까? 그건 자신들이 섭취한 약이나 술의 양에 대해 죄책감을 덜 느끼기 위해서 아닐까? 나도 다른 술꾼들과 함께 술을 마실 때 내가 원하는 만큼 마시는 게 더 쉽다는 걸 알았다. 모든 사람이 스스로를 독살하고 있다면 내가 나 자신을 독살해도 괜찮지 않을까 생각한다. 그리하여 술에 의존하고 있음이 가려져 버린다. 죄의식과 고통이 무뎌진다.

고등학교 시절을 기억해 보자. 복도에는 웃음과 함성, 농담이 가득 차 있지만 술은 없었다. 경기에 이긴 팀원들이 모인 락커룸은 활기차고 즐거운 분위기이지만 물론 술은 없었다. 친구들과 함께하는 경험 때문에 사회생활이 즐겁다는 것을 받아들이는 게 그렇게 어려운 걸까? 맥주가 맛있었는지 기억나는가? 물론 기억하지 못한다. 하지만 친구와 함께 신나게 웃었던 시간 혹은 당신을 보며 웃고 있던 예쁜 소녀는 기억할 것이다.

술을 마시면 파티 분위기가 활발해져서 사람들끼리 수줍어하는 서먹서먹함을 해결하는 데 도움이 된다고 생각할지 모른다. 실제로 술은 걱정이나 긴장과 같은 인간의 본능적 감각을 약화시킨다. 따라서 뇌와 입 사이를 연결하는 필터가 제거되면서 지금부터 파티가 시작되었구나라고 착각하게 되고, 대화가 자연스럽게 시작되면서 서로 수다스러워진다. 사실 사람들이 새로운 상황에 적응하려면 어느 정도의 워밍업 시간이 필요하다. 어린아이들은 주변 친구들과 어울리는 방법을 잘 모르지만, 처음 몇 분의 워밍업 시간만 지나면 이미 즐거운 시간을 보내고 있다. 워밍업 시간은 사람들이 주변 환경을 이해하고 함께 있는 사람들을 알아 가는 데 들이는 시간이므로 신중해야 한다. 초기의 수줍음은 자신을 보호하고, 후회할 만한 말을 하거나 행동을 저지르지 않도록 한다. 이때 당신이 먼저 자기를 소개하고 상대방에게 질문을 하면서 어색한 분위기를 깰 수 있다. 모두가 똑같이 긴장하고 있기에 누군가가 먼저 대화를 시작하기만 하면 된다. 처음 몇 분 동안 간단한 질문을 주고받으면서 서먹함이 누그러들면 그때부터 서로 즐겁고 신나게 대화할 수 있다. 분명 초기 수줍음을 핑계로 술을 마시는 것보다 훨씬 나은 방법이다. 이미 밤과 주말 시간대 운전자들 중 10%가 술에 취한 음주운전자이다.[206] 어색한 분위기를 자연스럽게 깨기 위해 몇 가지 질문을 주고받으면서 서로를 알아 가는 건 어떨까? 그렇게 한다면 우리의 길거리가 더욱 안전해질 것이다.

술을 마시는 이유를 탐색하는 연구에 따르면, '사회생활을 위해서 술을 마신다'가 가장 대중적인 이유이다. 그런데 말이 안 되는 것 같다. 술이 몸에 해롭고 중독성이 있다는 걸 알면서 이런 답을 한다는 게 정말 이상하다. 술 마시는 이유를 자신도 모르는 게 아닐까? 정말 술 마시는 그럴듯한 이유가 있기는 한 걸까? 사실은 술 마시는 걸 좋아하지 않는다고 말할지도 모른다. 술 마시는 걸 좋아하지 않는다면 왜 술을 마시는 걸까? 답은 바로 술에 중독되었기 때문에 술을 마시는 것이다.

*17*장

중독 정의하기 2부

"거짓된 기쁨이 가장 큰 불행이다."
– 클레르보의 베르나르(Bernard of Clairvaux)

술로 인한 컨디션 저하

당신이 오로지 술만을 원할 뿐 다른 선택에는 관심도 없다면 자신에게 뭔가 문제가 생긴 것 같다고 느낄지 모른다. 인간은 오직 자신에게 이익을 준다고 생각하는 것만을 원한다. 중독자들도 약물이 삶을 더 나아지게 할 것이라 속고 있기 때문에 약물을 더욱 갈망하게 된다. 하지만 약물 때문에 자신이 불행하며 갈망이 더 커질 뿐 아무 이득도 얻지 못한다는 걸 알게 되면 약물에 대한 욕구는 사라진다.

이득과 욕구 사이의 관계를 쉽게 이해하기 위해 담배를 예로 들어 설명해 보자. 우리 사회는 더 이상 흡연을 허락하지 않고 있다. 즉, 사회적으로 흡연에 대한 관점이 바뀌었다. 흡연에 대한 사회적 단서들이 우리의 무의식적 마음에 강하게 영향을 미치고 있다. 주변에서 지속적으로 제공되는 수많은 메시지 혹은 은연중의 메시지들을 통해 이제 흡연의 이점이 거의 없다고 믿도록 조건화되었다. 호주 정부는 모든 담배곽에 흡연의 해악을 시각적으로 나타내어 판매할 것을 의무화하고 있다. 누군가가 담배곽을 꺼낼 때, 구강암으로 생긴 혀의 구멍, 혈관 질환으로 인한 발가락 없는 발, 회색과 검은색 치아 등의 끔찍한 이미지를 보게 된다. 그 이미지들은 역겹고 보기 힘들다. 혹시 이런 이미지들을 직접 확인해 보고 싶다면 구글로 검색해 볼 수 있다.

게다가 니코틴은 반응 속도가 빠르다. 한 시간 안에 니코틴은 몸을 빠져나오고, 그래서 담배에 대한 갈망이 거의 그 즉시 일어난다. 흡연자는 담배에 대한 갈망 때문에 줄담배를 피우거나 담배를 피우지 못할 때 공황발작을 일으키기도 한다. 술의 경우, 몸을 빠져나가는 데 72~240시간이 걸린다.[207] 즉, 술로 인한 컨디션 저하가 회복되는 데는 최대 열흘 정도가 걸릴 수 있다. 그렇기에 술을 많이 마시는 사람은 자신의 컨디션 저하를 정상으로 여기기 시작한다. 이때 컨디션 저하는 술에 대해 뇌가 항상성을 유지하는 과정이다. 즉, 뇌가 술로 인한 '쾌락(pleasure)'을 정상화하려고 다이노르핀(dynorphin)이라는 화학물질을 방출할 때 이런 컨디션 저하가 동반되는데, 이는 일반적으로 '내성(tolerance)'이라고 알려져 있다. 결국 다이노르핀은 술의 효과를 떨어뜨릴 뿐만 아니라 일상 활동에서 얻는 자연스러운 쾌감도 경감시킨다.

포크는 만성적인 술꾼은 평소와 같은 기분을 느끼기 위해 술을 마시고, 늘 술에 취한 몸에 익숙해져 있다고 강조했다. 그리고 어느 순간부터는 아무리 술을 많이 마셔도 비참함 외에는 어떤 것도 느낄 수 없게 된다. 그러면서도 술에 대한 뇌의 조건화 반응 때문에 끊임없이 술을 갈망한다.[208] 술로 인한 기분 저하는 얼마나 술을 마셨는지, 자주 마셨는지 그리고 화학 반응에 따라 길거나 짧을 수 있다. 다음 그래프는 술로 인해 야기되는 기분의 고저를 시각적으로 설명해 준다. 특히 일상적 쾌락을 즐기는 능력에 어떤 영향을 미칠 수 있는지를 보여 준다.

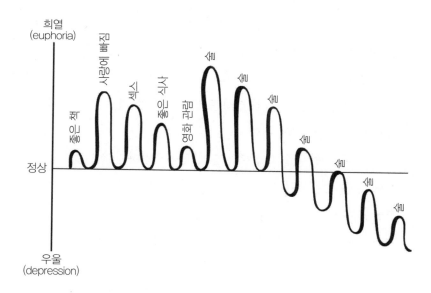

술 마시는 사람이 알코올중독으로 악화되는 과정, 즉 첫 잔을 마셨을 때부터 아침 식사 전에 보드카가 필요해질 때까지 걸리는

시간은 사람마다 다르다. 하지만 술은 중독성이 있기 때문에 뇌가 작동하는 방식을 변화시킨다. 그러므로 술을 마신다는 것은 알코올중독으로 천천히 악화된다 해도 누구나 같은 방향인 내리막으로 움직이고 있음을 의미한다. 스트레스를 해소하기 위해 술을 마시면 이 내리막의 속도는 엄청나게 빨라진다. 왜냐하면 사회적 음주는 특정한 상황에 한정되어 있기 때문에 그 속도를 늦출 수 있지만, 삶으로부터 숨거나 스트레스에 대처하기 위해서는 항상 술 마실 이유를 찾을 수 있기 때문이다. 그리고 술을 많이 마실수록 삶은 스트레스가 더해진다. 머지않아 점심시간에 술을 마시거나 아침 식사에 스크류드라이버(screwdriver, 역자 주: 보드카와 오렌지 주스를 섞은 칵테일)를 마셔야 할 이유가 생긴다. 문제를 약화시키려고 술을 마시지만 술은 문제를 결코 해결하지 못한다. 오히려 문제를 복잡하게 만들 뿐이다. 우리도 술을 마시면 문제가 더 악화되고 복잡해진다는 것을 어느 정도 알고 있기에 더 괴롭다. 이제 자신에게 가장 쉬운 해결책은 이 괴로움을 마음속에서 밀어내면서 한 잔 더 마시는 것이다.

나는 힘든 하루를 보낸 후, 집에 들어오자마자 신발을 벗고 술잔에 술을 담아 휴식을 취하려고 의자에 앉곤 했다. 그러면 첫 한 모금을 마시자마자 행복하고 편안함을 느꼈다. 이 한 모금이 몸에 영향을 주기 훨씬 전부터 긴장이 풀린 것이다. 그렇다면 긴장을 푸는 데 도움을 준 것은 술이 아니라는 의미이다. 술이 진짜로 긴장을 푸는 데 도움이 된다면 취업 면접이나 대학 시험 전에 술을 마시도록 권해야 하는 것 아닐까. 누군가 공격적이고 폭력적인 감정을 갖고 있다면 진정시키기 위한 방법으로 술을 권해야 한다.

이때 술을 마시면 절대로 이전 상태로 돌아갈 수 없음을 아는 게 중요하다. 앞서 확인했듯이, 술이 몸에서 **빠져나가는** 데는 최대한 열흘 정도 걸린다. 따라서 매일 술을 마시는 술꾼은 항상 컨디션이 저하되어 있다. 그 결과, 술을 마셔도 더 이상 행복감을 못 느끼며, 그 반대로 술을 마시지 못할 때는 불행하다고 느끼게 된다. 엉덩이가 가려우면 긁어야 편안하고 상쾌해지는데, 가려운 엉덩이를 긁겠다고 고의로 독풀 위에 앉아 있다면? 절대로 가려운 곳을 긁을 수 없을뿐더러 더 악화될 뿐이다. 이처럼 약물로 인한 컨디션 저하를 해결하기 위해 더 강한 약물을 찾게 되는 것이 바로 모든 약물중독의 핵심이다. 약물에 중독되면 더 심한 컨디션 저하가 뒤따라오며 그것을 더 강한 약물로 해결하는 과정이 계속 반복되면서 약물의 희생자들은 약물이 극도의 행복감을 제공한다고 믿게 된다.

이러한 중독 과정에서 중독자가 약물에 더 중독될수록 약물에 대한 욕구는 더 커진다. 술의 경우, 중독 과정이 아주 천천히 진행되기에 자신이 미끄러져 내려가고 있다는 것을 거의 알아차리지 못한다. 그러나 술을 마시면 마실수록 내성이 커지고, 이전과 동일한 효과를 얻기 위해 더 많은 양의 술이 필요해진다. 이런 과정이 빠르게 일어날 수도 있지만 거의 일생 동안 천천히 일어날 수도 있다.

어느 순간, 당신은 자신이 이전보다 그리고 원했던 것보다 더 많이 마시고 있다는 것을 알아차리게 된다. 하지만 인생은 스트레스가 너무도 많고 스트레스는 점점 더 쌓이지만 해소할 시간은 점점 더 없다. 그래서 자신의 삶이 다시 관리 가능해질 때까지 스트레스 해소를 미루기로 결정하는데, 마시는 술의 양이 늘수록 삶은 점점 더 관리하기 어려워진다. 스트레스를 피하기 위해 술을 마시기 시작했는데 오히려 스트레스를 더 악화시켰을 뿐이다.

중독의 과학

이러한 중독 과정을 뒷받침할 신경학적·생리학적 증거는 충분히 많다. 내가 최선을 다해 설명해 보겠다. 도파민부터 시작해 보자. 도파민은 신경전달물질로 뇌에서 생성되는 화학물질이며, 뉴런(뇌세포)에서 다른 뉴런으로 신호를 전달한다. 도파민은 중독에서 중심적인 역할을 하며, 흔히 중독 분자로 알려져 있다. 술과 기타 중독성 약물이 화학적으로 뇌에 도파민을 방출하기 때문이다.[209] 최근까지 과학자들은 도파민이 쾌락과 연관되어 있다고 믿었다. 그러나 현재는 도파민의 수치가 높아지면 보상을 추구하는 동기는 증가하지만 도파민 자체는 실제적인 보상이나 어떤 쾌락도 제공하지 않는다는 것을 알게 되었다. 이제 과학자들은 도파민이 갈망의 원인이라고 믿고 있다. 당신도 강렬한 갈망을 경험해 본 적이 있을 것이다. 이 강렬한 갈망 그 자체가 즐거운 게 아니라는 것도 알 것이다. 무엇인가를 갈망하는 것은 분명 그것을 좋아하는 것과는 다르다.

한 연구에서 과학자들은 20세대에 걸쳐 쥐의 형제자매들을 번식시켜 그들의 유전자를 동일하게 변형시켰다. 연구자들은 도파민이 항상 많은 도파민 과다 쥐와 도파민이 항상 부족한 도파민 결핍 쥐를 길렀다. 도파민 과다 쥐들은 음식, 교우관계, 섹스 등 어떤 형태의 보상이라도 추구하려는 의욕이 더 강했지만, 그 보상을 즐길 때 더 큰 쾌락을 보여 주지는 않았다. 도파민 결핍 쥐들은 보상을 추구하려는 동기가 없었다. 실제로 도파민 결핍 쥐들은 음식 접시로 걸어가려고 노력하기보다 굶어 죽는 걸 선택할 정도로 동기가 너무 부족했다. 그러나 돌봄을 받을 때는 다른 쥐들과 동일한 수준의 먹는 즐거움을 보여 주었다.[210]

원하는 것과 좋아하는 것의 차이를 이해하는 것은 중요하다. 내가 중독의 가장 심한 단계에 있을 때, 그 갈망은 스스로 더 이상 통제할 수 없다고 느낄 정도로 압도적이었다. 하지만 술로 얻은 즐거움이란 사실상 존재하지 않았다. 어느 날 밤새도록 술을 마시고 호텔 방으로 돌아왔을 때, 술을 그렇게 많이 마셨는데도 아무런 느낌이 없는 내 모습이 이상하다고 생각했던 기억이 난다. 내성이 너무 커져서 아무리 술을 많이 마셔도 취하지 않았다. 갈망은 계속 증가하는데 즐거움은 계속 줄어들고 있었다. 이 모든 걸 뇌에 대한 연구가 설명해 준다.

도파민은 직접적으로 쾌락을 유발하지 않지만 인간을 동기화시킨다. 도파민은 학습의 핵심이며 인간의 생존에 필수적이다. 당신이 석기시대에 살고 있는 원시인이고 먹이를 찾아 새로운 지역을 탐험하고 있다고 하자. 그리고 산딸기나무가 빽빽한 덤불을 발견한다. 이 발견은 쾌락을 불러일으킨다. 이 쾌락은 뇌의 쾌락 중추라고 알려진 부분인 중격측좌핵(accumbens)에서 일어난다. 역시 도파민도 분비되는데, 도파민 분비는 중요한 일이 일어났음을 알리는 신호이다. 도파민의 강점은 산딸기를 발견하기 전의 단서들을 포함하여 뇌가 환경의 단서들을 처리하는 데 도움을 준다는 것이다. 즉, 당신은 무의식적으로 산딸기를 가장 잘 찾는 방법을 배우게 된다. 의식적으로는 알아차리지 못하지만 덤불 주변의 초목과 근처의 기후 그리고 토양의 질감을 기억하고 있다. 그 결과, 어떻게 또는 왜 그런지 모르지만 산딸기 덤불을 더 자주 발견한다. 우리는 놀라운 학습 능력을 가진 놀라운 생명체이다. 불행하게도 중독성 약물이 뇌에 도파민을 화학적으로 방출할 때 동시에 중독을 배우고 있다.[211]

뇌의 복측피개영역(ventral tegmental area: VTA)은 도파민 분비를 자극한다.[212] VTA는 보상 처리에 관여하는 뇌의 세 부분 중 하나이다. 앞서 간단하게 언급한 중격측좌핵이 두 번째 부분이고, 전전두엽(prefrontal cortex)이 보상 회로의 세 번째 부분이다. 좋아함과 즐거움은 중격측좌핵에서 일어난다. 맥길 대학교의 제임스 올즈(James Oldes)와 피터 밀너(Peter Millner)는 쥐의 뇌 중격측좌핵에 직접 전극을 삽입했다. 레버를 눌러서 스스로 뇌의 중격측좌핵을 자극할 수 있게 하자 쥐들은 다른 모든 것을 거절하고 계속해서 레버만을 수천 번 눌렀다. 새끼에게 신경을 쓰지 않았고, 섹스와 음식도 등한시하면서 굶주릴 정도였으며, 심지어 레버를 누르기 위해 심한 고통도 견뎠는데,[213] 이런 결과는 인간에게도 동일하게 확인되었다. 로버트 히스(Robert Heath)는 인간을 대상으로 똑같은 반복적이고 통제 불가능한 자가자극을 관찰하는, 논란의 여지가 있는 실험을 했다.[214]

누구나 중독성 물질이 중격측좌핵을 일상적인 보상보다 훨씬 더 직접적으로 자극한다는 사실을 알고 있다. 영화 감상이나 맛있는 식사가 중격측좌핵을 자극하지만, 약물은 더 직접적으로 자극하여 정상 범위를 훨씬 넘는 활동을 만들어 낸다. 중독성 물질의 이런 작용이 얼핏 듣기에는 훌륭하게 들린다. 인간에게 가장 큰 기쁨을 주는 뇌의 부분을 자극하는 방법으로 보인다. 하지만 정말로 무섭다. 왜냐하면 인간의 뇌가 항상성을 유지하고 스스로를 보호하기 위한 노력의 일환으로 받아들이는 자극을 감소시킬 것이기 때문이다. 술이 중격측좌핵에 과도하게 자극을 주면 뇌는 CREB(역자 주: 단백질의 한 종류)를 생산하는데, 이를 통해 자연 진통제인 다이노르핀이 분비된다.

다이노르핀은 내적 항상성을 유지하기 위한 시도로, 중격측좌핵의 자극을 억제한다. 그 결과, 술로 인한 즐거움을 덜 느끼게 된다. 내성이 증가함에 따라 같은 효과를 얻기 위해 더 많은 술이 필요하게 되고, 결국 신체적으로 술에 의존하게 된다. 이제 보통의 감정을 느끼기 위해서도 술을 마셔야 한다. 더 큰 문제는 모든 종류의 자연적인 자극에 거의 반응하지 않게 된다는 것이다. 맛있는 음식을 먹거나 친구들과 즐거운 시간을 보낸다 해도 쾌락 센터가 더 이상 활성화되지 않는다. 중격측좌핵은 무감각해진다.[215]

뇌의 마지막 변화는 전전두엽 피질 안에서 일어난다. 전전두엽은 의사결정을 담당하는 뇌의 부분이다. 전전두엽 피질은 논리적으로 결정을 내리고, 자제력을 발휘하며, 뇌간과 소뇌가 더 많이 실행되지 못하도록 관리해 준다. 그러나 술은 전전두엽 피질을 손상시켜 의사결정 능력과 자기통제력을 감소시킨다.

요약하자면, 술을 마신 결과 뇌에 다음 세 가지 변형이 일어난다.

- 첫째, 술은 도파민을 분비함으로써 (즐거움이 아닌) 갈망을 증가시킨다.
- 둘째, 술은 뇌의 쾌락 중추인 중격측좌핵을 인위적으로 활성화시킨다. 이로 인해 뇌는 이러한 과잉 자극에 대해 보상하려고 노력하며, 내성이 생기고, 결국 쾌락 중추가 마비되는 결과를 초래한다.
- 마지막으로, 술은 전전두엽 피질을 손상시켜 자기통제력을 저하시키고, 단주하는 것을 더욱 어렵게 한다.

그 결과, 술에 더 강한 갈망을 갖게 되고, 무엇에도 거의 혹은 전혀 즐겁지 않으며, 더 이상은 중독에서 벗어날 수 없는 중독의 끔찍한 순환에 걸려들게 된다.

앞서 배웠듯이 술은 시간이 지나면서 뇌를 변형시키기 때문에 자신의 음주량을 스스로 조절하는 건 불가능해진다. 그리고 언제, 어떻게 뇌가 변형되는지 그리고 어느 정도까지 변형될지 아무도 알 수 없다. 다이어트를 하면 심리적으로 음식이 더욱 매력적으로 느껴지듯이, 술을 통제하려고 노력하면 할수록 술에 대한 유혹은 더 커진다. 하지만 좋은 소식이 있다. 술에 대한 정신적 욕망을 이겨 냄으로써 육체적인 갈망을 더욱 쉽게 막아 낼 수 있다는 것이다. 술을 끊으면 뇌는 보상을 멈추고 스스로 회복한다. 술을 마시기 전에 경험했던 소소한 삶의 즐거움을 다시 찾을 수 있다.

18장

경계에서 생각하기:
문화에 적응하려면 술을 마셔야 한다

"자신이 다수의 편에 서 있다는 것을 알 때마다
잠시 멈춰서 깊이 반성해야 한다."

– 마크 트웨인(Mark Twain)

모든 사람이 매일 술을 마시는 것을 **관찰**해 왔다. 학교기금 모금
회에서부터 교회 단체에 이르기까지 그리고 심지어 마라톤의 결
승선에서조차도 거의 모든 상황에서 술을 마신다. 당신도 직장에
서, 퇴근 후에, 집에서, 주말에 그리고 미디어에서 술에 대한 다양
한 대화를 **경험**해 봤다. 이 문화가 술과 너무 얽혀 있어서 술 없이
사는 것은 거의 불가능에 가까울 것이라고 **가정**했다. 이 문화가 술
을 마시라고 지시하거나 심지어는 명령하기에 술을 마시지 않고
는 살기가 너무 어렵고 외로울 것 같다고 **결론**을 내렸다.

이제 현실은 어떤지 생각해 보자.

술 중심 문화에 산다

술 중심 문화가 마지막 '경계에서 생각하기'의 주제이다. 이 내용은 지금까지 함께 탐구했던 어떤 '경계에서 생각하기'보다 훨씬 현실적이기 때문에 가장 투쟁하기 어렵다. 우리의 문화는 술 중심이다. 지난 몇 십 년 동안, 우리는 집단적으로 술에 대한 경고를 완전히 무시하고 살았다. 심지어 술이 삶을 건강하게 하며 필수적이라고 믿으면서 우리 자신을 속여 왔다. 그러나 술에 대한 이런 견해가 오늘은 사실일지라도 내일은 사실이 아닐 수 있다. 우리는 자기 자신과 아이들을 교육할 수 있고, 현재 담배에 경고 라벨을 붙여 광고하는 방식으로 술에도 라벨을 붙이고 홍보할 수 있다. 즉, 더 나은 내일을 위해 우리가 할 수 있는 것들이 많다. 하지만 내일은 앞으로 다가올 미래이므로 오늘 우리가 할 수 있는 것들을 탐구해야 한다.

술을 가장 강하게 방어하는 사람이
자신의 음주량을 가장 걱정한다

거의 7천 명이 넘는 사람이 자발적으로 이 책을 읽고, 출간되기 전에 피드백을 주었다. 놀라운 사실은, 대부분 독자들의 믿음이었다. "주변의 모든 사람이 자신의 술 마시는 습관에 만족하고 통제하는데 저만 고통스러워요." 이런 믿음은 절대로 사실이 아님을 확인했다. 만약 당신이 어젯밤의 술자리를 후회한다면 함께했던 사람들도 마찬가지로 후회한다. 만약 당신이 매일 술 마시는 것에 대해 걱정한다면 당신의 파트너 역시도 그럴 가능성이 있다. 만약 당신이 딱 몇 잔만 마시고 멈출 수 있기를 바란다면 당신의 가장 친한 친구도 딱 몇 잔만 마시고 그만 마시고 싶어 할 것이다. 알코올중독은 겉으로 잘 드러나지 않는다. 왜냐하면 우리가 너무도 잘 숨기고 심지어 자기 자신에게도 숨기기 때문이다. 자신의 이런 모습에 의문을 갖기조차 꺼린다. 왜냐하면 자신에게 술 문제가 있어 술을 끊게 되면 사회로부터 소외되어 살게 될까 봐 걱정하기 때문이다. 인간은 자신의 두려움을 혼자만 간직한다. 그리하여 자신의 의문을 꽁꽁 숨긴다. 엄청나게 많은 사람이 술 문제가 있지만 모두 숨기고 있기 때문에 그 문제가 더 커지게 되는 것이다.

내가 술을 끊은 후, 수십 명의 사람이 "저도 당신처럼 술을 줄이고 싶어요."라며 심정을 털어놓았다. 내가 직장생활 동안 어떻게 몰락했는지 기억할 것이다. 내 동료들도 이 책을 읽었는데, 알고 보니 우리 모두는 나락으로 떨어지지 않으려고 애쓰고 있었다. 모두가 술을 얼마나 마셨는지 걱정하고 있었지만, 아무도 그 말을 하고 싶어 하지 않았다. 내 예전 상사 중 한 명이 이 책을 읽고 내게 말했다. "애니, 당신의 책이 짐을 덜어 준 것 같아요. 나는 술 마시는 게 사실상 의무라고 느꼈어요. 사회적 압력이 너무 심해서 술을 거절할 수 있다는 걸 전혀 생각하지 못했거든요. 이제 내가 술을 거절할 수 있다는 것을 깨달았어요. 내게 힘이 생긴 것 같아요. 고마워요."

'멋진' 사람이 술을 마신다고 생각한다

술을 마시는 사람이 멋지다? 내게도 시인할 게 있다. 나 또한 술 마시지 않는 사람들을 무시한 기억이 난다. 술을 마시면서 '재미있게' 지내는 나의 음주 생활 방식을 자랑스러워했다. 그러면서 술을 마시지 않는 사람들은 완전히 지루할 거라고 생각했다. 흔히들 "술을 안 마시는 사람들은 믿지도 마라!"라고 말한다. 그러나 진실은 전혀 다르다. 멋진 사람은 술을 마시든 안 마시든 언제나 멋있다. 재미있는 사람은 술을 마시든 안 마시든 언제나 재미있고, 변변찮은 사람은 술을 마시든 안 마시든 항상 변변치 않다. 한 가지 추가한다면, 친구들과 함께하는 술자리에서 술을 안 마시면서 '술이 얼마나 나쁜지 보여 주기 위해 나를 희생하고 있는 거야'라고 느낀다면 당연히 재미없다. 이 책 『벌거벗은 마음』을 알게 되었으니 절대로 그렇게 느끼지 않게 될 것이다. 당신이 갖고 있는 멋스러움은 항상 똑같다. 난 파티에서 언제나 스타가 되는 걸 좋아하고 주변 사람들이 신나게 웃을 수 있게 하는 걸 좋아한다. 술을 마시지 않는 지금도 내 모습은 여전하다. 사실상 내 농담이 내가 술 마시던 때보다 훨씬 더 재미있어져서 우리 모두는 더 신나게 웃는다.

사람들은 내가 술 한 모금도 마시지 않고 파티를 즐기는 걸 보면서 엄청나게 놀란다. 이런 내 모습을 상당히 의심하는 친구 한 명이 있었다. 어느 날 그 친구가 나를 단지 빤히 쳐다보기만 했다. 아마도 내가 연기를 하고 있는지 알아보려고 하는 것 같았다. 왜 그렇게 놀랄까? 술이 활기의 연료라고 믿고 있는데, 사실 거짓이라는 걸 알게 되었으니 당연히 충격을 받을 수밖에 없지 않을까? 한 가지 분명한 것은 '앞으로 당신은 친구들 앞에서 재미있게 놀 준비가 될 것'이라는 것이다. 나는 농담할 준비를 하고 파티에 참석하지만 다른 사람들은 모두 내가 농담을 '풀기' 전에 몇 잔의 술이 필요하다고 생각한다. 술이 사람들의 즐거움의 열쇠이기 때문이 아니라 사람들이 술을 즐거움의 열쇠라고 믿기 때문이다. 어떤 것이 진실이라고 믿게 되면 그것은 진짜로 진실이 된다.

내 파트너는 어떻게 반응할까

내 독자들 중 한 명은 20년 넘게 남자 친구와 술을 마셨다. 그녀는 술을 끊고 싶었지만 남자 친구와의 관계가 약해질까 두려워 술을 끊지 못했다고 했다. 왜냐하면 남자 친구가 새로운 변화를 싫어하기 때문이었다. 또 다른 독자는 매일 밤 아내와 함께 와인을 마셨다. 그가 술을 끊기로 결심했을 때 그의 아내는 '얼마나 오래 가겠어. 곧 술을 마시겠지'라고 생각했다. 몇 주가 지나도 남편이 저녁 식사 때 포도주를 계속 적게 마시자 아내가 괴로워하기 시작했다. 그러면서 아내는 "당신 아직도 술을 줄이려고 노력하는 중이네요? 지금쯤이면 예전처럼 술을 마실 거라 생각했는데."라고 말하곤 했다. 아내는 심지어 남편에게 함께 술을 마시자고 압박하기 시작했다.

술을 끊는다고 해서 기분 좋은 결과가 따라오지는 않는다. 독자들이 자신들의 이런 경험을 공유할 때 나는 의도치 않는 변화의 결과에 대해 걱정하게 되었다. 즉, 어떤 변화가 상당히 긍정적인 것이라 해도 관계의 시너지를 뒤흔든다는 게 진실임을 확인했다. 비록 파트너가 당신의 결정에 대해 기뻐하더라도 그 결정 때문에 서로의 관계가 흔들릴 수 있다는 것이다. 당신의 변화는 상대방의 변화임을 알아야 한다. 그리고 상대가 계속 술을 마시든 그렇지 않든 그를 이해하고 존중으로 대해야 한다. 그들에게 변화를 강요하거나 충고하지 말아야 한다. 단, 당신의 여정—즉, 당신이 어떻게 느끼는지 그리고 당신이 무엇을 생각하는지—에 대해 가능한 한 많이 공유하면 된다. 정직하고 연민 어린 의사소통이 가장 중요하다.

술 없이도 친구를 유지하거나 새로운 친구를 사귈 수 있을까

당신은 특히 '술 마시지 않는 사람들은 지루해'라고 믿는다면 친구를 사귈 수 있을지 정말로 걱정하고 있을 것이다. 주변 사람들이 술을 마시지 않는 나를 어떻게 생각할까? 다른 사람들이 어색하게 느끼지 않도록 하면서 술 대신에 음료수를 주문할 수 있을까? 먼저 술을 마시지 않는 사람들에 대한 자신의 인식을 탐구해보자. 주변에 아는 사람 중에서 술을 마시지 않는 사람이 있나? 만약 '그렇다'고 한다면, 그리고 당신이 여전히 그들을 재미없다고 느낀다면, 그들이 재미없는 이유가 술을 마시지 않기 때문일까, 아니면 원래 재미없는 사람이기 때문일까? 이렇게 탐색해 봤지만 그 결과는 그리 중요하지 않다. 왜냐하면 자신이 인식하는 것을 진실로 믿기 때문이다. 따라서 '이 사람은 원래 재미없어'라고 생각했다면 그것이 진실인 것이다. 많은 사람이 '술을 마시지 않는 사람들은 재미없고 지루해'라고 느끼는데 어떻게 이런 인식을 극복할 수 있을까?

가장 좋은 방법은 경험을 통해서 극복하는 것이다. 우선 손에 술잔을 안 들고 있어도 똑같은 사람(심지어 더 나은 사람)이라는 것을 의심 없이 인식해야 한다. 시간이 좀 걸린다. 자신의 불안감이 완전히 사라지려면 다양한 일을 술 없이 경험해야 한다. 하지만 술 없는 경험에 앞서 불안함부터 갖게 될 것이다. 신나는 소식이 있다. 당신이 술 없는 경험 하나하나가 얼마나 즐거울 수 있는지 직접 느끼게 된다는 것이다. 시간이 필요한 과정이다. 술 없는 경험은 삶의 모든 측면에 영향을 미치게 될 하나의 변화이다. 적응하면서 인내심이 필요하다. 분명한 것은 술 없는 경험을 하는 당신은 예전의 술 마실 때와 똑같은 당신(더 나은 사람)이라는 것을 스스로 확실하게 알게 될 것이다.

누군가는 당신을 제대로 알기도 전에 불편하게 여길 수 있다. 이럴 때 자신이 할 수 있는 방법을 최대한 동원해야 한다. 내 경우, 술을 마시지 않는 생활에 적응하느라 자신감이 낮아져 있던 시절에 온갖 방법을 써서 대처했다. 예를 들어, 술을 마시는 척할 수도 있다. 우선 진토닉을 주문하고 화장실에 가는 척하면서 종업원을 찾아 주문을 보류해 줄 것을 부탁하는 거다. 또는 갈색 병의 맥주를 주문한 뒤 술을 모두 버리고 물을 채울 수도 있다. 몇몇의 독자는 술을 마시지 않기 위해 술을 거절하는 문구를 소개해 주었다.

- 오늘 밤은 못 마셔요. 운전해야 하거든요.
- 어제 저녁에 너무 마셨어요. 그래서 오늘 밤은 쉬려고요.
- 제가 지금 디톡스(해독) 중이어서 술을 마시면 안 돼요.
- 제가 체중 조절 중이에요.
- 제가 술을 줄이려고 노력하는 중이에요.
- 무알코올 도전을 하고 있는 중이에요.
- 오늘 밤은 술이 내키질 않네요.
- 내일 아주 중요한 미팅이 있어요. 오늘은 컨디션을 잘 유지하고 싶어요.

사람들을 만나는 것도 또 다른 고민거리이다. 술을 마시지 않고 어떻게 사람들을 만날까? "오늘은 술을 마시지 마요."라고 말하면 상대의 반응은 어떨까? 술을 많이 마시는 100명의 사람이 있을 때, 당신은 그중 80명은 술을 덜 마시면서 즐거운 시간을 보냈으면 한다는 것을 알아야 한다. 정말 놀랍게도, 사람들은 결혼 상대자를 찾을 때 술을 거의 마시지 않는 사람을 매력적으로 본다. 드러나지 않는 무의식적인 생각이지만 사실임이 분명하다. 우리는 술 마시지 않는 사람들을 존경하며, 그들의 인격과 자기수양에 감탄한다. 심지어 술을 마시지 않는 사람들이 궁극적으로 더 나은 결혼 상대자 및 부모가 될 것이라고 느낀다. 핵심 요점은 이것이다. 술을 안 마시는 것은 매력적이다!

친구를 잃지 않으면서 친구에게
술을 안 마신다고 말하기

내 경우 정말 엄청난 실수를 했다. 그러나 당신은 나와 같은 실수를 하지 않았으면 한다. 나는 흥분하기 쉬운 사람이다. 그래서 이 책『벌거벗은 마음』을 발견했을 때 내 친구들에게 거침없이 내 의견을 말했다. "넌 절대로 이 사실을 믿지 못할 거야. 단 한 잔만 마셔도 암이 생긴대. 내 몸에 그런 나쁜 걸 집어넣을 수는 없어." 또는 "즐거운 시간을 보내기 위해 술은 필요 없어. 말도 안 되는 소리 같지만 우리 모두는 언론과 사회에 현혹되어 왔어."와 같은 의견 말이다.

내가 얼마나 성가신 존재였는지 상상이 갈 거다. 한 친구는 심지어 내 남편에게 "이크, 술 반대 전도사와 사는 게 좋아요?"라고 물었다. 그렇게 좋지만은 않다. 술꾼들은 술을 끊는 것을 두려워한다. 이 책이 제공하는 역조건화가 없다면 지금도 술을 반드시 마셔야 하고, 술을 마시지 못하거나 주변에서 술에 대해 평가하는 것 같으면 스트레스를 받는다고 믿는다. 술에 대한 심리적·신체적·정서적 의존이 생긴 사람에게 술의 해악을 알려 주면 그 때문에 스트레스를 받게 된다. 그러니 술을 끊는 것에 대한 긍정적인 경험이 필요하다. 당신이 술을 끊고 즐거워하는 것을 보면 주변의 술꾼들도 두려움 대신 희망을 느낄 것이다.

누군가 술 문제가 있어 술을 끊었다고 해 보자. 그 사람은 언젠가 술을 '정상적으로' 마실 수 있기를 바라면서 여전히 술 마시는 사람들을 부러워한다. 진정으로 술을 끊은 게 아니기에 술꾼들은 이렇게 단주하는 사람들을 불쌍히 여긴다. 단주하는 사람들에게는 무슨 문제가 생겨서 술을 끊은 거라 믿으면서 그들과 자신을 분리한다. 이러한 역동 때문에 술꾼과 단주하는 사람들 사이에는 전혀 갈등이 없을뿐더러 실제로 아주 친절하다. 심지어는 단주하는 사람들이 그들의 '문제'를 극복하는 데 도움이 되도록 무알코올 청량음료를 주문해 주기도 한다.

이 책을 통해 술을 끊으면 이와는 전혀 다른 역동이 생긴다. 자신에게 술 문제가 있다고 인정하기보다 술이 무엇이고, 왜 술에 의존하게 되며, 어떻게 해야 술로부터 자유로워질 수 있는지 배우게 되고 깨닫게 된다. 그 결과, 더 이상 술을 마시고 싶지 않게 된다. 술꾼들은 진정으로 단주하는 사람들을 보면서 불편한 시간을 갖게 된다. 술을 마시고 싶지 않은 게 가능할까? 불가능해 보일 것이다. 심지어 주변의 모든 사람이 술을 마실 때조차도 더 이상 술이 필요 없는 것에 대해 우쭐함을 느낄 수도 있다. 술꾼들은 더 이상 당신을 동정할 수 없기 때문에 자기 스스로에게 미안해하기 시작할 가능성이 있다. 그리고 당신이 술을 거절할 때 자신이 평가받는다고 느낄지도 모른다. 진정으로 단주하는 당신은 이제 더 높은 기준에 서 있는 것이다. 자신이 먹고 있는 것이 무엇이며 그것이 당신 몸에 어떤 영향을 주는지에 대해 더 많이 신경 쓰고 있음을 보여 준다. 정말 대단하다. 그렇다고 모든 사람이 당신을 대단하게 보는 건 아니다.

그럼 어떻게 처신해야 할까? 친구들이 소외감을 느끼지 않도록 자신의 결정을 편안하게 전달할 수 있을까? 나는 답이 비교적 간단하다고 생각한다. 모든 사람이 항상 기뻐해야 하는 건 아니다. 당신은 자기 자신을 위해 단주를 선택했다. 이런 당신의 결정에 주변 사람들이 처음에는 긴장할 수 있지만 당신의 변화는 그들도 역시 변화할 수 있다는 희망의 불빛이 될 수 있다.

상대와 대화할 때 활용할 수 있는 특별한 표현들을 확인해 보는 것도 좋다. 이때 상대가 술을 어떻게 마시는지 판단하지 않아야 하며, 당신의 믿음을 강요하지 않으면서 자신과 자신의 결정, 자신의 이야기를 진실로 말할 수 있는 표현이 좋다. 당신도 그랬던 것처럼 친구들도 술을 동반자, 편안한 상대, 친구로 확신하고 있으므로 상대의 음주 습관을 비난하지 않도록 한다. 나에게 도움이 되었던 표현들을 소개하면 다음과 같다. "술을 마시지 않을 때 더 행복하다는 것을 깨달았어요." "제가 요즘 건강 마니아가 되었는데요. 술을 끊는 것도 그중 한 부분이에요." "술은 더 이상 저에게 이득이 없다고 판단했기에 술을 끊었어요." "술을 안 마시니 기분이 더 좋아요."

19장

중독의 내리막길:
더 빨리 중독되는 사람들

"천재는 온전한 항아리보다 금이 간 항아리에서 더 자주 발견된다."
– 엘윈 브룩스 화이트(Elwyn Brooks White)

남편은 내가 강박적인 모습을 보이는 것이 나의 '중독적 성격' 때문이라고 지적했다. 나를 중독적 성격의 소유자로 취급할 때마다 항상 화가 난다. "도대체 당신이 의미하는 중독적 성격이라는 것이 정확히 무엇인지 정의해 봐요."라고 요구하면 남편은 중독적 성격이 있다고 생각하는 사람들과 그렇지 않은 사람들을 몇 명 지명했다. 중독적 성격으로 분류된 사람들의 공통점은 어떤 것에 중독되어 있거나 혹은 이전에 중독된 적이 있다. 이런 식의 정의는 전혀 만족스럽지 못했다. 이후 과학자들과 의사들도 중독적 성격 같은 것은 없다고 합의한다는 걸 알았을 때, '내 생각이 맞구나' 하면서 한결 편안해졌다. 과학계는 오랜 기간 동안 중독에 걸리기 쉬운 성격 특성이 무엇인가를 정의하려고 노력했다. 하지만 결과적으로 확신할 만한 정의를 내리지 못한 것이다.[216] 사실상 중독적 성격을 특정한 성격 특성의 구성요소와 중독 행동을 연결시켜 규명하려는 시도는 대부분 포기되었다.[217]

하지만 잠깐, 상식적으로 어떤 사람들이 다른 사람들보다 중독되기 쉽다고 한다. 이쯤 되면 알아차렸겠지만 술과 중독에 대해 상식적으로 알려져 있는 내용은 사실이기보다 근거 없는 믿음일 가능성이 높다. 그렇다면 중독의 순환에 빨리 빠지는 사람과 그렇지 않은 사람이 있는 이유를 살펴보는 건 어떨까?

다시 확인하자면, 중독이란 자신이 하고 싶지 않은 무언가를 규칙적으로 하는 것 또는 하고 싶지만 쉽게 멈출 수 없거나 줄일 수 없는 무언가를 규칙적으로 하는 것이다. 앞 장에서는 술로 인한 컨디션 저하의 순환 과정이 술에 대한 상반된 욕구(즉, 마시고 싶은 욕구와 안 마시고 싶은 욕구)가 서로 전쟁을 하는 중독 상태로 몰아가는지를 탐구했다.

또한 중독자들이 자신이 선택한 약물을 보호하기 위해 많은 노력을 기울인다는 것도 밝혀냈다. 중독자들은 약물 사용으로 얻은 병의 원인이 그 약물 때문이라고 판단하는 걸 싫어한다. 만약 그 약물 때문에 병에 걸렸다고 한다면 논리적으로 볼 때 자신의 삶에서 그 약물을 제거하는 것이 다음 단계인데, 이것이 중독자에게는 상당히 위협적인 상황이다. 대다수의 사람이 술을 마시기 때문에 우리 사회가 중독된 사회라고, 즉 알코올중독을 성격적인 결함으로 규정하여 술을 보호하고 있다고 볼 수 있다.

우리는 중독적 성격이 있다고 당연하게 여긴다. 중독적 성격은 술에 대한 중심 대화에서 피할 수 없는 주제이다. 이때 술의 중독성 때문에 중독이 되기보다 개인의 성격 탓으로 돌림으로써 술을 보호한다.

성격은 우리가 얼마나 빨리 중독되는지에 영향을 주지 않는다고 말하는 게 아니다. 중독으로 빠져드는 속도에 환경적·사회적 요인과 유전적 요인 그리고 성격적 요인까지 많은 요인이 영향을 미친다. 성격이 삶의 모든 측면에 영향을 미치듯이 술에 의존하게 되는 속도에도 영향을 미친다.

만약 성격 때문에 중독이 될 수 있다고 믿는다면 '중독적 성격'이라는 용어를 불편하게 여기는 이유가 있을까? '중독적 성격'이라는 용어가 부정적이고 오해의 소지가 있다고 생각하기 때문이다. 나의 술 문제와 관련된 성격들, 즉 헌신, 결단력, 강한 의지 등은 주로 긍정적인 속성이다. 이러한 '중독적 성격'은 사실 자신의 자유를 찾는 데도 중요한 역할을 했다.

중독적 성격이라는 모호한 개념은 우리의 소중한 술을 보호할 수 있게 해 준다. 중독의 원인이 중독적 성격이라고 주장하면 중독적 성격을 가진 사람에게는 술이 위험하지만 그 외의 사람들에게는 술이 위험하지 않게 되는 것이다. 즉, 술을 보호하면서 중독을 개인의 탓으로 돌릴 수 있게 된다. 또한 술에 중독된 사람들은 성격 때문에 중독이 된 것으로 믿도록 조건화하여 단주나 회복의 희망을 빼앗아 버린다. 게다가 중독은 중독적 성격 때문이지 술의 중독성 때문인 것은 아니라고 생각하게 한다. 중독적 성격이라는 게 존재하는데 나는 중독적 성격이 아니라고 느낀다면 마음대로 술을 마셔도 된다는 논리이다.

'중독적' 성격

중독적 성격에 대한 개념이 불명확하고 전반적으로 오류가 있다고 지적하고 싶지만, 술에 대한 잘못된 습관과 분명히 연관되어 있음을 강조할 필요가 있다. 흥미롭게도, 중독적 성격 중 일부만이 부정적인 것처럼 드러나며, 대부분은 중립적이거나 심지어는 긍정적인 것들이다. 예를 들어, 외향성과 새로운 경험에 대한 개방성은 긍정적인 성격이다.[218]

부정적인 개념으로 '중독적 성격'을 바라보면, 중독자들에게 뭔가 문제가 있는 것 같고, 중독과 관련이 있는 개인의 특성들이 전적으로 부정적이고 해롭게 연결된다. 하지만 그렇지만은 않다. 실제로 중독적 성격 중에는 개인의 인격과 경험에 바람직하고 긍정적으로 영향을 주는 것도 있다. 또 다른 성격으로 경험 추구, 결단력, 충동성, 불순응 등을 포함해 중독과 관련된 모든 성격은 긍정적 측면과 부정적 측면 모두를 담고 있다. 누군가의 삶에 긍정적이거나 부정적인 영향을 미칠 수 있는 성격들을 '중독적'이라 이름 붙여 낙인찍어서는 안 된다.

내 아버지를 다시 한번 생각해 보려 한다. 아버지는 무언가 결심을 하면 그것을 실천하는 사람이다. 일단 술을 끊기로 결심하고 난 뒤 마음속의 갈등이나 고통 없이 단호하게 술을 끊으셨다. 아버지는 이러한 단호한 성격을 삶의 다른 측면에도 사용했다. 서른일곱 살쯤, 아버지는 충만한 삶을 즐기기 위해서는 매일 운동을 해야 한다는 것을 깨달았다. 그때 산악자전거와 스키를 타는 것이 가장 마음에 들었고, 지난 30년 동안 매주 60마일에서 100마일 자전거를 탔고, 겨울마다 40번에서 80번 스키를 탔다. 아버지는 어떤 것이 좋다고 결정하면 그것을 추진했는데, 당연히 다른 사람들이 하는 말이나 생각에 전혀 영향을 받지도 않았다.

나 또한 아버지를 닮아 결단력, 일관성, 독립성 등과 같은 성격 때문에 술을 많이 마신 것 같다. 아버지는 술을 많이 마셔야 더 즐겁다고 결론 내리면서 아무 거리낌 없이 원할 때마다 술을 마셨다. 모든 중독은 점차 심해지기 때문에 아버지 역시 점점 더 많이 마셨다. 하지만 술이 진정한 즐거움을 주지 못한다는 것을 깨달았을 때 술을 끊기 쉽게 만든 것도 결단력 있고 일관성 있으며 독립적인 성격이었다.

다른 시나리오를 들어 보자. 남들이 자기를 어떻게 생각하는지 의식하는 여성이 제일 먼저 주문을 하면서 맥주를 시켰다. 다른 사람들이 모두 주문한 후, 술을 주문한 일행이 한 명도 없다는 것을 알게 된 그녀는 마음을 바꾸어 맥주를 취소하고 물을 달라고 요청했다. 그녀는 맥주를 마시고 싶었지만 혼자 술 마시는 사람이라고 낙인찍히는 것을 더 신경 쓴 것이다. 내가 장담하건대, 그녀가 술 마시지 않는 사람들과 계속 시간을 보내는 한 중독으로 치닫는 내리막길은 더디게 될 것이다. 그 대신에 과음하는 사람들과 시간을 보낸다면 남들을 의식하는 성격 때문에 그녀가 원하는 것보다 더 많이 마실지 모른다.

술에 의존하는 속도에 영향을 미치는 요인들은 수백만 가지이다. 어떤 일을 급히 처리하기보다 자신의 속도를 잘 지키는 사람이라면 무턱대고 생각 없이 술을 마시지 않는다. 반면에 나처럼 무슨 일이든(술 마시는 것조차도) 열정적이라면 더 많이 마시고, 더 갈망하며, 더 빨리 넘어지는 게 맞다.

또한 재정 사정도 술에 의존하는 속도에 영향을 미친다. 술을 너무도 좋아하는 친구가 있는데, "술이 이렇게 비싸지 않았다면 난 알코올중독자가 되었을 거야."라고 말하곤 한다. 또 다른 친구는 디저트를 너무 좋아하는데, 생활비가 빠듯해서 디저트와 술 중에서 무엇을 선택할까 고민할 때가 많았다. 그녀는 두 가지를 다 좋아하지만 매번 디저트를 선택했다. 두 친구 모두 술을 더 마시고 싶어도 재정적인 상황 때문에 술을 덜 마시게 되었고, 그 결과 중독으로 미끄러지는 시간을 미루고 있다고 봐야 한다.

주변 환경도 술에 의존하는 속도에 영향을 미친다. 내 경우, 콜로라도에서 지낼 때는 적당히 술을 마셨는데 뉴욕으로 이사한 후 과도하게 술을 마시게 되었다. 콜로라도에서는 하이킹을 하고 스키를 타고 캠핑을 하면서 주변의 다양한 활동을 즐겼다. 그러나 뉴욕과 같은 대도시에서는 술이 주된 사회적인 오락이기에, 맨해튼, 런던 그리고 내가 방문하는 대도시의 사회생활은 술을 중심으로 이루어져 있다.

그리고 가족의 의견도 술에 의존하는 속도에 영향을 미친다는 것을 잊지 말자. 내 친구는 술이 '악마의 것'이라고 여기는 가정에서 자랐다. 그녀는 술을 마시기는 하지만 자라면서 술에 대해 들어 온 것들 때문에 자신이 죄책감을 느끼지 않으려고 술을 잘 마시지 않는다.

중독에 대한 면역은 없다

무수한 이유, 중독적 성격 그리고 상황들 모두 알코올중독에 빠지는 속도와 관련이 있다. 술을 마시는 사람들은 대부분 죽을 때까지 술을 마시면서 자신의 수명이 얼마나 단축되는지 전혀 알지 못하며, 통제 불능한지 느끼지 못하고, 자신에게 문제가 있다고 의심하지도 않는다. 그러나 그들이 자신에게 문제가 있다는 걸 모른다고 해서 문제가 없는 것이 아니다.

어느 누구도 알코올중독에 대한 면역성을 갖고 있지 않다. 술을 많이 마실수록 술을 더 마시고 싶어질 뿐이다. 스트레스를 많이 받는 사건이 있는 날, 적당히 술을 마시던 사람도 신체적 또는 정서적 알코올의존으로 빠져들 수 있다. 술에 의존되는지 전혀 알지 못할 때조차도 알코올중독은 진행되고 있다. 스트레스와 같은 상황이 아니더라도 누구나 몇 년 전에 마셨던 술의 양보다 지금 더 많이 마신다. 당신을 포함해 술을 마시는 사람들은 한때 전혀 술을 마시지 않았지만 지금은 예전보다 더 많이 마시고 있다. 또한 앞으로 5년 안에 지금보다 더 많이 마실 것이다. 술은 그렇게 계속해서 늘어 간다.

자신에게 술 문제가 있다고 의심하기 시작할 때부터 얼마나 빠르게 바닥으로 미끄러져 내려가는지, 정말 끔찍하다. 누구나 중독성 물질에 의존하면 그 물질이 삶의 중요한 부분이 되며, 그것 없이 스트레스에 대처하거나 사회적 상황을 즐기는 것은 불가능해진다. 자신이 마시고 싶은 양보다 더 많이 마시면 과도한 불안과 스트레스를 받게 되고, 스트레스를 받으면 당연히 술을 더 마시게 되며, 그 술이 스트레스가 되어 더 많이 마시게 되는 것과 같은 악순환이 소용돌이치며 걷잡을 수 없게 진행된다. 그리고 매주 맥주를 마시든, 매일 보드카를 마시든, 어느 순간 맥주나 보드카를 마시지 않으면 삶이 불완전하다고 느낀다. 술 문제로 나아가는 것은 무조건 똑같다.

우리는 술 마시는 사람들을 분류하는 데 많은 시간을 소비한다. 적정 음주자, 과음자, 문제성 음주자, 규칙적 음주자 그리고 알코올중독자로 말이다. 그리고 자신이 어떤 범주에 속하는지 알아내기 위해 훨씬 더 많은 시간을 보낸다. 그러나 이런 분류는 중독의 전체 주제를 더 혼란스럽게 만들 뿐이며, 우리가 정직하다면 그것이 단지 어리석은 대화일 뿐이다. 음주자를 분류하는 것과 관계없이 우리 모두는 똑같은 심각한 어려움, 즉 술에 붙잡혀 있는 것에 처해 있을 뿐이다. 루시 로카가 말했듯이, "당신은 매우 미끄러운 비탈길의 꼭대기에 있다면 술을 마실 때마다 바닥으로 더 빨리 미끄러져 내려간다."[219]

술을 처음 마시기 시작했던 고등학교 시절, 자신이 식충식물로 끌려들어 가는 호박벌이었음을 아는 게 그렇게 어려운 걸까? 술꾼들이 술을 끊거나 줄이려고 애쓰는 모습에서 끈적거리는 비탈길에서 몸부림치는 호박벌을 볼 수 있지 않은가? 가장 좋아하는 음료가 중독성이 강한 마약이라는 것을 아직도 믿기 어려운가? 우리 사회가 전염성 알코올중독이 되었음에도 불구하고 사람들이 계속해서 술을 마시는 이유는 무엇일까?

명백한 진실을 보는 게 왜 그렇게 어려울까? 만약 알코올중독이 신체적 또는 정신적 결함이나 성격상의 결함 때문이라면 내 경우는 완치가 불가능하다. 그렇다면 내가 이 불치병을 완전히 고통 없이 치유했다는 사실을 어떻게 설명할 수 있을까? 우리의 성격과 몸 어디에도 설명할 수 없거나 파악할 수 없는 결함은 없다. 다만 술이 중독성 강한 약물일 뿐이다.

오컴의 면도날(Occam's razor)이라는 논리 원칙이 있다. 다른 모든 것이 동일하다면 가장 간단한 설명이 가장 맞아떨어질 가능성이 높다는 원칙이다. 알코올중독의 원인이 성격과 신체적·정신적 결함 때문이라는 복잡한 이론(우리가 증명하거나 흡족할 만한 설명은 하나도 없다)보다 술이 중독성 물질이라는 설명이 훨씬 간단하다.

우리 모두 똑같은 중독성 독을 마시고 있다는 것을 인정하는 게 절대로 쉽지 않다. 그러나 이 의견을 인정하면 알코올중독자와 일반 음주자 모두 중독이 될 수 있으며, 단지 어떻게, 얼마나 빨리 중독되는가만이 다를 뿐임을 인정하는 게 된다. 알코올중독이라는 연속선상에서 중독의 진행률이 다른 것뿐이다. 술을 중독자가 마시든 적정 음주자가 마시든 간에 술 그 자체는 절대로 변할 수 없다는 것을 받아들여야 한다. 누가 마시건 술은 모두 같은 물질이며 같은 독성을 가지고 있다.

시간이 지남에 따라 술을 마셔도 더 이상 즐거움을 느끼지 않게 된다. 알코올의존에 이르면 이 진실은 피할 수 없게 되는데, 만성 단계에서는 쾌락의 환상마저 사라지기 때문이다. 술은 신체를 해치고 뇌를 망가뜨리는 억제제이다. 결국 신체적으로나 정신적으로 당신을 파괴한다. 감각을 죽이고 그 결과로 모든 생존 본능을 죽인다. 이 아름다운 삶의 행복까지 모두 앗아 간다. 그런데 술을 마시는 성인은 자신의 아이들에게 어떤 메시지를 전달하고 있나? 내가 술을 마실 때 아이들은 종종 한 모금 정도 마실 수 있냐고 물었다. 나도 몰랐지만 아이들에게 술은 어른 대접으로 보였던 것이다. 하지만 나는 아이들이 술에 중독될까 봐 두려웠고, 중독을 절대로 경험하지 않았으면 하고 바랐다. 나는 중독되었을 때 내 자신이 가장 가치가 없다고 느꼈다. 성인 알코올중독자들 사이에서 자살에 대한 생각이 120배나 더 높으며,[220] 미국에서 일어나는 모든 자살의 1/3이 술과 관련되어 있다는 것은 정말로 끔찍한 일이다.[221]

술 마시는 사람들과는 술의 중독성에 대해 절대로 이야기를 나누어서는 안 된다. 이런 대화는 당신이나 그들에게 전혀 도움이 안 되기 때문이다. 그런데 나 또한 술의 중독성에 대해 대화하는 실수를 저질렀다. 당신이 알코올중독에 대해 제공하는 새로운 정보는 상대방에게 내적 갈등을 만들고 고통을 남긴다. 적정 음주자들조차도 자신들이 술을 즐기며, 완전히 통제하고 있고, 원할 때마다 그만 마실 수 있다고 주변과 자신에게 확신시키기 위해 노력할 것이다. 분명한 건 수십 년 동안의 무의식적 조건화를 짧은 대화를 통해서 무효화할 수는 없다는 것이다. 예일 대학교 심리학과 교수 존 바그(John A. Bargh)는 "무의식적인 시스템은 끊임없이 다음에 무엇을 할 것인가에 대한 제안을 제공하며, 뇌가 의식적으로 알아차리기 전에 인간은 무의식적인 시스템을 토대로 행동한다. 다음에 도달할 목표가 의식적인 의도나 목적과 일치할 때도 있지만, 그렇지 않을 때도 있다."라고 말한다.[222] 음주자들이 의식적으로는 알코올중독에 대한 정보를 이해할 수 있겠지만 술에 대한 무의식적인 애착이 훨씬 강하고 지배적이다.

만약 알코올중독에 대해 주변의 친구나 사랑하는 사람을 설득하고 싶다면 당신이 얼마나 자유롭고 행복한지 보여 주면 된다. 그러면 상대방이 "어떻게 술을 끊고 행복해지셨나요?"라고 묻게 된다. 이후 천천히 조심스럽게 그들이 술을 끊도록 도와주면 된다. 누군가를 돕는다는 것은 보람된 일이다. 하지만 상대가 도움을 원하기 전에 도와주려 노력하면, 도움을 주는 사람과 받는 사람 모두 좌절하게 된다. 그리고 술을 마시는 집단보다 당신이 훨씬 나은 삶을 살고 있으니 자기 자신에게 축하의 의미로 하이파이브를 보내자. 왜? 더 이상 술 문제로 골치 아플 일이 없고 술 문제를 해결할 필요가 없기 때문이다.

자기점검 시간

그렇다면 지금 술 마시는 사람들 모두가 중독되었다고 주장하는 걸까? 당연히 아니다. 하지만 이유 없이 술을 마시고 싶어 하거나 무의식적으로 술을 찾는 사람은 의식적으로 인지하든 못하든 간에 술에 이미 중독되어 있는 것이다. 다시는 술을 못 마신다는 생각에 두려워하는 사람이라면 이미 술에 정서적으로 의존하고 있다고 봐야 한다. 누군가가 나에게 "사과가 당신을 죽일 수도 있으니 어떤 사과도 절대 먹지 마세요."라고 충고했다면, 나는 앞으로 사과를 먹지 않을 것이다. 이런 결정은 논리적이며, 두려움도 제거한다. 앞으로 사과를 먹지 못하는 게 좀 섭섭할 수도 있겠지만, 일찍 죽지 않게 돼서 다행이라는 안도감과 함께 사과를 먹으면 안 되는 건강에 대한 진실이 밝혀져 감사한 마음을 갖게 될 것이다. 사과에 대한 진실이 담긴 증거를 제시받자마자 사과 먹는 걸 그만두게 된다. 하지만 술은 사과와 다르게 가끔씩만 마시고 있거나, 어느 날은 마시고 다른 날은 안 마시는 걸 조절할 수 있다면, 결국에는 무조건 마시는 걸 선택하게 된다.

잠시라도 술로 얻을 수 있는 것을 목록으로 작성해 보는 건 어떨까? 목록 작성은 술이 자신에게 전혀 이롭지 않다는 것을 분명히 확인할 수 있기에 아주 중요하다. 혹시 목록을 작성하는 게 두렵다고 느낀다면, 이것이 이미 술에 의존되거나 중독되었다는 증거임을 깨달아야 한다. 만약 내가 붉은 고기의 해악에 대해 강의하고 있다면 맛있는 스테이크를 좋아하기 때문에 실망할 수는 있지만, 뱃속 깊은 곳에서 두려움을 느끼지는 않는다. 그러한 두려운 느낌이 든다면 이는 중독의 징후이다. 이 경우에서 두려움은 술로 인해 생기는 두려움이다.

술의 해악을 모르는 게 좋았을 텐데(모르는 게 약이다). 술을 마셔서 즐거운 것도 실제의 즐거운 거랑 같지 않을까? 밋밋한 인생보다 술이라도 마시면서 즐겁게 사는 인생이 낫지 않을까?

이 역시 타당한 생각이다. 하지만 모르는 게 약인 경우는 더 나아지게 만들기 위해 아무것도 할 수 없을 때에 쓸 수 있는 표현이다. 술에 대해서는 지식과 교육을 통해 충분히 자유를 얻을 수 있다. 당신도 이제 곧 자유로워질 것이다. 술을 마실 때보다 완전하고, 건강하며, 행복하다는 것을 훨씬 더 많이 경험하게 될 것이다. 술을 그만 마시는 것에 대해 '나는 절대 술을 마실 수 없다'가 아니라 '나는 더 이상 술을 마실 필요가 없다'로 인식하게 될 것이다. 그럼 이제 자유를 찾으러 가 보자.

20장

우리 사회에서 벌거벗은 삶을 살아가기

"어제 나는 영리해서 세상을 바꾸고 싶었다.
오늘 나는 현명해서 나 자신을 바꾸고 있다."

– 루미(Rumi)

마침내 자유이다

당신이 이 책을 다 읽고 자유로워지면 몇 가지 중요한 생활 방식을 선택하게 된다. 술을 마시지 않겠다고 결정하면 즐거움은 배가된다. 술집에 앉아 술을 마시는 친구들 주변에 함께 있어도 절대 고통스럽지 않기에 이런 즐거운 상황을 일부러 피할 필요가 없다. 사실 생활 방식을 바꿀 필요가 전혀 없다. 단지 몇 가지만 신경 쓰면 된다. 그리고 자신에게 정직해지는 것. 먼저, 전혀 즐겁지 않았지만 오로지 술 마시는 것이 유일한 이유였던 일정이 있었는

273

지 기억해 보자.

그때는 너무 재미있다고 여겼지만 시간 낭비일 뿐이다. 술로 뇌가 무뎌졌기에 매력적으로 느껴 재미있다고 착각했던 것이다. 자신의 친한 친구들과 술집에서 즐거운 시간을 보내거나 누군가와 술을 마시면서 정말 재미있었던 것은 진짜로 즐거운 경험이다. 그와 다르게 단지 술 마실 곳을 얻기 위해 실제로는 재미있지도 않았는데 좋아하지도 않는 사람들과 함께 있었던 경험을 말하는 것이다. 이런 시간들이 이제는 낭비처럼 느껴진다.

술을 끊기 전에 라스베이거스 여행이 계획되어 있었고, 그래서 술을 끊은 뒤 라스베이거스에 다시 갔다. 이 책 『벌거벗은 마음』 이전에는 술 없이 라스베이거스를 여행한다는 건 절대 불가능했다. 아마도 여행을 취소했을 것이다. 그러나 술을 완전히 끊었기 때문에 전혀 걱정하지 않았다. '재미있는 시간을 보내기 위해 술은 필요 없다'는 절대적 믿음을 갖고서 즐거운 여행을 기대했다. 그런데 기대했던 것 이상으로 너무도 즐거운 여행이었다. 여러 번의 라스베이거스 여행 중에서 최고로 즐거웠다. 친한 친구들과 매력적이고 재미있는 시간을 보냈으며, 아주 신나게 웃으며 대화했다. 숙취 하나 겪지 않았고, 그 대신 자유를 만끽했다. 어떤 걱정이나 근심도 없었고 매일 엄청난 에너지를 지닌 채 하루를 시작했다. 모든 식사는 이전보다 더 맛있는 것 같았다. 술이 우리의 미각을 무디게 한다는데,[223] 그래서였는지 이번 음식은 정말로 더 맛있었다.[224] 인생의 가장 큰 즐거움 중 하나가 먹는 것이라는 데, 술을 끊으면서 먹는 것을 더 잘 경험할 수 있었다.

이 여행 동안 술에 대해 한 번도 생각하지 않았다. 술을 마시면서 처리할 수 있었던 일정들보다 더 많이 참석하고 더 많은 계약을 성사시켰다. 특히 친구들 모두 선글라스를 끼고 거대한 숙취를 제거하느라 미모사를 주문하면서 두통으로 고통스러워할 때 나는 몰래 아침 식사를 즐겼다. 메스꺼움도 없고, 두통도 없으며, 넘쳐나는 기운으로 하루를 시작했다. 내가 얼마나 많은 것을 성취했는지 스스로에게 미소를 지으면서.

라스베이거스의 일정이 순조롭게 진행되어 하루 일찍 라스베이거스를 떠나 해외 출장을 갔다. 앞에서 이미 시인했지만, 직업상 술이 가득한 저녁 식사를 해야 했고, 이것이 알코올중독이라는 내 리막길로 하강하는 데 지대한 영향을 끼쳤다. 이번 여행도 예전과 똑같이 술자리가 많이 포함되어 있었다. 나는 다른 동료들, 판매상들 그리고 고객들과 함께 4일 내내 저녁 식사를 했고, 예전처럼 저녁 식사와 대화를 즐겼다. 술을 마시지 않은 채 출장을 간 것은 이번이 처음이었지만, 식사 후에도 술을 더 마시러 나가는 등 평소와 똑같은 일정을 갖고 있었다. 그런데 일이 좀 이상해지기 시작했다. 예전보다 너무 재미가 없었는데, 그 이유를 알 수 없었다. 늘 해 왔던 대로, 항상 스스로 즐겼던 것 같았는데 말이다(사실 자세한 것들이 기억나지 않는다는 것을 인정한다). 매일 밤, 간혹 그다음 날 아침까지도 즐거운 시간을 보냈었기에 이번에도 분명히 즐거워야 했다.

집으로 돌아와 고민에 휩싸였다. 술을 안 마시면 즐거운 시간을 가지지 못할 거라는 걱정까지 들었다. 하지만 이런 걱정이 드는 이유가 떠오르지 않았다. 나는 남편과 이 문제를 의논했는데 남편은 답을 알고 있었다. 이유는 간단했고, 나는 그 이후로 아무 문제

없이 많은 출장을 다녀왔다. 그 이유는 함께하는 상대가 친한 친구나 가까운 동료가 아니었다는 것이다. 출장에서 일로 관련된 동료나 판매상들과 저녁 식사 후 늦은 밤까지 함께하는 술자리는 사실 재미가 없다. 우리는 서로 대화를 즐기는 친한 친구가 아니며, 사실 회사를 그만둔다면 다시는 만날 이유가 없고, 이 시간에 단지 술을 마시러 모였을 뿐이다. 대화가 단순 반복적이고 사무실 가십거리인데 재미있을 리가 없다. 이런 상황에서 내 감각이 완전히 죽어 버리지 않고서 유쾌한 대화는 불가능하다는 것이다. 이제는 이국적인 장소에서 멋진 저녁을 즐긴 뒤 내 호텔 방으로 돌아와 편안하게 글을 읽고 쓰고, 아이들과 함께 스카이프를 하면서 재미있는 일정을 보낸다. 예전에는 아침이면 첫 회의 15분 전에 가까스로 침대에서 일어났는데, 이제는 회의에 들어가기 전에 도시를 탐방하는 여유까지 생겼다.

어젯밤 나는 런던의 한 기차역인 차링크로스에서 영국에 본사를 둔 마케팅 팀과 함께 커피를 마시며 이야기를 나누고 있었다. 우리 옆 테이블에는 집으로 가는 통근열차를 기다리면서 간단하게 맥주를 즐기는 통근자들도 있었다. 그 모습이 얼마나 매력적으로 보이던지, 영국제 파인잔 속의 맥주와 영국식 억양은 세련미를 더해 주었다. 북적이는 기차역 안에서 일터의 고단함을 떨치고 여유로움으로 전환하기 위해 한 잔의 맥주를 즐기는 모습은 매력이 넘쳤다.

이 책을 통해 경험하기 전이라면 분명히 나 또한 맥주를 주문했을 것이다. 사회적 기분, 고급스러운 분위기와 경험을 사려고 말이다. 그러나 맥주를 마시고 싶지 않았다. 기차역에서 벌어지는 모습을 보기만 했다. 똑똑하고 건강한 사람들이 자신도 모르게 치명적인 구덩이에 가라앉는 것을 보면서 너무도 슬펐다. 그 식용 식물은 아름답지만 치명적인 꽃이다. 나는 술의 유혹을 받지 않기 때문에 너무도 자유롭다. 나는 진실을 안다.

영국의 공중보건기구는 술의 사회적 피해를 줄이기 위해 드라이 1월(Dry January)과 스톱버(Stoptober, Stop October)를 도입했다. 호주에는 드라이 7월(Dry July)이 있다. 술 없는 삶을 경험하도록 장려하는 행사이다. 올해 나는 드라이 1월 동안 런던에 있었는데 고결한 척하면서 걸어 다니는 사람들이 있었다. 그들이 누군지 바로 알 수 있었다. 드라이 1월 동안에도 술을 마시는 사람들보다 자신들이 우월하다고 느끼는 것처럼 보였다. 왜 이런 허세를 보일까 하면서 처음에는 이해하지 못했지만, 곧 그것이 방어기제(defense mechanism)라는 것을 깨달았다. 단주를 유지하기 위해서는 술에 대한 욕구를 최소화해야 하는데, 이 기간만큼은 술을 안 마신다며 술 마시는 사람들을 우습게 보는 방어기제였다. 자신이 중독자가 아님을 증명하려고 노력하는 것만큼 더 중독되었음을 말해 주는 것은 없는데도 말이다.

당신은 이제 완전히 달라지게 될 것이다. 술을 마시고 싶은 욕구 때문에 술을 마시는 장소를 피해야 한다고 느끼기보다 자유를 느끼게 될 것이다. 사실 술꾼들과 함께 술자리에 있게 되면 당신이 얼마나 자유로운지 바로 경험할 수 있다. 사람들이 술 마시기 위해 찾는 비합리적인 이유들을 알게 된다. 기차역에서 맥주를 마시는 남자에게 왜 술을 마시냐고 물었더라면 아마 "맛이 좋잖아요."라고 말했을 것이다. 하지만 그 남자는 기차를 놓치지 않기 위해 맥주를 받자마자 바로 마시고 떠났다. 맥주 맛을 음미할 시간이 있었을까? 나는 갓 짜낸 오렌지 주스의 맛을 음미하면서 천천히 마시고 있었다. 그 맛이 얼마나 놀라운지 한 모금이라도 즐기고 싶었다.

당신은 영국의 기차역 모습처럼 집단 음주의 이유를 쉽게 확인할 수 있다. 주위를 둘러보고 왜 다른 사람들이 술을 마시는지 관찰해 보자. 그들이 술 마시기를 이성적으로 결정하고 있지 않다는 것을 알게 될 것이다. 사실 술을 마시는 이유는 그저 핑계일 뿐, 자신들도 왜 술을 마시는지 알지 못한다. 술 마시는 사람들을 보면서 '나도 술을 마시고 싶다'가 아니라 '내가 술로부터 자유로워진 것이 얼마나 행운인가'를 깊이 되새기게 된다.

이제 당신은 술 마시는 사람들과 함께 있어도 전혀 억울하지 않다. 차라리 천천히(혹은 빠르게) 중독의 심연으로 빠져들어 간다는 걸 알게 된다. 누구라도 술을 마시기 시작하면 자신도 모르게 시간이 지남에 따라 자신이 원했던 양보다 더 많은 술을 마시게 된다

술이 우리 사회에 만연해 있기 때문에 혼란스러울 수 있다. 성전 같은 술집은 너무도 아름답고 심지어 놀랍기도 하다. 반면에 인간의 무의식적인 정신은 너무도 취약해서 지금까지 술의 진실을 확인하면서 술에 대한 정서적인 욕구로부터 벗어나고 있다 해도, 쓰레기를 다시 받지 않으려면 좀 더 마음을 단단히 먹어야 한다. 매일매일 사람들이 즐겁게 술을 마시는 것을 본다면, 결국 술을 마시는 것에 뭔가 특별한 것이 있다고 믿도록 스스로를 속일 수 있다. 가장 중요한 도구는 뇌를 사용하는 것이다. 술꾼들은 여전히 술에 대해 바르게 알지 못하며, 사회도 술의 위험성에 대해

집단적으로 마음을 닫고 있다. 1988년에 술이 발암물질임이 과학적으로 입증되었다고 사람들에게 말하면 모두 놀란다. 나 또한 불과 얼마 전까지 사랑하는 와인이 살아 있음을 느끼게 해 주는 술이 아니라는 것을 알고 충격을 받았다. 핵심 포인트는 '생각'하는 것이다. 주변에서 술에 대한 메시지를 끊임없이 집중 공격하고 있음을 알아채고 주의해야 한다. 이런 메시지에 대해 스스로 의문을 품고, 술에 대한 진실을 다시 한번 기억하면서 자신에게 집중해야 한다. 무의식적인 마음은 술이 삶의 핵심이라는 말에 쉽게 영향을 받는다. 자신의 마음이 쓰레기 보관소나 창고가 되지 않도록 정신을 똑바로 차려야 한다. 쓰레기가 들어온다는 것을 깨닫는 즉시 꺼내 저 멀리 던져 버리자.

마음을 다스리고 진실을 보려고 끊임없이 노력해야 한다. 아마 이런 노력이 생각보다 재미있고 자신에게 힘을 실어 준다는 것을 발견하게 된다. 나는 런던의 또 다른 기차역인 킹스크로스의 아름다운 바가 있는 음식점에서 식사를 하고 있었다. 이 바는 4층 높이 정도의 천장까지 거대한 돌벽으로 둘러싸여 있었다. 4층까지 고급스러운 호박색 액체가 가득 담긴 반짝거리는 유리병들이 즐비한, 참으로 매력적이고 놀라운 술의 성지였다. 실제로 건축과 디자인은 아름다웠다. 술집 주인은 술병을 적절히 진열하고 불을 밝혔을 때 더 많은 술이 얼마나 팔리는지에 대해 구체적으로 연구해 왔으며, 아름다운 진열이 손님의 마음을 상당히 뒤흔든다는 결과를 확인했다. 나도 잠시 동안 건축물의 대단함에 감탄했다가, 곧바로 황색 물질이 뇌와 몸을 파괴할 물질, 나를 피곤하게 하고 감각을 마비시키며 숙취를 가져다주는 술이라고 의식적으로 결정했다.

나는 술집과 음식점의 컨설턴트 한 명을 안다. 그의 주된 일은 술집이 더 많은 수익을 낼 수 있도록, 즉 술을 더 많이 팔도록 돕는 것이다. 이를 위해 술집에는 항상 술을 주문하는 카운터로 가는 분명한 통로가 있어야 하며, 여러 개의 진입점이 있어야 한다. 술 병들은 고객들이 다른 손님들의 머리 위로 볼 수 있도록 높게 진열되어야 하며, 항상 아래에서 위로 조명 불빛을 비춰야 한다. 또한 모든 술에 물을 함께 제공하면 손님들이 그만큼 빨리 취하지 않아 술을 더 많이 팔 수 있다. 심지어 화장실 접근성과 소음의 정도 사이에도 술 소비량을 극대화하기 위한 상관관계가 있다고 한다. 그날 킹스크로스의 화려한 술집에서 나는 술 진열의 아름다움을 피부 깊숙이 느끼며 혼자 미소를 지으면서 당당하게 토닉과 라임을 주문했다.

주변에서 술을 옹호하는 메시지로 당신을 공격할 때, '나에겐 면역이 있을 거야'라고 절대로 믿으면 안 된다. 그 누구도 술에 대한 면역을 갖고 있지 않다. 그 거짓말들을 알아채고, 술에 대한 자신의 마음을 단단히 다지려고 최선을 다해야 한다. 대부분의 성인이 정기적으로 독약을 마시도록 설득하려면 그 공격이 얼마나 강력해야 하는지를 깊이 생각해 보자. 만약 많은 사람이 빙산에 부딪혀 가라앉고 있는 배에 승선했다면 그들을 부러워해야 할까, 아니면 손을 내밀어 침몰하는 배로부터 사람들이 탈출하도록 도와야 할까? 분명 후자일 것이다.

조절음주가 선택사항일까

　지금까지 술을 완전히 끊어야 한다고 비유를 들어 설명하고, 사실들을 확인하며, 시나리오를 소개하였다. 하지만 술을 완전히 끊을 수 있는 결정적인 방법을 제시하지는 않았다. 사실 나는 지켜야 할 규칙이 있을 때 본능적으로 규칙을 깨는 데 집중하는 스타일이기 때문에 규칙을 지키기 힘든 성향이다. '조절음주는 선택사항일까?'라는 질문에 답을 내리는 게 어려운 이유는 규칙을 싫어하는 내가 이 책에 규칙을 쓰고 싶지 않아서이고, 자신들을 속박한다고 느끼는 반란군들이 생기는 것도 원치 않기 때문이다. 그보다 모든 사실을 제시해서 당신이 가장 최선의 결정을 내릴 수 있도록 돕기 위해서이다.

　중독성 물질을 조절해서 사용한다는 것은 절대로 불가능하다. 술로 인해 뇌가 한번 변하면 절대로 회복되지 못하고 영구적으로 유지된다. 어떤 사람이 술에 강한 신체적 의존성을 갖게 되면, 뇌와 몸은 술 없이 기능을 할 수 없을 정도로 변하게 된다. 이에 대한 설명을 해 보겠다.

　앞에서 술을 마시면 뇌가 어떻게 변하는지 이야기하면서 도파민의 작용으로 왜 갈망은 증가하는 반면 즐거움은 증가하지 않는지에 대해 논의했다. 이번에는 도파민 관계를 확장시켜서 왜 어떤 사람들은 한 잔으로 멈출 수 없는지를 설명하고자 한다.

　니코틴에서 헤로인에 이르는 중독성 있는 약물들은 뇌에 인위적으로 높은 수치의 도파민을 방출한다. 예전에 과학자들은 도파민이 기분 좋아지는 것과 연관된다고 믿었다. 하지만 현재는 학습과 연관되어 있다고 믿고 있으며, 이러한 학습에는 욕망, 기대, 갈망 등이 포함되어 있다.[225] 도파민은 우리에게 즐거움을 주기보다 즐거움을 얻는 방법을 가르쳐 준다. 뇌의 쾌락 중추를 자극하는 가장 효과적인 방법을 배우도록 도와준다.

술은 인위적으로 뇌의 쾌락 중추를 자극한다. 또한 항상성을 유지하고 스스로 보호하기 위해 뇌는 시간이 지남에 따라 술로부터 받은 즐거움을 감소시킨다.[226] 바로 내성이다. 나 또한 내성 때문에 필사적으로 술을 마셨고 와인을 두 병 이상 마시고도 즐거움을 얻지 못했다. 이 설명은 명확하다. 뇌가 반복해서 술에 인위적으로 과도하게 자극되면 내성이 형성되고, 자극을 낮추는 역화학물질인 다이노르핀을 생성한다. 그리고 시간이 흐르면서 자극을 느끼는 데 점점 더 많은 술이 필요해진다. 결국 뇌가 만들어 내는 높은 농도의 다이노르핀 때문에 매일의 즐거움은 기록조차 되지 않는 것이다. 신경과학자와 포크 교수는 다음과 같이 말한다.

마약 중독자가 본인이 사용하는 약으로 뇌를 과도하게 자극할 때 어떤 일이 일어나는지 생각해 보자. 뇌는 계속해서 그 과도하게 자극된 상태를 낮추려고 할 것이고, 시간이 지나면서 중독자는 약물로부터 즐거움을 덜 느끼게 된다. 극치감은 보상처럼 느껴지지 않게 되고, 중독자는 같은 수준의 보상을 받기 위해 점점 더 많은 자극이 필요하다. 마약 중독자들도 자신들이 같은 극치감을 느끼기 위해 점점 더 많은 약물이 필요하며, 결국에는 정상이라고 느끼기 위해서 약을 복용해야 한다고 시인했다.[227]

술을 마시면 멈추지 못하고 계속 마시는 사람들이 있다. 그 이유가 무엇인지 이해하기 위해 중독에서 도파민의 역할에 대해 더 깊이 접근해 보자. 기본적으로 학습에서 도파민은 즐거움을 다시 찾을 수 있도록 하는 역할을 한다. 울프램 슐츠(Wolfram Schultz)는 "적응적인 유기체는 짝짓기, 먹이, 위험과 같은 미래 사건을 예측할 수 있어야 한다. …… 예측은 동물에게 행동적 반응을 준비할 시간을 주고 미래의 선택을 개선하는 데 사용될 수 있다."라고 말한다.[228] 바로 도파민은 인간을 포함한 적응적인 종들(species)이 어떻게 보상을 추구할 수 있는지 예측하고 또 동기화되는 데 중심적인 역할을 한다.

테리 로빈슨(Terry Robinson)과 켄트 버리지(Kent Berridge)는 중독의 보상 민감화 이론(incentive-sensitization theory)이라 불리는 신경학 기반의 약물 갈망에 관한 이론을 공식화했다.[229] 이 이론은 중독성 약물의 반복적인 사용이 뇌의 도파민 중추를 그 특정 약물에 과민 반응하게 만든다고 설명한다. 단, 사람에 따라 다르게 나타나는데, 어떤 사람들은 태생적으로 도파민 수치가 높고 어떤 사람들은 태생적으로 낮다. 그러나 특정 약물(술 등)을 반복적으로 사용하면 누구라도 시간이 지남에 따라 그 약물에 대한 과민성이 일어난다고 한다.

로빈슨과 버리지에 따르면, "중독성 약물을 반복적으로 사용하면 도파민 분비 신경계에서 점증적인 신경 적응을 일으켜 술(또는 약물)에 점점 더 그리고 영구적으로 과민반응을 보이게 된다." 이 과민성 도파민 시스템은 술(또는 약물)에 대한 갈망을 유발하는데, 이 갈망은 술(또는 약물)을 좋아하는 것과 관련 없이 발생한다. 그 결과 "약물의 쾌락에 대한 기대가 줄어들더라도 그리고 심지어는 명성, 직업, 가정 및 가족의 상실을 포함한 강력한 부정적 손실을 경험하면서도, 강박적으로 약물을 구하고 강박적으로 약물을 사용하는 중독 행동"을 일으키게 되는 것이다.[230]

이해되는가? 당신이 점점 더 술의 양을 늘려 지속적으로 마시게 되면 술에 대한 뇌의 반응이 바뀐다는 것이다. 그리고 일단 뇌가 변하게 되면, 결코 원래 상태로 돌아오지 않을 수 있다. 이것은 왜 30년 동안 계속 술을 끊고 살아왔던 사람이 맥주 한 잔만으로 과거에 의식을 잃을 정도로 술을 마셨던 상태로 바로 돌아가게 되는지를 설명해 준다. 아무리 오랫동안 단주를 했더라도 술 한 잔이면 갈망을 자극해서 그 결과가 어떻든 상관없이 계속 마시게 된다는 뜻이다. 더 안타까운 건, **술을 즐기는 건 절대로 불가능하다**는 점이다.

술꾼의 배우자가 '술을 끊지 않으면 떠나겠다'고 위협할 때조차도 그들이 술을 마실 수밖에 없는 무력함을 보이는 이유가 확인되었다. 또한 술이나 다른 약물을 사용하는 비논리적이고 비합리적인 행동에 대한 이유도 동일하다. 엄청난 양의 도파민이 반복적으로 분비되면 당신의 뇌는 완전히 다른 방식으로 술에 반응하게 된다.[231]

여기서 주목해야 할 점은 현재 당신의 뇌가 이 정도로만 변형되었다면 아직 희망적이라는 것이다. 일단 그 악순환을 깨뜨리고 나면 갈망은 사라진다. 앞으로 한 잔도 마시지 않는다면 절대로 중독의 고통에 빠지지 않게 된다. 술에 대한 도파민 과민성이 존재할지라도 술을 몸속으로 넣지 않는 한 그것은 휴면 상태를 유지할 것이다.

내 경우, 더 이상 즐길 수 없는 무언가를 갈망하는 것은 마치 누군가가 내 뇌 속으로 들어와 나를 지휘하는 것과 같은 느낌이었다. 내가 약해질수록 끊임없이 강해지는 적에게 포로로 잡혀 있는 것 같았다. 내가 먼저 죽이지 않으면 나를 죽일 적 말이다. 루시 로카는 술의 이런 특성을 "괴물은 먹이를 더 먹고 싶어 한다. …… 술은 사람들을 계속 쓰러뜨린다. …… 술은 사람들을 무력하게 만들고 술의 노예로 만들어 버린다."라고 기술했다.[232]

흥미롭게도 여성의 뇌보다 남성의 뇌에서 술에 의한 도파민 분비가 더 많다고 한다.[233] 그래서인지 전반적으로 남성이 여성보다 술을 많이 마시고 알코올중독이 되는 것 같다. 실제로 2014년 미국의 전체 술 관련 사망자인 8만 8천여 명 중 70%가 남성이었다.[234]

그러나 이미 술을 거부할 수 없는 시점에 이르렀다면 또는 이 책을 읽을 수 없을 정도로 술 마시는 걸 참지 못한다면, 도움을 받을 수 있는 곳, 즉 술로부터 당신을 보호할 수 있는 장소, 해독하는 동안 술을 마실 수 없는 장소를 찾아야 한다. 좋은 소식이 있다. 일단 술이 체내에서 빠져나가고 정신작용이 정상적으로 변하게 되면 술이 더 이상 필요하지 않다는 것을 알게 되면서 통제력을 되찾을 수 있게 된다.

> "'딱 한 잔만 마셔 보자'라는 것은 술이라는 거대한 도미노에서
> 한 개의 블록을 쓰러뜨리려는 것과 같다."
>
> – 크레이그 벡

결정 스트레스

　결정을 내릴 때 스트레스가 생기고 두뇌의 자원이 소모된다는
사실을 아는가? 연구에서는 작은 결정들도 큰 결정만큼 신경 에너
지를 소모하는 것으로 확인되었다.[235] 그리고 다른 종류의 에너지
와 마찬가지로 두뇌 에너지도 고갈된다. 수많은 사소한 결정에 두
뇌 에너지가 사용되면(오늘은 술을 마실까 말까? 몇 잔까지 마셔도 될
까?) 의사결정 능력도 고갈된다. 술이 일단 뇌에 들어가면 건전한
결정을 내리는 능력에 부정적인 영향을 준다는 것은 분명하다. 시
간이 지남에 따라 화학적으로 전두엽 피질을 손상시킨다는 것도
잊지 말라.[236] 전두엽 피질에서는 건전하고 장기적인 결정을 내리
는 역할을 하고, 뇌의 쾌락을 추구하는 영역에 균형을 맞추는 역
할도 한다. 그런데 알코올남용으로 전두엽 피질이 손상되면 더 나
쁜 결정을 내리게 되며, 뇌의 동물적 영역, 즉 결과를 생각하지 않
고 오직 쾌락만을 쫓는 영역들이 뇌의 다른 영역들보다 더 강력해
지므로 유혹에 저항하기가 더 어려워진다.[237]
　나 또한 너무도 고통스러운 순환 과정을 겪었다. 나 자신에게
절주를 약속하면 처음에는 그것을 지키는 것 같았다. 절주를 성공
하면 깊은 만족감과 통제력을 느꼈고, 자랑스러웠으며, 자신감도

생겼다. 잠시라도 꿀물을 즐기고는 날아갈 수 있었다. 하지만 다음 단계로, 술을 더 마시거나 술의 유혹에 굴복해야 하는 더 많은 이유, 겉으로 정당해 보이는 이유들에 걸려 넘어지게 되었다. 결국에는 절주가 불가능하다는 것과 내가 선을 넘었다는 것이 분명해졌지만 그 시점에서 술 마시기를 멈출 수가 없었다. 중독의 순환 과정, 그 유령의 집 안에서는 보이는 것이 전혀 없었다. 내 자신을 부끄러워하면서 절망했다. 왜 내 자신을 혐오하게 될 일을 계속했는지 이해할 수 없었고, 점점 두려워졌다. 외로웠다. 내 모습에 실망하게 될 가까운 사람들로부터 나를 격리시키기 시작했다. 나 자신이 비참한 껍데기가 되었다. 간혹 나 자신에게 너무 속아서 얼마나 멀리 떨어졌는지 알지도 못했다. 결국 다시 술에 의존하게 되면서 술에 대한 내성이 쌓이고, 며칠, 몇 주, 몇 달 안에 다시 만성 단계로 돌아갔다.

중독되기 전에 나는 전형적인 보상 능력을 가지고 있었다. 그러나 중독이 되었을 때는 더 이상 정상적으로 보상 경험을 즐기지도 못했다. 이런 상황이 되면 약물의 도움을 받아야만 기쁨을 되찾을 수 있다는 두려움이 생기기 시작한다. 이 두려움으로 중독의 손아귀에 붙잡히게 되면, 오직 술을 마셔야만 즐거움을 얻을 수 있다고 경험하게 된다. 당신이 깨닫지 못하는 것이 있다. 바로 술을 마셔서 얻는 쾌락은 진정한 쾌락이 아니라는 것 그리고 술을 끊는 순간 일상적인 즐거움이 되살아나고 두뇌와 육체가 치유될 수 있다는 것이다.

이제 술의 속임수를 알아차리고, 긴장을 풀거나 즐기기 위해 술이 필요하지 않다는 것도 깨닫게 되었다. 술을 마셔야 즐거움을 얻는다는 믿음에 속아 왔으니 이제 죽음의 적을 물리쳐야 한다.

이 책 초반에서는 우리의 문제를 술꾼(the drinker)과 술(the drink)의 두 부분으로 나누어 확인했다. 겉으로는 술꾼이 술을 통제할 수 있어야 할 것 같아 보이지만 일단 중독이 되어 뇌가 바뀌면 어떤 술꾼도 술을 통제할 수 없다는 것이 중독의 현실이다. 중독이 술꾼을 통제하고 있기 때문이다. 좋은 소식이 있다. 당신은 술에 대해 의식적이고 논리적이며 이성적인 결정을 내릴 수 있게 되면서 술을 통제할 수 있게 된 것이다. 무의식적인 조건화가 뒤바뀌었기 때문이다. 당신이 술을 통제할 수 있기 때문에 술은 절대로 당신을 통제하지 못한다. 사람들마다 술을 완전히 통제한다는 의미가 서로 다르겠지만, 나에게 있어서 완전한 통제는 술을 마시지 않는 것을 의미한다. 더 이상 나에게 아무런 도움도 되지 않는 중독성 독을 마시고 싶은 욕구가 없다는 것은 엄청난 소식이다. 더 이상 술을 마시지 않는다는 것은 기적이며 감격할 일이다. 술로부터 온전하고 완전한 자유를 얻는 것만큼 행복한 게 있을까?

술에 대한 이전의 환상에 집착하는 실수를 범하지 않는 것이 중요하다. 지금도 술을 마시고 싶은 욕구가 올라온다면, 언제쯤 다시 술을 마시는 것이 좋을지 생각하면서 나머지 생을 보내게 될 것이다.

마음의 힘을 과소평가하지 말라. 이전에 비행기 안에서 인간의 정신력을 생각해 본 적이 있다. 그때 3만 5천 피트 상공을 날고 있었는데, 만약 조종사에게 무슨 일이 생긴다면 비행기는 실제로 추락할 수도 있었을 것이다. 하지만 인간은 이런 위험을 방지하기 위해 비행기의 정확한 위치를 알려 주는 위성 위치확인 시스템

(GPS)을 구축했다. 인간은 중력과 우주를 이해할 수 있는 지능을 가지고 있기에, GPS가 작동할 수 있도록 위성을 궤도로 쏘아 올렸다. 인간은 힘이 있다.

내 경우, 마음의 힘을 처음으로 의식적으로 체험한 것은 정신 교육과 정신 이해를 통해 내 허리가 치유되었을 때였다. 사노 박사의 이론을 통해 마음은 상상 이상으로 강력하고 내 육체와 감정에 영향을 미친다는 것을 깨달았다. 만약 인생에 술이 없으면 비참해질 것이라고 믿는다면 그렇게 될 것이고, 술 없이는 긴장을 풀 수 없다고 믿으면 그렇게 된다는 것을 나는 의심의 여지 없이 알고 있다. 반대로 술을 조심해서 취급해야 하고, 인생에 들여 올 가치가 없는 독성이 있고 중독성이 있는 마약으로 선택한다면 술에 대한 욕구가 없어진다. 이 모든 선택은 자신의 몫이다.

이제 벌거벗은 술의 진실과 술이 육체와 정신에 어떤 영향을 끼쳤는지 알게 되었으니 분명히 행동을 취할 수 있을 것이다. 술에 대한 무의식적인 마음이 변하기 시작했고, 술을 의식적으로 결정할 수 있는 힘을 갖게 되었다. 이제 술로부터 자유를 찾기 위해 자신의 강력한 마음을 사용할 때이다.

우리는 술에 대한 진실을 알 때 술 마시고 싶은 욕망이 사라진다는 것을 알았다. 한잔 술이 육체적인 중독을 만들어 낼 수 있고, 결국 정신적인 중독을 일으킨다는 것도 확인했다. 그리고 중독의 악순환은 끊임없이 계속된다는 것도 탐구했다. 그런데도 술을 마시고 싶은 욕구가 남아 있다면, 자유를 찾는 건 쉽지 않아 보인다.

술은 중독성이 있다. 당신이 술에 대한 사실을 다 알았는데도 계속 술을 마시고 싶어 한다면 당신이 술을 완전하게 통제하고 있는 게 아니라는 의미로 해석된다. 술을 통제하는 것과 통제하는 것처럼 보이는 것은 완전히 다르다. 자신이 진짜 술을 통제하고 있는지 점검하기 위해 다음의 사항들을 관찰해 보자.

- 술의 장점과 단점 모두에 대해 편안하게 대화하는가?
- 술을 마셔야 하는 이유를 유독 거창하게 설명하는가?
- 평소에 생각 없이 습관적으로 술을 마시는가?
- 함께 술을 마시지 않는다고 주변에서 불편해하는가?
- 묻지도 않았는데 자신의 음주를 정당화하려고 노력하는가?
- 술을 마실 수 없을 때, 즐거운 시간을 보낼 수 없는 것처럼 불편해 보이는가?

다시 한번 여유를 갖자. 주변에는 자신이 술을 통제하지 못한다는 것을 알지 못하는 사람들이 너무 많다. 그런데 어느 누구도 자기통제력에 대해 의심받는 것을 싫어한다. 하지만 당신은 지금까지 읽은 모든 것이 사실임을 알기에, 그리고 더 이상 악순환(오직 하향으로만 진행되는 순환)에 휘말리지 않을 것이므로 여유롭게 미소를 지으며 고개를 끄덕이면 된다.

최근 스키 휴가를 간 적이 있다. 내가 달콤하고 맛있는 크랜베리 라임 소다를 즐기는 동안 모든 사람은 둘러앉아 술을 마셨다. 친구들은 플라스틱 병이 어떻게 음용수에 녹아 인간을 오염시킬 수 있는지에 대해 이야기했다. 즉, 세상에 이미 알려진 독을 대량으로 마시면서 플라스틱이 음용수에 녹을 가능성에 대해 추측하고 있었다. 우리가 이런 연구에 대해서까지도 관심을 갖고 오염물질을 이해하고 있는데 술은 전혀 의식하지 못하고 계속 마신다는 게 너무도 놀라울 뿐이다.

술을 조절해서 조금만 마시겠다는 말은 위험한 게임이다. 비행기에서 밖으로 조금만 뛰어내리고 싶다거나 처녀성을 약간만 잃고 싶다는 말과 같다. 술을 마시는 사람들은 술과 관련 있는 자신의 삶을 숨기며, 그 결과로 자신도 속는다. '바닥치기'를 경험한 사람들은 자신의 그 경험을 겉으로 드러내지 않는다. 자신의 위험을 인지하는 수백만의 사람 중에서 외부의 낙인을 견딜 수 있는 사람만이 도움을 요청한다. 그렇지 못한 사람은 자신들이 정말로 문제가 있는지 궁금해하면서 수년을 걱정하며 보낸다.

지금 끝내자

이 책 『벌거벗은 마음』의 목표는 술이 사람들을 완전히 지배하여 삶을 스스로 수습할 수 없는 단계에 이르기 전에 그들을 돕는 것이다. 알코올중독으로 너무 깊이 빠져들어 두뇌가 영원히 변하기 전에 자유를 얻었으면 하는 바람이다. 술의 노예가 되기 전에 술의 위험성을 알리고, 알코올중독으로 진행하여 삶을 망치기 전에 술을 끊어야 한다고 강조해야 한다.

알코올중독자들은 사회적 낙인을 두려워해 도움 청하기를 계속 미룬다. 그러다 결국 자신과 주변 사람들에게 해를 끼치면서 모든 것을 잃는다. 이때 알코올중독자들을 낙인찍는 건 옳지 않다. 알코올중독자들은 식충식물 속에 붙잡힌 호박벌처럼 중독 물질에 중독된 사람들일 뿐이다. 자신들에게 붙여진 낙인과 불치병이라는 진단 때문에 큰 상처 없이 쉽게 회복될 수 있는 초기 단계에 도움 청하기를 꺼린다.

이제 바꿔야 한다. 알코올중독이라는 낙인을 벗어 버리자. 그리고 술과 약물에 관한 한 우리 중 누구도 통제하지 못한다는 것을 인정하자. 이제부터 '술과 약물'로 구분해서 부르지 말고, 술이 곧 약물이라는 것을 인정하자.[238] 술은 지구상에서 가장 위험한 약물이다. 중독이 되면 약물의 해로움을 무시하고 스스로가 약물을 통제하고 있다고 믿는다. 모든 알코올중독자들도 한 잔부터 마시기 시작했다. 자신이 술을 통제한다고 믿는 음주자와 통제 불가능한 중독자의 차이점은 알코올중독이 어느 단계까지 진행되었는가 하는 것뿐이다. 몸과 상황, 지갑이 그들이 마시는 양을 얼마나 감당할 수 있는지에 따라 구분될 뿐이다. 술을 마시게 되면 절대로 술을 통제할 수 없다. 이전에도 통제하지 못했고, 만약 다시 술을 마시기로 결정한다면 앞으로는 자신의 통제를 포기하게 될 것이다.

술을 절제하는 듯한 사람들을 부러워할 필요가 없다. 술이 즐거운 행사를 더 즐겁게 만드는 것처럼 보이지만 전혀 관계가 없다. 나는 술을 마시지 않는 사람으로서 내가 예전에 술을 마시곤 했던 행사에서 느꼈던 것보다 지금이 훨씬 더 즐겁다. 난 지금 자유롭다. 모든 사람이 나의 재치에 즐거워하며 나 또한 훨씬 더 많이 웃는다. 감각을 마비시키면서 술을 마셨던 그 어떤 때보다 훨씬 더 재미있고 현명하게 대처한다. 물론 지금도 여전히 힘든 날들이 있다. 하지만 예전처럼 술을 마시면서 자신을 위로한다면 끔찍하다.

내 친구 메리는 "내가 정리해 봤는데, 어떤 상황이 재미없다는 것과 술이 부족하다는 건 전혀 관계가 없다는 거야."라고 말한다. 우울증이나 불안으로 고통스럽다면 술을 마시는 것으로 자신을 치료하는 것은 상황을 더 악화시킬 뿐이다. 내 경험상 지금 바로 전문가의 도움을 받아야 한다.

플라세보 효과

"사람은 자신이 믿는 대로 된다."
– 안톤 체호프(Anton Chekhov)

플라세보 효과는 두뇌의 놀라운 힘을 보여 준다. 사전적으로 플라세보 효과(placebo effect)란 '위약 효과'라고도 하며, 환자에게 약효가 전혀 없는 거짓 약을 진짜 약이라고 인식시키고 복용하게 했을 때 환자의 병세가 호전되는 효과를 말한다. '플라세보'란 말은 '마음에 들도록 한다'라는 뜻의 라틴어로, 가짜 약을 의미한다. 따라서 플라세보 효과는 환자의 병을 치료해 줄 것으로 믿는 물질을 투여했을 때 발생한다. 그 물질에 실제 치료 성분이 포함되어 있지 않지만 환자는 여전히 예상되는 치료나 결과를 경험한다. 『사이언스 중개 의학(Science Translational Medicine)』지에 실린 슬라벤카 캄-핸슨(Slavenka Kam-Hansen)의 연구에 따르면, 일부 약물의 경우는 병세가 호전되는 효과의 절반 이상이 플라세보 효과 때문이다. 즉, 사람들이 약을 복용하면서 나아지는 이유는 약물의 어떤 성분 때문이 아니라 믿음의 엄청난 힘 때문이다.

파리에서 혼자 식사를 하고 있는데 옆 테이블에 사람들이 와서 앉았다. 모두 사무실에서 보낸 긴 하루를 끝낸 지친 모습이었다. 대화도 별로 없었다. 그러나 와인이 테이블에 놓이자 그들은 즉시 행복해졌다. 와인에 대해 신나게 웃으며 이야기하기 시작했다. 누군가는 이 와인이 그가 가장 좋아하는 종류는 아니지만 그래도 "이 정도면 제 역할은 하지."라는 프랑스 속담을 말했다. 그런데 그들의 테이블에 술이 놓이자마자 활기찬 분위기가 시작되었던 것 같다. 모두 피곤한 분위기였고 아직 술을 마시지도 않았는데 바로 쾌활하게 킬킬거리는 모습들로 바뀌었다. 즉, 술을 마시기도 전에 분위기가 활기차게 변했다는 사실은 사람들이 와인을 마셔서 행복해진 게 아니라는 확실한 증거이다. 즉, 플라세보 효과인 게 분명하다. 분위기를 바꾼 것은 와인의 약속이었다. 만약 누군가가 그 와인 병을 도로 가져갔다면, 사무실에서 보낸 긴 하루의 고통이 되돌아왔을 것이다.

술이 뇌에 직접적으로 영향을 미치기 전에 중독은 대부분 정신적으로 작용한다는 것을 알 수 있다. 술을 곧 마실 수 있다는 안도감이 밀려오면서 아무도 술을 마시지 않았지만 분위기가 바뀐 것이다. 다음 날에 있을 미팅 때문에 그들을 오랫동안 지켜보지는 못했지만 아마도 모두가 술에 취했을 것이다. 즉, 이런 패턴이 가능하다. 와인이 나오고, 분위기도 달라지면서 지적인 대화가 오가고, 생기가 넘친다. 빠르게 두세 잔을 마시면 아무리 지적인 사람이라도 대화가 점점 둔해진다. 와인은 원래 해야 할 일을 정확히 한 것이다. 바로 뇌 기능을 둔화시키고 감각을 무디게 했다.

따분한 사람이 술을 마신다고 재미있어지지 않는다. 그러나 똑똑하고 매력적인 사람이 술을 마시면 멍청하고 지루해진다. 술의 진정한 본질은 인간의 두뇌 기능을 둔화시키고 재치와 감각을 둔하게 만드는 것이다. 무감각해진 사람은 재미를 못 느낀다. 일부 감각만으로 삶을 경험하는 단조로움 때문에 더 지루해진다. 독에 지배당하는 것은 재미가 없다.

와인이 도착했을 때에 내 옆 자리에 앉아 있던 사람들이 보여준 안도감을 기억해 보자. 갈망이 곧 진정될 것이라는 안도감이었다. 술을 마시지 않는 사람이 된다는 것의 아름다움은 갈망으로부터 벗어난 안도의 장소, 오히려 자유의 장소에 살고 있다는 것이다. 나는 그 고통스럽고 불안한 갈망을 다시는 견뎌 낼 필요가 없다. 금단 증상 역시 경험하지 않는다. 즐겁게 웃을 준비가 되어 있고, 무엇이든 즐길 준비가 되어 있다. 저녁 시간을 즐기기 위해 술 가게에 들를 필요가 없다는 사실이 좋다. 그리고 사람들이 힘든 날에 허덕이는 동안 힘든 날들은 점점 줄고 대처하기도 쉬워지고 있다. 술에 취해서 하루를 보내고 그다음 날을 숙취로 보내게 되는 불쾌한 날을 더 이상 만들지 않는다. 이제 당신도 내가 경험한 것과 똑같은 자유를 찾을 때가 됐다.

21장

벌거벗은 마음

"아는 것이 힘이다."

― 프랜시스 베이컨(Francis Bacon)

이제 거의 다 왔다. 당신이 읽은 모든 단어와 심사숙고한 모든 아이디어를 갖고서 평생 동안 만들어 온 무의식적 마음의 조건화를 처음으로 되돌리고 있는 중이다. 술에 대해 관찰한 것, 경험한 것, 가정한 것을 검토하면서 기본적인 것을 깊게 파헤치기 위해 '경계에서 생각하기'를 활용하였다. 천천히 그러면서 확실하게 처음의 자신, 술을 마셔 본 적이 없었던, 술에 중독된 적이 없었던 자신을 되찾고 있다.

처음보다 훨씬 유리해졌다. 알코올중독을 경험해 봤고, 술이 얼마나 비열하고 음흉한지를 안다. 술의 폐해를 직접 보았기 때문에 술을 마시지 않는 사람이 전혀 알지 못하는 관점도 가지고 있다.

술의 덫에서 벗어난 사람은 낙인이 아닌 훈장을 받을 자격이 있다. 전보다 더욱 강하다. 이제 술의 참혹함에 맞서는 경험적인 보호 갑옷의 방패를 가지고 있다. 일어서서 싸울 수 있을 만큼 힘이 강해졌다. 이 책『벌거벗은 마음』의 사명은 이 사회가 술을 바라보는 시각을 바꾸고, 진실을 밝히며, 가야 할 방향을 바꿀 수 있는 방법을 제공하는 것이다.

내가 이 글을 쓰는 동안 여러 번 눈물을 흘렸다. 왜인지 알 것이다. 중독의 가장 파괴적인 부분은 자신을 존중하고 보살피는 능력을 훔쳐 간다는 것이다. 모든 마약 중독에서는 가장 만연해 있는 모습이다. 자아존중감이 없으면 다른 모든 것도 무너진다. 사랑하는 사람들과 자신을 아무렇지 않게 파괴한다. 자신도 모르게 아이들에게 고통스러운 미래를 남긴다. 최근 연구에 따르면, 어려서 술을 조금이라도 마신 아이들은 성인이 되었을 때 술을 쉽게 남용하게 되고, 알코올중독 부모 밑에서 자란 아이들은 성년이 되어서 술 문제가 있을 가능성이 4배 더 높다.[239] 학교는 아이들에게 술에 대한 경고 메시지를 교육한다. 하지만 아이들은 집에서 항상 볼 수 있는 와인 병으로부터 더욱 강력한 메시지를 듣고 있다.

술은 사회의 가장 위험한 중독이다. 술로 인한 사망자 수는 처방 약물과 불법 약물 과용으로 인한 사망한 수의 4배이다.[240] 그리고 그 비율은 점점 더 높아지고 있다. 술로 인한 사망은 매년 증가하고 있으며, 현재 15~59세의 남성 사망률 세계 1위로, 에이즈를 능가하고 있다.[241] 지구상의 어떤 약물보다 술에 중독되어 있다.

그런데 술을 마시지 않으려 해도 이런 모습을 주변에서 쉽게 낙인찍는다. 난 이런 경험이 자주 있다. 술 마시는 걸 거절하면 심각한 문제로부터 회복 중일 거라는 비판이나 판단이 뒤따라온다. 정말 모욕적이다. 특히 사회적인 낙인을 피하고자 중독을 숨기면서 파괴적인 중독이 통제되지 않은 채 계속 만연하게 된다.

술에 대한 인식을 변화시키지 않으면 끔찍한 상황들은 더 늘어나며, 모든 측면에서 술로 인한 고통이 증가한다. 거금을 들인 술 광고가 가득하고, 호기심에 술을 마시기 시작하는 십 대 청소년들과 폭음하는 대학생들이 계속 증가하고 있다. 술로 인한 사망자도 상당히 많아지고 있는데 학생 자살률이 그 어느 때보다 늘고 있다. 반면에 현 세대가 술을 '삶의 특효약'으로 계속 인정하면서 술을 너무도 많이 마신다.

이 사회에 사는 아이들은 술을 인생의 즐거움을 위한 필수품으로 여긴다. 이제 우리가 정신을 차려야 한다. 술에 대한 사회적 분위기를 바꾸고 술이 무엇인지 폭로해야 한다. 그것이 우리의 책임이다. 일단 눈을 뜨면 명확해진다. 사회 전체가 식충식물에 갇혔고, 아래로 미끄러져 떨어지는 것을 보는데 정말 끔찍하다.

술은 가난, 노숙, 가정폭력, 아동학대, 살인, 강간, 죽음, 파괴의 원인이다. 술은 술꾼뿐만 아니라 주변의 모든 사람에게 고통을 준다. 자기 자신과 이 세대에게 알코올중독이라는 끔찍한 질병이 무엇인지 폭로해야 한다. 그리고 나부터 술을 버리고, 술이 얼마나 끔찍한 질병인지 주변에 알려야 한다. 그러면서 술에 대한 사회적 인식을 바꾸고 이 순환을 멈춰야 한다. 이미 담배에 대한 사회적 인식을 바꾸었다. 그렇다면 술에 대해서도 똑같이 시도해 볼 수 있지 않을까?

이 책 초반부에서 다시는 술을 마시지 않겠다고 생각하면 불안과 공포가 꽉 찰 것이라고 가정했다. 하지만 지금은 단주에 대한 불안과 공포가 많이 완화되기 시작해야 한다. 술을 마시지 않아도 된다는 생각은 흥미진진하고 환영할 만하다.

영원히 술을 포기해야 한다는 생각으로 여전히 불안함을 느끼는가? 괜찮다. 음흉한 술의 유혹에서 벗어나 자유롭게 살아가면 반드시 삶이 즐거울 수 있고 또 즐거울 것이기 때문이다. 그때서야 다시는 술을 마실 필요가 없다는 것을 알게 되는 기쁨을 경험하게 된다.

정신적으로 어떤 상태라도 괜찮다. 인생에서 술에 대한 결정을 내릴 때 모든 사실을 고려하는 것이 중요하다. 다시 말지만, 아직까지 술에 대한 애착이 강하고 술 없는 삶을 두려워한다 해도 전혀 걱정하지 않아도 된다.

얼마 동안만이라도 술 없는 생활을 해 보겠다는 다짐을 하는 것이 중요하다. 이런 작은 다짐이 중요한 이유를 두 가지로 정리할 수 있다. 첫째, 한 가지 결정을 내리는 데 드는 노력은 천 가지 결정을 내리는 데 드는 노력과 같다. 한 가지 다짐, 하나의 결정적인 선택과 함께 찾아오는 자유를 스스로 느껴 보기 위해서이다. 둘째, 결정을 내리지 않고서는 자신이 언제 자유로운지 알지 못하기 때문이다. 이 사회, 주변 모두가 조건화로 가득 차 있다. 성 패트릭 데이에 몇 쌍의 부부와 아이들이 함께 식사를 하면서 술을 마셨다. 주변 사람들이 술을 마치 삶의 특효약으로 보고, 사랑하며, 중요하게 여기는 것을 지켜보는 건 너무도 힘들다. 술의 진실을 알고 있기 때문이다. 하지만 술로부터 자유로운 자신을 보면서 감사하는 마음도 가득하다.

이미 술의 진실을 아는데도 친한 친구들 앞에서는 "술을 마실 수도 있고 안 마실 수도 있지."라고 말하는 자신에게 동의할 수 없다고 느낀다. 친구들이 옳다고 생각하기 때문이 아니라 자신이 술에 대해 알고 있는 것을 왜 다른 사람들은 알지 못하는지 이해할 수 없기 때문이다. 사회적 모임에서 술은 즐거운 분위기를 위해 필요하다고 믿는 욕망과 감정을 통제하는 것이 무의식적인 마음임을 기억해야 한다. 친구들이 아무렇지도 않게 술을 마시지만 이 모습은 술에 대해 알고 있는 모든 진실과 정반대된다. 자신에게 소중한 사람들과 다른 의견을 갖고 있다는 것 때문에 힘든 것이다.

인간은 소속되어 있는 것을 좋아한다. 지금 친구들과 함께하고 싶은 욕구 때문에 술을 마시고 싶다는 유혹을 받을 수 있다. 타인과 다름을 인정하는 게 쉽지는 않다. 초등학교 시절, 부모님께 같은 반 친구들이 입은 특정 브랜드 옷을 사 달라고 졸랐던 것을 기억할 것이다. 집단의 일원이 되고 싶고 어울리고 싶은 것은 인간의 본성이다.

술에 대해 다른 의견을 갖는 것은 쉽지 않지만 아주 잘한 판단이다. 당신은 상당히 강하다. 당신이 술을 끊은 것에 대해 주변 사람들이 불편한 감정적 반응을 일으켰다는 것은 술에 중독성이 있다는 증거이다. 내가 달걀을 먹는 것을 중단했을 때, 아무도 감정적으로 불쾌해하거나 우정이 예전처럼 유지될지에 대해 의문을 품지 않았다. 하지만 술에 대한 의견을 예의를 갖추어 전달한다 해도 서로 불편한 감정이 생길 수 있다. 특히 자신에게 술 문제가 있는 것 같다고 걱정하는 친구라면 더 불안해한다. 그러나 친구들은 여전히 술을 정서적·정신적으로 좋아하고 사랑한다. 친구들과의 관계를 위해 술을 마시고 싶은 유혹을 느낀다면 스스로에게 다시 한번 다짐하는 것이 중요하다. 이러한 상황을 벗어나기 쉬워질 것이다.

하지만 항상 쉽게 벗어날 수는 없다 해도 괜찮다. 가치가 있는 것들 중 쉬운 것은 아무것도 없다. 친구들 앞에서 술을 끊고 안 마시는 모습을 보여 줌으로써 술이 얼마나 위험한지 강하게 주장하고 있는 것이다. 친구들과 함께 성 패트릭 데이를 보내는 동안 나는 너무도 많이 웃었다. 술을 마시지도 않았는데 저녁 내내 웃고 즐기는 모습에 친구들은 강한 인상을 느꼈을 것이다. 그리고 얼마 지나지 않아 친구들은 술 없이도 즐거울 수 있는 비밀을 물으면서 자신이 겪고 있는 술과의 어려움에 대한 대화를 시도할지도 모른다.

A.A.를 다니면서 5년 동안 단주하면서 회복 중인 알코올중독자 베스에 대해 다시 한번 이야기해 보자. 베스는 내가 이 책을 쓰고 있다는 것을 알고 절주하는 방법을 가르쳐 줄 수 있는지 물었다. 그래서 나는 베스에게 에탄올을 적당히 마시는 법을 가르쳐 주길 원하느냐고 물었다. 베스는 나를 미쳤다는 듯이 바라보았다. 도대체 왜 베스는 절주를 하고 싶어 했을까? 그게 바로 요점이다. 술이란 사회, 가족, 인간관계 그리고 우리 몸을 파괴하는 지독한 맛의 독약이라는 걸 안다면 술이 마시고 싶을까? 가끔씩이라도?

절주에 대해 연구할 때, 절주관리(moderation management)라고 불리는 접근법에 대한 포럼을 읽은 적이 있다. 참가자들은 일주일에 얼마나 많은 술을 마시는지 온라인으로 보고했다. 일주일의 목표 음주량을 달성하기 위해 자신이 마신 술의 양을 점검했다. 술을 언제 마실지, 얼마나 마실지, 그리고 자신의 음주 목표를 유지할지를 결정하면서 하루하루를 보낸다. 술로부터 자유로워지기보다 술에 더 얽매이게 된 것이다. 절주관리 참여자들의 모습이 호박벌과 비슷했다. 호박벌은 꿀을 마시는 동안 미끄러지지 않으려고 열심히 노력하면서 식충식물로 들어간다. 만약에 한 발이라도 잘못 디디면 꼼짝 못하고 미끄러져 내려가 꿀이 되고 만다.

술을 마시고 싶은 욕구가 전혀 없다면 굳이 한 잔을 마셔 당신의 적에게 다시 힘을 실어 줄 필요가 있을까? 앨런 카는 "일단 술의 진실을 알게 되면 다시는 술을 마실 수 없다는 두려움이 다시는 술을 마실 필요가 없다는 흥분으로 대체된다."라고 말한다. 정말 행복한 경험이다. 건강하고 풍족한 삶이 바로 앞에 놓여 있다. 스스로 자랑스럽고 놀라운 일을 해냈다. 이 놀라운 삶 안의 다양하면서도 멋진 인간 경험을 신나게 즐기고 있다.

나는 너무 오랫동안 술을 마셨기 때문에 인생이 얼마나 아름다울 수 있는지 잊었다. 맑은 기운으로 잠에서 깬다는 것이 무엇인지 잊어버렸다. 술을 마시면서 지쳐 갔다. 매일매일 치명적인 적을 내 안으로 다시 초대하고, 술 괴물에게 더 많은 술을 먹이면서 자신을 파괴하였다. 술 괴물은 항상 갈증을 더 느끼고 결코 만족하지 못한다. 물론 한 잔만 마셔도 갈망이 부분적으로 해소될 수는 있다. 그 한 잔으로 잠시나마 괴물을 잠재울 수도 있다. 하지만 일시적인 위안일 뿐 이미 빈 잔을 확인할 수 있다. 나는 손에 든 술잔을 다 비우기도 전에 다음 술을 생각했던 기억이 뚜렷하다. 모든 중독성 물질은 동일하게 만족할 수 없는 갈증을 일으킨다.

당신이 모델하우스에 도착했다고 상상해 보자. 부동산 중개업자가 구매자들을 위해 집을 보여 주었다. 모두 모델하우스를 둘러보기 시작할 때 사람들에게 갓 구운 쿠키를 제공했고, 당신도 먹는다. 한동안 집을 둘러보다가 집에 뭔가 문제가 있다는 것을 깨닫게 된다. 생각했던 것과 달리 적합하지 않은 것 같았다. 그래서 밖으로 나가기로 결정하고 현관을 찾았지만 길을 잃었다는 것을 알게 된다. 지금 길고 어두운 복도, 으스스한 문들, 계단을 오르내리며 자신이 어디에 있는지, 어떻게 그곳에 왔는지를 더 이상 알 수 없게 된다. 그 집은 무서운 미로로 변했다. 쿠키를 먹으면 아프다는 것을 알지만 지금 유일하게 먹을 수 있는 음식이 쿠키뿐이라 쿠키를 먹어야 한다. 소름 끼치는 경험이다. 여전히 모델하우스를 구경하면서 쿠키를 즐기는 다른 구매자들을 볼 수 있다. 그들은 쿠키가 독이라는 것, 이 집이 치명적인 미로라는 것을 아직 알지 못했다. 그렇다고 집에 갇히지 않거나 쿠키의 독성이 덜하다는 의미가 아니다. 지금 구경하고 있는 집이 위험하다는 것을 이해하든 그렇지 못하든 상관없이 모델하우스의 현실은 무섭다.

술이나 담배와 같은 약물에 대한 비교 위험 평가가 노출 한계(Margin of Exposure: MOE) 접근법을 사용하여 수행되었다. MOE란 섭취량 대비 독성 비율을 의미한다. 10 미만의 MOE는 '고위험'으로 분류되며, 10에서 100 사이의 MOE는 '위험' 범주에 속한다. 코카인, 술, 니코틴, 헤로인이 고위험군(10 미만) 범주에 속하는 마약들이다. 인구를 고려한다면 술만이 고위험 범주에 속하며, 다른 약(MOE가 1만 이상인 대마초는 제외)은 '위험' 범주에 속했다.[242] MOE에 대한 자료는 논쟁의 여지가 없는 사실이다. 이 사회는 술

이 마약과 다르다고 주장하면서 '마약과 술'이라고 술을 분리해서
다룬다.[243]

술꾼들은 술에는 문제가 없고, 술을 마실 수도 있고 안 마실 수
도 있다고 말하는데, 이런 말에 믿음이 간다. 하지만 이런 술꾼들
의 말을 조심해야 한다. 그렇다고 그들을 믿지 말라는 뜻이 아니
다. 술꾼들이 일부러 당신을 속이려는 게 아니며 그들도 이 말을
믿고 있다. 다만 술꾼들이 언제든지 안 마실 수 있다고 이렇게 굳
게 믿는 주요한 이유는 한 번도 술을 끊어 본 적이 없기 때문이다.

만약 "전 껌을 씹지 않고도 하루를 보낼 수 있어요."라고 말한다
면? 껌을 즐겁게 씹기보다 집착하고 있다는 생각이 바로 들지 않
는가? 흡연자들을 떠올려 보자. 하루에 세 갑씩 피우는 사람이 하
루에 한 갑씩 피우는 사람보다 담배를 더 즐기는 것처럼 보인다.
하지만 담배 세 갑을 피우는 사람에게 물어보면 그들은 한 갑만
피웠으면 좋겠다고 말한다. 담배를 적게 피우는 사람을 부러워한
다.[244] 왜 그냥 줄이지 않는 걸까? 담배 피우는 게 즐겁지 않다면 왜
담배를 피우는 것일까? 음주자가 술에 대해 그런 것처럼 흡연자도
담배를 적당히 피우거나 끊으려 할 때 몹시 고통스럽기 때문이다.
줄담배를 피우는 흡연자는 담배를 피워 진짜 즐겁다고 생각하지
않는다. 사실 흡연자들도 담배 피우기를 싫어한다. 하지만 담배
없이 생활할 수 있다고 생각하지도 않는다. 이것은 통제가 부족하
기 때문이 아니다. 바로 중독되어서이다.

자신은 아직 통제할 수 있다는 생각에 적정한 수준으로 다시 술
을 마시면서 계속 절주할 수 있을 것 같다고 느낄지도 모른다. 아
직 술로 인해 뇌가 변형되지 않은 상태라면 당분간 절주는 가능할

것이다. 내 경우에 술이 더 이상 매력적이지 않기 때문에 절주하려고 애쓰고 싶지도 않다. 혹시라도 내가 절주를 해야겠다고 선택했다면 그건 술을 마시고 싶어서라기보다 사람들과 어울리기 위해서일 것이다. 절주 또한 자신을 독살하는 어리석은 이유일 뿐이다. 군중의 일원이 되기 위해 필요하지도 않은 진통제 애드빌을 먹어야 할까? 술은 애드빌보다 훨씬 더 위험하다.

저녁 식사에 와인 한 잔을 즐기려 했을 뿐 와인 한 병을 즐기겠다고 의도한 적은 없다. 단, 이 독으로부터 자신을 보호하기 위해 일종의 면역인 내성이 생긴 결과로 술을 점점 더 많이 마셔야 한다. 언제 술을 더 마셔야겠다고 결정했을까? 전혀 결정한 적이 없다. 와인 늑대는 아주 천천히 다가온다. 그러면서 점점 참을 수 없는 갈증을 일으킨다. 이 갈증을 잠재우기 위해 술을 마시지만 갈증은 더 커진다. 이렇게 매일 자신을 중독시키면 삶은 스트레스를 받게 된다. 그러면서 '한 잔 마셔야겠어'라는 기분이 매일매일 올라온다. 생활에서 받는 스트레스가 많을수록 스트레스를 해소하기 위해 또 술을 마신다. 계속 이렇게 고통이 순환되면서. …… 지금 나는 이 끔찍한 악몽에서 벗어나게 되어 얼마나 감사한지 말로 표현할 수 없다. 다시 술을 마셔 중독이 주는 고통의 순환으로 들어가는 위험을 감수할 가치가 없다.

자신의 음주 경력을 되돌아보자. 술을 너무 마셔 구토한 적이 얼마나 많았나? 숙취는 어땠나? 또한 두통은? 밤새 술에 취해 흐릿하거나 전혀 기억이 나지 않은 날은 얼마나 많았나? 나중에 후회했던 말이나 행동은 없었나? 아마도 친구나 가족에게 쓸데없이 나쁜 말을 했을지도 모른다. 지금까지 정말 운이 좋았다는 걸 알게 되었나? 다시는 이런 경험을 절대로 겪지 않아도 된다니 이 얼마나 기쁜가?

짧은 복습

어쩌면 당신은 이미 '난 더 이상 어리석은 행동을 하지 않아' '숙취로 고생하거나 비참해지지 않아'라면서 자신에게 놀라워하고 있는지 모른다. 다시는 술을 마시지 않아도 된다는 경이로움. 아직 이런 경험을 하지 않았어도 걱정할 것 없다. 술을 끊은 후 몇 주나 몇 달 정도는 몸이 치유되느라 이런 경험을 느끼지 못할 수 있다. 지금까지 내가 한 말들이 모두 진실이라는 것을 깨닫기 위해 술 없는 삶을 살아 봐야 한다. "저는 지금도 술을 마시고 있어요."라고 해도 괜찮다. 술에 대해 가졌던 무의식적인 마음이 이미 변하고 있기 때문에 술 때문에 입었던 상처를 스스로 치유할 수 있게 되면서 술 없는 삶을 더 쉽게 경험할 수 있게 된다. 이제 사회가 지껄이는 거짓말들을 구별할 수 있다. 아직까지도 의심스러운 부분이 있다면 그 의심과 관련된 내용을 다시 읽으면 된다.

당신이 이 책을 읽기 시작한 것은 술이 인생의 문제라는 생각이 들었고 다시 통제력을 되찾고 싶었기 때문이다. 술을 줄이려고 시도해 보았지만 술 마시는 걸 조절하는 것은 사실상 불가능했다. 그리고 앞으로 술을 마시지 않겠다고 생각했을 때 무서웠다. 술에 대한 통제력은 다른 음식을 통제할 때와 그 반응이 달랐다. 다음

예를 생각해 보자.

나는 둘째 아들이 태어난 후 달걀 알레르기가 생겼다. 평소에 달걀을 좋아했고, 처음에는 알레르기를 잊고 방심하면서 달걀을 먹곤 했다. 달걀 알레르기 반응은 정말 잔인했다. 몇 번의 아픔을 반복한 후, 식단에서 달걀을 완전히 빼 버렸다. 달걀을 안 먹는 게 어려운 것도 아니고 감정적일 필요도 없었다. '더 이상 달걀을 먹지 못하는구나' 하면서 평생을 보내지 않는다. 누군가 달걀을 권하지 않는 한 달걀을 먹어야 한다 또는 안 먹는다 하면서 생각해 본 적도 없고, 권한다 해도 바로 사양했다. 달걀이 맛있고 영양가 높은 건 알지만, 못 먹는다고 슬프지는 않다. 앞으로 달걀을 절대로 먹지 않으면 되니까, 알레르기로 고통스럽지 않다. 의사가 알레르기로 진단한 이후, 지금까지의 생활 방식이 변해야 한다는 것을 알았지만 전혀 두렵지 않았고, 어떠한 감정적인 의존도 없었다. 대신 고통스러운 알레르기 반응의 근원을 마침내 알게 된 것에 감사했다.

술과 달걀에 대한 두 가지 경험을 비교해 보니 무언가 다른가? 다른 음식처럼 술을 조절할 수 있다고 믿는다는 것은 자신을 속이고 있다는 것과 같다. 술은 '다른 음식'이 아니라 중독성 있는 약물이다. 그런데도 자신은 술에 의존하고 있지 않으며 언제라도 안 마실 수 있다고 말한다. 바로 의식과 무의식 사이의 괴리 때문이다. 누구나 자신에게 술 문제가 있다는 것을 알게 되면 의식적으로 술을 덜 마시고 싶어 한다. 그러나 습관적으로 술을 마시는 관습적인 의사결정 과정은 의식적인 마음에서 일어나는 게 아니다. 증거가 있다. 런던 대학교 신경정신과 교수 크리스 퍼스(Chris Firth)는 뇌의 무의식적인 부분이 보상을 저울질하고 결정을 내리고 난 이후 의식적인 영역과 상호작용을 하는 '상향식' 의사결정 과정이 있음을 주장하였다.[245] 무의식적인 마음은 욕망과 감정을 조절하며, 수년간의 환경적인 조건화를 통해서 형성된 기존 프로그램에 기반하여 운영된다.[246] 시간이 지나면서 형성되고 강화된 당신의 신념, 습관, 행동들은 모두 무의식적인 마음속에 있다.[247]

의식적으로 술을 적게 마시기로 결정한 것과 무의식적으로 술을 마시고 싶다고 느끼는 것 사이의 괴리가 심적 고통을 일으킨다. 내적 분열, 즉 인지적 부조화는 고뇌와 슬픔을 낳는다. 특히 의식에 복종하여 술을 마시지 않을 때 박탈감을 느낀다. 아니면 강한 갈망에 굴복하여 술을 마시는 것을 선택한다. 의식적으로 원하지 않는데도 술을 마실 때면, 왜 술에 대한 통제력을 잃었는지 전혀 이해할 수가 없다. 자신은 나약하며, 결정이나 다짐을 끝까지 지킬 수 없다고 느낀다.

당신은 술을 마셨고, 몸이 술에 면역되었으며, 그래서 술을 더 많이 마셨다. "술 한 잔 어때?"라는 작은 목소리를 듣는 버릇이 생겼고, 마시고 싶으면 언제든지 술을 마셨다. 이것이 당신의 기준선이다. 내성이 증가하기 때문에 이 기준선은 시간이 지남에 따라 높아진다.

내 경우, 술을 끊기 직전에는 하룻밤에 와인 두 병을 마셨다. 절주를 하겠다고 마음을 먹었지만 갈망을 부정하느라 더 많은 시간과 에너지를 썼다. 절주로 더 많은 스트레스를 받았다. 왜냐하면 뇌는 의식과 무의식 사이에서 분리되고, 나의 내면도 분열되었기 때문이다. 곧, 술을 언제 다시 마실 수 있을지 시간을 찾는 데, 그리고 술을 얼마나 더 많이 마실지 선택하는 데 모든 신경이 집중

되었다. 그 당시에 술을 적당히 마시고 있었는지 몰라도 자유와는 거리가 멀었다. 그 어느 때보다도 더 강력하게 술에 지배당했다.

사람들은 일반적으로 술 때문에 삶에 문제가 생기기 시작할 때 술을 줄이기로 결정한다. 술을 마셔야 즐겁고 스트레스가 풀린다고 믿을 때에도 술은 그렇게 중요하지 않았다. 술이 문제로 보이기 전까지는 술에 대해 어떤 것도 생각하지 않는다. 술을 잘 기억할 수 없다. 술 마시는 걸 당연하게 여겼던 것 같다. 술은 단지 생활의 일부였다.

가질 수 없는 것을 원하면서 인생을 보내는 것은 자유가 아니다. 5시를 기다리며 하루를 보내야 한다면 그 하루는 즐겁지 않다. 5시가 되면 기다림은 끝났고, 술이 마법의 총알이라고 믿게 된다. 실제로 술은 갈망을 해소해 준다. 바라는 것이 끝났다.

초반에 술을 줄이겠다는 결심이 강했을 때 술을 덜 마실 수 있을 것 같았다. 그 결과 자신에 대해 더 많은 통제력과 더 나은 감정을 느꼈다. 갑자기 돈이 남게 되고 건강도 좋아졌다. 이러한 긍정적인 변화를 확인하면서 자신이 왜 술을 그만 마셔야 하는지 잊는다. 다이어트를 할 때 음식이 더 끌리는 것처럼 술 마시는 걸 멈추면 술이 더 마시고 싶어진다. 절주는 평생 동안 계속될 알코올 다이어트와 같다. 술을 갈망하는 시간이 길어질수록 술에 대한 환상도 더 커진다.

그리고 의지력은 근육처럼 유한적이고 고갈되는 자원이다. 케이스 웨스턴 리저브 대학교의 박사생 마크 머레이븐(Mark Muraven)은 의지력이 자전거 타기와 같은 일종의 기술인지 궁금했고, 그것을 가진 것 같은 때도 있고 잃어버린 것 같은 때도 있는 이유가 무엇인지 알고 싶었다. 그래서 의지력을 보존할 때 더 효력이 생기고, 혹사할 때 고갈될 수 있다는 것을 증명하는 실험을 했다. 참가자들은 맛보기 실험에 참여한다고 알고 있었고, 테이블 위에 갓 구운 쿠키 한 그릇과 무 한 그릇이 놓여 있었다. 참여자의 반에게는 쿠키를 먹으면 되고 무는 무시하라 했고, 다른 반에게는 무를 먹으면 되고 쿠키를 무시하라 했다. 5분 후에 그들은 쉬워 보이지만 실제로는 해결책이 없는 퍼즐을 받았다. 퍼즐은 해결이 불가능했기 때문에 계속하려면 의지력이 필요했다. 이전에 쿠키를 먹으면 안 된다고 지시를 받아 의지력을 사용했던 참여자들은 의지력 보유량을 전혀 사용하지 않은 참여자들보다 60%나 적은 시간 동안 퍼즐을 풀었다. 더구나 무를 억지로 먹은 참여자와 쿠키를 먹은 참여자의 태도는 극명한 차이를 보였다. 무를 먹은 참여자들은 무례하고 불만스러워했으며 일부는 연구자들에게 쏘아붙이기까지 했다.[248]

매일 같이 자신의 의지력을 사용하여 술을 피하면서 피곤해하는 것이 스스로를 얼마나 씁쓸하고 불행하게 만들 수 있는지 쉽게 알 수 있다. 의지력이 고갈되면 마지막에는 술을 마시게 된다. 술은 거짓 안도감을 제공할 뿐이다. 억지로 참으면서 단주를 했기 때문에 술 한 잔이 주는 안도감의 '희열'은 상당히 크다. 술 한 잔을 마시자마자 후회하게 되지만, 다음 한 잔을 마셔서 이 후회를 해결한다. 술에 더 많이 의존할수록 술 없이는 인생을 즐길 수도, 스트레스를 극복할 수도 없다고 스스로 더욱더 확신하게 되고, 더 빠르게 술에 빠진다. 계속해서 성취감은 줄어든다. 육체적 의존이 생기고 강화되면서 뇌의 중격핵(nucleus accumbens)은 더 이상 즐기던 활동으로부터 즐거움이나 자극을 받지 않는다. 우울증이 생기는 과정과 상당히 유사하다. 다음을 기억해야 한다. '술은 신체적으로 당신의 뇌를 변화시켜서 정상적인 것들을 즐기는 능력을 제거해 버린다.'[249]

술 문제는 의지력 때문이 아니었다. 그렇다면? 정답은 간단하다. 술이 모든 문제의 주범이다. 일단 평생 길러진 무의식적인 조건화를 뒤바꿔야 한다. 그러면 욕망과 감정을 책임지는 무의식적인 마음이 더 이상 술을 원하지 않게 된다. 이제 술을 마시거나 안 마시는 결정은 완전히 의식의 몫이다. 지금까지 술에 대해 이성적인 결정을 내리려고 부단히 애를 썼다. 하지만 무의식적인 마음이 술에 대한 거짓을 믿도록 조건화되었고, 술의 중독성이 신체적으로 영향을 미쳤기 때문에 이성적으로 결정하는 게 힘들었던 것이다. 이제부터 술의 진짜 모습을 보면서 의식적으로 결정하면 된다. 술이 진짜 무엇인지 스스로 알아 가려 노력하면서 경이로운 몸에 절대로 술을 붓지 않겠다고 자신감 있게 결정하면 된다. 이제부터 술의 정체를 정확히 알기 위해 의식적이고 지속적으로 노력하면 된다. 술의 정체가 지금은 명확해 보여도 이후에 흔들릴 수 있다. 왜냐하면 우리 사회는 술에 대해 변한 것이 없기 때문이다. 언론이나 주변 친구, 심지어 가족까지도 술이 지닌 이점을 이용해 당신의 무의식적인 마음을 계속해서 공격한다. 그 결과, 당신의 무의식적인 마음은 모든 종류의 조건화에 계속해서 민감해질 수밖에 없다. 해결책은 딱 한 가지! 주변의 공격을 알아차리고 이를 퇴치하기 위하여 의도적이고 의식적인 노력을 이어 가는 것이다. 자기 내면에 조건화 반응이 일어나고 있다는 것을 알아차리면서 그 원치 않는 조건화와 싸우면 된다. 술 한 잔에 대한 욕망이 엄습할 때 즉각적으로 자신이 조건화되고 있음을 알아차려야 한다. 그러고 나면 술에 대한 욕망이 어디에서 온 건지 의식적으로 의문을 품을 수 있다. 그 욕망을 조사해 보고, 그 욕망이 술 마시려는 확실하고 이성적인 이유인지 또는 자신도 모르게 거짓 진실이 다시 스며들도록 허용한 것 때문인지를 구별해야 한다. 자신에게 무슨 일이 일어나고 있는지 명확히 알아차리는 한 조건화는 쉽게 무효가 되고, 시간이 지남에 따라 그 조건화에 대항할 수 있는 단단한 갑옷이 완성된다. 지금쯤이면 사회적 조건화에 저항할 힘이 생겼을 것이다. 스스로 사회적 조건화를 알아차리고 지금까지 함께 이야기한 술의 진실을 기억하여 이 조건화를 뒤집기 위한 즉각적인 조치를 취하면 된다.

지금까지 함께 이야기하면서 얻은 새로운 관점을 쉽게 익히는 건 불가능하다. 지금은 착시 현상처럼 혼란스러울 수 있다. 하지만 새롭게 보기 시작하면 이전으로 돌아가기는 어렵다. 술이 나를 점진적으로 독살하고 자신감과 건강을 빼앗아 간다는 걸 알지 못한 채 술 마시는 것이 좋은 일이라는 거짓말을 믿었던 적이 있다. 지금은 많은 근거와 경험으로부터 술이 중독성 있는 독이라는 것을 믿는다. 영원한 자유를 원한다면 반드시 지켜야 할 단 한 가지, 술을 끊는 것뿐이다.

중독의 과학과 술이 몸과 뇌에 어떤 작용을 하는지에 대한 교육을 받고 나자 술을 끊는 것이 한결 쉬웠다. 그리고 하루하루 지나면서 단주를 선택한 결정에 대해 더욱 확신이 들었고, 다른 사람들의 어려움을 볼 수 있게 되면서 내 삶이 얼마나 자유로운지에 대해 감사한 마음이 가득해졌다.

대다수의 사람, 특히 친구들과 다르다는 것은 불편하다. 하지만 자신이 옳다고 알고 있는 것을 따르는 것이 더 행복하다. 그 결과, 자기혐오와 자존감 부족은 자신감으로 바뀌었다. 잠자리에 들 때 그리고 아침에 일어날 때 만나는 내 모습이 좋다. 중독이 내 생각을 지배하지 않는 지금, 내 마음은 더 많은 시간과 공간을 가지고 있다. 가족과 함께 보내고, 나 자신을 돌보고, 내 경력을 발전시키고, 이 책을 쓰고, 다른 사람들을 어떻게 도울 것인가에 대해 생각하는 시간. 술 때문에 위험해진 사람들을 깨우기 위해 어떻게 하면 이 사회에 혁명을 시작할 것인가에 대해 생각해 볼 시간이다.

맑은 정신으로 사는 게 처음에는 이상했다. 술을 마실 때 나의 밤은 망각 속으로 사라져 버렸는데, 지금은 잠에서 깨는 순간부터 잠자리에 드는 순간까지 완전히 맑은 정신으로 지낸다. 정말 엄청난 선물이다. 저녁이면 밀려오는 피곤함에 언제 잠을 잘까 결정하게 된다. 모든 기억은 뚜렷하고 어떤 후회도 없다. 아무것도 숨길 필요가 없는 삶, 자신에게 솔직해질 수 있는 삶을 산다는 것은 최고이다.

다수에 대항하는 것, 다수와 다르다는 것은 많은 용기가 필요하다. 아직도 술을 마시면서 자신을 증오하고 있다면 절대로 가질 수 없는 용기이다. 더 이상 내가 싫어하는 것에 지배받지 않는다. 수치심과 비참함을 벗어날 때 진정한 기쁨을 얻는다. 내가 앞으로 도전해야 할 일들이 있다. 단주에 대한 낙인(sober stigma)을 깨는 일 그리고 술에 대한 집단적 사고로부터 벗어나 살기로 선택한 사람들의 수치심을 제거하는 데 도움을 주는 일이다.

22장

행복하고 쉽게 술을 줄이는 비밀

"변화를 향한 첫걸음은 알아차리기이다. 두 번째 단계는 인정하기이다."

– 내서니얼 브랜든(Nathaniel Branden)

　특별한 주의: 혹시 책의 나머지 부분보다 이 장을 먼저 읽고 싶다면 절대로 도움이 되지 않는다고 강조하고 싶다. 이 장의 내용은 상당히 매력적이다. 그리고 내 열망과 함께해 주어 기쁘다. 그러나 당신이 찾는 해답은 목적지가 아닌 여정에 있다. 책의 나머지 부분을 읽지 않았거나 이해하지 못했다면, 변화 속도가 느린 무의식이 의식적인 마음을 따라잡지 못할 것이다. 여전히 무의식적으로 술이 자신의 친구라고 믿을 수 있다. 술을 마시고 싶어 하는 마음과 마시고 싶지 않은 마음의 분열이 내부에 공존할 때 이 장을 먼저 읽게 되면 술 문제가 더 악화될 수 있다.

315

우리는 많은 내용을 함께 다루었고, 당신은 이제 새로운 이해와 변화를 받아들일 준비가 되었다. 축하한다! 지금쯤이면 술을 전혀 마시지 않을 때 가장 행복하다는 것을 확실히 받아들였다고 본다. 이때 술을 덜 마신다는 것은 훨씬 덜 마신다는 뜻으로, 사실상 전혀 마시지 않는다는 의미이다. 술을 완전히 끊는다고 생각하니 갑자기 불안해질지 모른다. 지금 이런 걱정을 느낀다 해도 괜찮다. 이 책에서 읽은 진실을 마음속 깊이 깨달을 수 있으려면 술 없는 인생이 얼마나 기쁜지 경험할 필요가 있다. 전혀 문제가 되지 않는다. 모든 게 새로울 뿐이다. 그래서 무엇을 기대해야 할지 모를 수 있다. 자신이 지킬 수 있을지 확신도 서지 않아 약속하고 싶지 않은 것이다.

앞서 함께 이야기한 모든 이유 때문에 절주하는 데 몹시 지쳐 있을 것이다. 일단 중독이 되면 중간은 없다. 술 때문에 뇌가 물리적으로나 화학적으로 변화하고 있기 때문에 절주하는 것은 거의 불가능하다. 아직까지 뇌가 화학적으로 변하지 않았더라도 언제든지 변화할 수 있다. 아무리 술을 적게 마시더라도 몸속에 술이 축적되고 뇌에 중독 회로가 만들어진다. 사실 뇌는 술을 쉽게 잊지 않는다. 도파민이 학습 분자로 작용하기 때문에 뇌는 술을 갈망하는 것을 배웠다. 만약 술을 끊는다면 이 갈망은 사라진다. 하지만 다시 술을 마시면 뇌는 술을 즉시 기억한다. 조건화된 반응은 평생 유지된다.[250]

그렇기 때문에 한 잔의 술만으로도 중독의 고통스러운 순환을 다시 시작할 수 있다. 술 한 잔의 즐거움을 선택한 결과, 가장 낮은 밑바닥으로 직행하게 된다. 모든 중독의 순환을 끊는 방법은 자신이 얼마나 강한지 기억하는 것이다. 자유를 선택할 만큼 강해지기 위해서는 실패할 때마다 자신을 용서해야 한다. 개인적인 여정이 아무리 오래 걸리더라도 자신에 대한 용서와 온화함은 자유를 찾는 데 필수적이고 중요하다.

무조건 단주를 하겠다고 결정하는 것이 상당히 중요하다. 일단 결정을 하면 술을 매혹적인 유혹이 아닌 악랄한 반역자로 보게 된다. 딱 한 번의 결정, 단주를 하겠다는 중요한 선택 한 가지면 알코올중독자로 평생 겪는 모든 사소한 선택으로부터 해방된다. 술에 대한 진실을 알기 위해 딱 한 번 그리고 영원한 결정을 내리는 것은 자유를 의미하며 매일 이루어지는 일상적인 결정보다 정신적으로 훨씬 더 쉽다. 왜냐하면 단 한 번의 선택은 의식적인 지식으로 이루어질 수 있는 반면, 일상적인 결정은 끊임없는 의지력에 의존하기 때문이다.

단주를 결심하는 한 번의 선택은 헤어짐으로 볼 수도 있지만 그보다 더 나은 더 건강한 새 삶과의 결혼으로 볼 수도 있다. 일단 당신이 결혼하고 나면, 더 이상 비행기에서 그 잘생긴 남자와 시시덕거리지 않을 것이라고 매일 결정할 필요가 없다. 단 한 번의 결정은 이미 내려졌다. 당신은 결혼을 했다. 처음에는 누군가가 추근거릴 때 의식적으로 남편을 생각하고 남편이 있다는 게 얼마나 행운인지를 생각하는 연습이 필요하다. 마찬가지로 아름다운 술집에 진열된 병 속의 호박색의 죽음을 연상시키는 것도 연습이 필요하다. 무의식적인 마음을 보호하기 위해 의식적으로 노력할 필요가 있다.

일단 굳게 약속하면 다른 결정은 없다. 그 잘생긴 남자가 당신을 보고 웃을 때, 배우자에게 충실하기 위한 의지력은 더 이상 필요 없다. 그저 좋든 나쁘든 간에 결혼했다는 것만 기억하면 된다. 술집에서 아름다운 술잔이 매우 유혹적이지만 지금이 그 한 잔의 술을 마실 때인지 의심할 필요가 없다. 단지 자신의 결정을 기억하고 자신이 알고 있는 진실을 기억하면 된다. 모든 두뇌로 이루어진 단 하나의 강력한 선택은 억지로 참아야 하는 의지력으로부터 해방시킨다. 만약에 단주가 아니더라도 한 번에 한 잔씩만 마시기로 결정하면 이 한 번의 결정만으로도 수백 가지 결정으로부터 해방된다.

그리고 잊지 말라. 만약 자신의 결정에 항복하고 한 잔이라도 마신다면 당신의 적, 중독은 즉시 다시 들어온다. 뇌는 술 그 자체를 바로 인식하며, 알코올중독에서 벗어났던 그 시점에서 정확하게 술을 시작하게 된다. 알코올중독으로의 길은 여전히 그곳에 남아 있다. 알코올중독이 굶주리고 쇠약해지면 자신이 알코올중독이었음을 잊는다. 그러나 일단 술을 마시면 알코올중독은 강해진다. 왜일까? 뇌가 알코올중독을 기억하고 있기 때문이다. 중독이라는 적수는 신체적으로 의존한다. 비합리적인 갈망과 설명할 수 없는 행동들. 술을 다시 마시게 되면 술에 대한 갈망이 당신의 무기고 안에 있는 그 어떤 것보다 더 강해지고, 당신도 갈망에 쉽게 넘어가 버린다. 욕망(wanting)은 즐기는 것(enjoying)이 아니라는 것을 기억하라.

중독이라는 적수는 알코올중독자의 부족한 부분을 공격한다. 물론 적수는 공격할 대상자의 뇌가 어떤지에 따라 다른 속도로 움직인다. 그리고 대상자마다 신체적 반응도 다르다. 그러나 포인트는 이미 정해져 있다. 술을 마시지 않으면 술에 중독될 수 없다는 것이다.[251] 그리고 어떤 사람이든 술을 계속 마시면 중독이 된다. 그 누구도 안전하지 않다. 모든 사람은 조심해서 술을 마셔야 한다.

적당하게 술을 마신다고 해도 시간이 지남에 따라 주량은 감소하기보다 증가할 가능성이 높다는 것을 반드시 알아야 한다. 몇 가지 예외는 있다. 내 친구 토드(Todd)에 대해 이야기해 보자. 토드는 극도로 조심하면서 술을 마시는데, 금요일과 토요일에 맥주 한 잔씩만 마신다. 그는 술을 한 잔 이상 마시지 않으며, 다른 날에는 전혀 마시지 않는다. 토드는 술에 대한 규칙을 엄격하게 지켰고, 절대로 중독이 되지 않았다. 아마도 토드처럼 확고한 자제력을 유지한다면 신체적 의존 없이 일생을 보낼 수 있을 것이다. 그렇지만 토드의 몸은 맥주 한 잔에 대해 내성이 쌓인 상태이고, 그 한 잔만으로 전혀 만족스럽지 않을 수 있다.

토드 정도의 자제력을 갖는 것은 대단한 일이지만 대다수는 토드 같지 않다. 절주를 선택한 토드의 노력은 그가 믿는 종교 및 토요일과 일요일에만 맥주를 한 잔씩 마시겠다는 약속에 대한 헌신의 결과물이다. 그런데 토드가 이렇게 해서라도 술을 마시는 이유는 무엇일까? 시간이 지남에 따라 한 잔의 맥주는 토드에게 어떤 영향도 주지 않는데 왜 맥주를 마시는 걸까? 내 생각에 이런 행동은 일주일에 두 번 담배를 피우는 것과 같다. 아마도 자기 관대함에 대한 플라세보 효과인 것 같다. 하지만 개인적으로 토드의 행동이 이해되지 않는다. 게다가 토드가 정말 맥주 마시는 걸 원한다면 분명 한 잔 이상의 맥주를 마시고 싶을 것이다. 매주 금요일과 토요일 밤 토드가 맥주 한 잔을 비우고 나면 슬픔 같은 것을 느낄지도 모른다. "아, 이거면 됐어. 다음 주에 또 한 번 즐길 거야."라고 하면서 말이다.

그렇다면 토드는 일주일에 맥주 두 잔을 영원히 유지할 수 있을까? 토드는 일주일에 딱 맥주 두 잔만 즐겨 마신다. 그런데 토드의 인생에 어떤 변화가 생긴다면? 토드 또한 이 탐스러운 음료를 자가치료에 사용하지 않을 수 있을까? 설사 토드가 영원히 맥주 두 잔만을 마신다 해도 주말에 마실 맥주를 기대하며 한 주를 보내는 집착이 되지 않을 것이라고 누가 장담할 수 있을까? 신체적 의존 없이 술을 마시는 시점에서 신체적으로 의존하는 시점으로 미끄러질 때를 아무도 예측할 수 없다. 알코올중독자도 처음에는 몇 잔의 술만을 마셨다. 또한 정상 음주자들처럼 알코올중독이 평생 동안 일어나지 않을 수도 있다. 알코올중독자가 되는 데에는 수백만 가지의 이유가 있기 때문에 절대로 예측이 불가능하다.

자신에게 언제부터 알코올중독이 시작되었는지 깨닫는 것은 중요하다. 또한 아직까지 신체적으로 술에 의존하는 시점이 아니더라도 언제 알코올중독이라는 선을 넘어서게 될지 아무도 모른다는 사실을 받아들이는 것이 중요하다. 이 한 잔의 술을 마실 때마다 신체적인 알코올중독에 한 걸음씩 다가가고 있다는 걸 기억해야 한다.

"멈출 수 있을 때는 멈추기 싫고, 멈추고 싶을 때는 멈출 수 없는……."
– 루크 데이비스(Luke Davies)

알코올중독이라는 적군은 술을 먹이면 강해져 당신을 괴롭힌다. 알코올중독을 집에서 내쫓는다 해도 그것이 밖에서 음모를 꾸미며 기다린다. 코카인이나 헤로인 습관을 절제한다고 상상해 보자. 마음이 자유로워지고 완전한 통제력을 되찾고 싶다면 절제란 통제도 자유도 아니라는 것을 기억해야 한다. 자신을 죽음으로 몰고 가는 것 외에는 아무런 도움도 되지 않는 중독성 약물에 사로잡히고 싶지 않다면, 그 식충식물로부터 멀리 날아가서 치명적인 적군을 굶기고 자유를 만끽하겠다고 약속해야 한다.

그렇다면 비결은 무엇일까? 그것은 간단한데 '알아차리기'와 '인정하기'의 두 가지를 기억하는 것이다.

첫째, 자신이 정서적으로나 신체적으로 술에 의존하게 되었다는 것을 알아차려야 한다. 스스로 깨닫지 못하는 문제는 고칠 수 없기 때문이다. 지금 당신은 '술'이라는 적의 손아귀에 잡혀 있다. 여전히 단주는 어렵고, 사회적 압력에 저항할 수 없으며, 박탈감을 느끼고 있다. 그러나 다시는 술의 노예가 되고 싶지 않다고 마음속으로 결심하면 어떤 우유부단함도 제거된다는 것이 진실이다. 인지 부조화를 끝내면 내적 갈등도 끝난다.

물론 술을 얼마나 많이 그리고 얼마나 오래 마셨는지에 따라 신체적 금단 증상이 나타날 수 있다. 그러나 '알아차리기'와 '인정하기'만으로도 신체적인 금단 증상은 크게 감소한다. 왜냐하면 신체적인 금단 증상이 왜 나타나는지 그리고 그것이 반드시 끝날 것임을 알기 때문이다. 신체적인 금단 증상이 불편할 수도 있지만 이런 불편함을 통해 술의 만행을 기억할 수 있다. 만약 금단 증상이 두렵다면 의학적 치료로 도움을 받을 수 있다. 또는 '나는 전투 중에 있고, 금단 증상들은 내가 이기고 있다는 증거야'라고 생각해볼 수 있다. 지금 치명적인 알코올중독이라는 적군을 죽이고 있다. 싸움에서 약간의 상처를 입을 수 있지만, 일단 적이 죽고 나면 당신은 자유로워진다. 예전에 상상했던 것보다 더 행복하고 더 건강한 삶을 살 수 있다.

당신은 강인하다. 단주하기로 결심하는 순간 이미 승리한 것이다. 이 싸움은 영원히 지속되지는 않는다. 바라건대, 몇 주 이상 싸움이 지속되지는 않는다. 첫 일주일이 지날 때쯤 최악의 시간은 종료될 것이다. 하루하루 시간이 지나면서 점점 편안해진다. 지금 목숨을 걸고 싸우고 있기 때문에 분명히 승리하게 된다. 나는 당신이 반드시 승리한다는 것을 안다. 그리고 당신의 마음속 깊은 곳에서도 그럴 수 있다는 것을 알고 있다.

금단 증상을 이겨 내는 게 생각보다 쉬울 수도 있다. 난 쉬웠다. 왜냐하면 알코올중독을 멈추기 어렵게 만드는 것은 금단 증상이 아닌 정신적인 갈망이기 때문이다. 베트남전쟁에서 많은 미국 군인이 걱정될 만큼 규칙적으로 헤로인을 사용하기 시작했다. 미국 정부는 전쟁이 끝나면 헤로인 중독자들로 가득해질 것이라 확신했고, 미국으로 돌아온 병사들을 조심스럽게 추적했다. 그러나 일단 군인들이 집에 돌아와 가족들과 재회하자 금단 증상이나 재발 없이 쉽게 헤로인을 끊었다. 즉, 중독이 심리적인 어려움과 관련되며 확실하게 마음을 정하면 자유를 되찾을 수 있다는 것을 확인할 수 있었다. 병사들은 집에서 헤로인을 사용하지 않겠다는 마음을 먹었기 때문에 사용하지 않은 것이다.[252] 어쩌면 금단 증상을 전혀 경험하지 않을 수도 있다. 만약 금단 증상을 경험하더라도 최소한으로 살짝 스쳐 지나갈지 모른다. 난치병으로부터 자신을 치료하기 위해 몇 주 정도 아파야 한다면? 누구나 버틸 것이다. 지금 확인할 수 있는 이 모든 증상은 술 때문임을 잊지 말라. 다시는 이런 증상을 느끼지 않아도 된다.

그렇다면 어떤 금단 증상이 나타날까? 금단 증상은 술을 얼마나 오래, 얼마나 많이 마셨느냐에 따라 다르다. 내 경우에는 불안과 집중력 부족에 시달렸다. 밤이면 땀을 흘렸는데, 섭취한 독소를 몸에서 빼내는 것이었다고 생각한다. 어떤 사람들은 그것이 가벼운 독감 같다고 묘사한다. 금단 증상들이 곧 술에 대한 승리라고 보았기 때문에 충분히 버틸 수 있었다. 술 한 잔을 다시 마실 수도 있지만 상황이 더 나아질 게 없다고 믿었다. '내 삶이 영원히 변했어'라는 희열감과 행복감을 느끼면서 알코올중독을 이겨 냈는데, 그 결과 신체적인 불편감도 현저하게 줄었다. 점점 술을 마시고 싶은 욕구가 뇌에서 제거되는 것 같았다. 정말 아찔할 정도로 기뻤다.

> "당신은 지금 과도기이다. …… 질병은 유기체가 외계물로부터
> 스스로를 해방시키는 수단이다. 그러므로 아프게 놔둬야 하고,
> 모든 질병을 앓고 나면 그 질병을 깨부수게 된다. 그것이 회복하는 방법이다.
> – 라이너 마리아 릴케(Rainer Maria Rilke)

술을 끊으면 뒤따라오는 일들이 있다. 즉, 자기수용과 정직의 렌즈를 통해 다른 시각으로 술 마시던 때를 돌아보기 시작한다. 자신이 행동했고 말했던 모든 것, 상처를 준 모든 사람과 마주하는 게 쉽지 않을 것이다. 특히 자신을 용서하는 것은 매우 어려울

수 있다. 대부분의 문제는 그냥 내버려 두거나 필요하다면 상대방에게 사과하면 된다. 하지만 가장 중요한 것은 자신을 용서하는 것이다. 절대로 잊어서는 안 되는 게 있다. 당신이 얼마 전까지 중독의 감옥에 갇힌 적군의 포로였다는 것이다. 자신의 과거를 되돌아보고 중독의 참혹함을 기억할 수는 있지만, 그렇다고 과거의 실수를 곱씹느라 밝고 신나는 미래를 낭비할 이유는 없다. 중독이라는 놈은 사려 깊고 정직한 사람을 끌고 가서 가장 끔찍한 짓을 할 때까지 파괴한다. 당신은 중독이 당신의 잘못이 아니었다는 것을 기억해야 한다. 술이 신체적으로 뇌 활동을 변화시켰으며, 결과적으로 당신이 술에 속은 것뿐이다. 이제 당신은 치유되고 있고, 다시 아플 필요가 절대 없다.

그런데 이런 궁금함이 생길 수 있다. 알코올중독자였던 사람이 단주를 시작한 지 몇 달 또는 몇 년이 지났는데도 계속해서 술에 대한 갈망이 있다면? 이것은 약물의 중독성 때문이 아니다. 일반적으로 말하는 갈망은 신체적 갈망이며, 술이 일단 체내에서 완전히 빠져나가면 신체적 중독은 사라진다고 본다. 만성적인 음주자가 알코올중독 상황에서도 술을 계속 마신다면 뇌가 변형되었을 수도 있기 때문에 술이 몸 밖으로 빠져나갈 동안 격리되어야 할지도 모른다. 주변에 알코올재활센터가 전문적인 도움을 줄 수 있으니 반드시 도움을 받도록 한다. 또는 앞서 함께 이야기한 방법으로 신체적인 갈망을 쉽게 극복할 수 있다. 지금 자신이 행복하고 온전하게 되어 가는 중에 있음을 알아도, 자신에게 가치 있는 것을 포기하고 희생을 한다고 느끼면 정신적 갈망이 다시 찾아온다. 다행히 '이건 갈망할 가치가 없네'라고 알아차리면 정신적 갈망은 바로 사라진다. 이쯤이면 술에 대한 갈망은 에탄올 마시기를 갈망하는 정도로 보면 된다.

이 책 『벌거벗은 마음』으로부터 술로 인한 기괴한 행동의 과학적 근거를 확인하고 술이 몸과 마음에 어떻게 작용하는가에 대한 진실을 이해하게 되면, 우리는 더 이상 중독의 희생양이 되지 않을 수 있다. 아마 술의 진실을 완전히 파악하는 데 몇 번의 재발 과정을 겪을 수도 있다. 그렇더라도 우리는 계속 알아차리고, 배우면서 지식을 쌓아야 한다. 영원한 자유를 얻기 위해 반드시 필요하다. 더 이상 한쪽 뇌는 '술을 계속 마시고 싶어요'라고 하고 다른 쪽 되는 '술을 그만 줄이고 싶어요'라고 하는 정신적 분열에 시달리지 않게 된다. 술을 마시지 못해서 불행해질까 봐 두려워하거나 술을 마시면 자신을 해치게 될까 봐 두려워하는 이 두 가지 투쟁 모두에 깔려 있는 두려움을 떨쳐 버리게 된다. 이제 이 투쟁을 끝내려 한다. 술을 마셔 본 적 없던 시절처럼 전혀 고통스럽지 않게 된다.

> "술에 의존하면 할수록 술 없이 행동하거나 즐기는 것이
> 불가능하다는 믿음이 더 커지고, 내면에서 더 빨리 죽어 간다.
> 그 결과 자신의 삶에서 성취가 줄고 그 공백을 메우기 위해 술에 더 많이
> 의존하게 된다. 그래서 나는 술을 끊는 게 그렇게 두려웠던 것이다."
> – 제이슨 베일

둘째, 술에 대한 진실을 인정해야 한다. 술이 당신에게 아무런 도움이 되지 않는다는 것을 인정해 술에 대한 애착을 버리기로 결심해야 한다. 술을 끊는 순간부터 치명적인 적을 죽이고 있는 것이다. 술은 상상하는 것보다 더 많은 것을 훔쳤거나 훔쳐 갈 것이다. 술

은 매년 삶의 240만 시간 이상(미국에서만)을 훔쳐 간다.[253]

당신은 자신의 인생에서 무언가를 포기한 게 아니라 모든 것을 얻고 있는 중임을 알게 되었다. 소중한 친구를 잃는 게 아니라 비열한 적을 죽이고 있는 것이다. 알코올에 대한 진실을 인정하면 쉽게 자유로워질 수 있다. 하지만 무의식적인 조건화를 유지하면서 술을 바람직하게 본다면 어려움은 계속될 것이다. 술을 마시고 싶은 욕구를 갖고서 '이제 술을 그만 마셔야겠다'고 절주를 결정할 때마다 박탈감을 느끼게 된다. 그것도 평생. 왜 자신을 위해 더 쉬운 방법을 택하지 않는가? 왜 마땅히 누려야 할 자유를 스스로 허락하지 않는가? 그동안 당신이 겪었던 모든 고통, 당신이 일으킨 모든 고통은 모두 술 때문이었다. 아직 마음이 헷갈리거나, 걱정되거나, 또는 충분히 준비되지 않았다고 느낄 수 있다. 괜찮다. 두려움을 어느 정도 느끼는 것은 당연하다. 미지의 세계로 나아가고 있기에 걱정스러운 거니까. 그러나 걱정하지 말라. 때로는 남보다 앞서 나아가 도약할 필요가 있고, 술 없는 삶의 기쁨으로 자신의 삶이 얼마나 더 좋아졌는지 보여 줄 필요가 있다. 즐거운 마음으로 여정을 시작하자. 이제 정말 멋진 일을 성취해 낼 시간이 왔다.

지금부터 시작!

행복하고 쉽게 술을 끊을 수 있는 첫 번째 비결은 자유로워지고 싶다고 결정하는 것이다. 이제 당신 자신과 대화를 나누고, 가까운 사람들과 좋은 대화를 나누자. 그리고 이 결정을 함께 고민하고 지속할 수 있도록 도와줄 사람들과 대화를 나누라. 이런 대화를 나눌 시간이 바로 지금이다.

아직도 술이 즐거움이나 안도감을 준다고 믿거나 반드시 술을 끊어야 하는 걸까 하는 의심이 남아 있을 수 있다. 그렇다면 '경계에서 생각하기' 장들을 다시 읽어 보자. 또는 커뮤니티 활동이나 thisnakedmindcommunity.com에 가입하는 걸 제안한다. 술을 마셔야 즐겁다는 믿음은 술에 대한 갈망이 있다는 것과 다르다. 갈망은 신체적인 정상적 반응이고 쉽게 제거된다. 지금 당신은 자신의 전체적인 삶을 바꾸고 있다. 그러니 익숙해지려면 시간이 좀 걸리는 게 당연하다. 며칠 뒤에 또는 몇 달이나 몇 년이 지나서도 술을 마시고 싶은 갈망을 느낄 수 있다. 하지만 이런 갈망은 미미하고 완전히 의식적일 뿐이다. 이 책에서 이해한 내용에 따라 결정을 내리면서 갈망에 이성적으로 접근하면 된다. 술에 대한 진실을 기억하면서 그리고 '나에게는 갈망할 것이 없다'고 인지하면서 올라오는 갈망을 쉽게 다룰 수 있게 된다.

스포츠 경기를 관람하면서 맥주를 마시고 싶다고 믿도록 두뇌가 조건화되었다는 것을 안다면, 이런 조건화를 반드시 바꾸어야 한다. 오랫동안 술을 마셔 왔기 때문에 자신의 조건화를 바꾸는 건 정말 큰 변화이다. 익숙해지려면 시간이 걸린다. 만약에 계속해서 갈망을 느끼거나 술 마시는 게 즐거운 거라고 생각한다면 무의식이 오래된 동일한 그 모든 거짓말을 다시 믿도록 재조건화하기 시작할 것이다. 그러지 말라. 그럴 필요가 없다. 술에 대한 자신의 느낌을 정직하게 바라보고, 그 느낌의 근원을 찾아보자. 예를 들어, 주변의 모든 사람이 술을 마시는 모습에 소외감을 느낄 수 있다. 그럴수록 주변과 어울리기 위해서 독약을 마시는 것이 얼마나 어리석은 일인가를 인정하고, 술에 대한 집단사고와 아무 관련이 없다는 자신의 입장을 굳히라. 용기를 내서 달라지라.

'술에 대한 욕망을 버리자!'를 선택하라. 술의 진정한 모습을 보려고 노력하라. 사회는 술을 아름다운 것으로 감춘다. 술의 위험성을 감추는 모든 유혹적인 사회적 단서들 너머를 분명히 확인하라. 술에 대한 조건화는 불꽃으로 향하는 나방처럼 식충식물 안으로 들어가는 호박벌처럼 우리 모두를 술 안으로 끌어들인다. 그러나 그 아름다움은 착각이다. 당신은 이제 술의 표면 너머를 보면서 거기에 죽음밖에 없다는 것을 알고 있다.

> "술에서 깨어날 때마다 애초에 술을 마시지 않았을 때보다
> 신체적으로, 정신적으로, 정서적으로, 사회적으로,
> 경제적으로 더 나빠져 있었다."
>
> – 제이슨 베일

일단 '난 자유로워지고 싶어'라고 깨달았다면 할 일은 단 한 가지뿐이다. 적에게 치명타를 입히라. 적에게 식량 공급을 중단하라.

술을 그만 마시라

술의 진정한 모습을 정확히 확인하고, 마시고 싶다는 욕구를 없

애어 자신을 중독의 비참함에서 완전히 벗어나게 하라.

마지막 한 잔의 이별주를 마시는 것도 좋은 생각이다. 진정으로 자유롭다는 것을 자신에게 알려 주는 징표가 된다. 마지막 이별주는 평소에 좋아했던, 마시기에 좋은 술을 선택하지 말고 독한 술을 사용하라. 한 잔의 이별주는 새로운 삶을 시작하겠다는 하나의 의식이며 약속이다. 그 이별주의 맛이 얼마나 역겨운지에 집중하라. 그러면서 어떻게 이 독성 액체가 나를 통제하도록 내버려 두었는지 그리고 이런 독성 액체를 마시기 위해 그렇게 많은 돈을 지불한 이유가 무엇인지 의아해하라. (술꾼들은 일생 동안 약 40만 불 정도를 술 마시는 데 소비한다. 그러므로 마지막 한 잔은 결국 복권에 당첨된 것과 같다!)[254]

인생의 마지막 술을 마시기로 결정하든 그렇지 않든 중요하지 않다. 진실로 중요한 것은 '나는 자유롭다'는 것을 **의심 없이** 아는 것이다. 이 아름다운 인생을 자유롭게 즐길 수 있다. 다음에 소개할 조언은 이 새롭고 풍부한 삶을 항해하는 데 도움이 될 것이다.

여정을 위한 조언

"만약 당신이 자신의 인생에서 구름을 제거하길 진정으로
원한다면 그 구름을 큰 구름으로 만들지 말라.
그저 긴장을 풀고 자신의 생각에서 구름을 지우기만 하면 된다."
– 리처드 바크(Richard Bach)

이 책에서는 언론, 친구, 가족, 사회로부터 받은 조건화를 뒤집으면서 의식적인 마음과 무의식인 마음 모두에게 소리치고 있다. 당신은 여전히 이 메시지들에 둘러싸여 있다는 것을 잊어서는 안 되며, 앞으로도 매일 이 메시지들로부터 공격을 받게 될 것이다. 절대 영향을 받지 않을 수 없다. 이 메시지들의 목표는 술을 마시지 않는 당신이 무언가 놓치고 있다고 믿도록 속이는 것이다. 나는 알코올중독 회복 프로그램의 원리들을 다시 살펴보면서 조건화들을 빠르게 돌려놓는 데 집중했다. 이 커뮤니티 thisnakedmindcommunity.com에 함께 참여해 다른 사람들의 여정을 듣고 생각하는 시간을 가져 보기를 권한다. 또는 저널 쓰기, 블로그 하기도 도움이 될 것이다.

이 책을 천천히 읽어 보는 것도 좋다. 독자들 중 한 명은 술을 끊고 나서 약 16일 동안 이 책을 네 번이나 읽었다고 했다. 지금 그녀는 삶에서 학습된 조건화를 조절하면서 행복하고 자유롭게 지내고 있다.

나에게 도움이 된 몇 가지 팁을 소개하면 다음과 같다.

술을 끊기로 결정한 날을 미루지 말라. 꼭 오늘부터 술을 끊어야 하나? 핑계거리는 너무도 많다. 결혼식이 다가오고 있으니까? 축구 경기가 있어서? 삶에는 처리해야 할 스트레스가 항상 있다. 스트레스를 핑계로 삼아 속지 말라. 스트레스를 해결하려고 술을 마셔 봤자 절대로 스트레스는 풀리지 않는다. 술을 마시면 삶에 더 많은 스트레스가 생길 뿐이다. 언제 술을 끊을까 하면서 기다릴 필요도 없고 두려워할 필요도 없다. 자유로워지기로 결정하는 순간, 당신은 곧바로 자유로워질 수 있다. 친구나 사회적 상황을 피할 필요도 없다. 실제로 훨씬 더 즐거운 인생을 살게 될 것이다.

오늘이 당신의 인생에서 첫날이다. 축하한다. 정말 대단한 일을 했다. 자신의 선택을 축하하면서 특별하고 기념적인 일을 해 보자. 자유를 선언하자. 인생이 시작되려고 한다. 그 순간을 즐기라. 벌거벗은 마음으로 돌아가는 것은 결코 쉬운 일이 아니다. 하지만 당신은 이미 자유롭다. 자유를 가지라. 자신에게 전념하면서 원한다면 가족과 친구들에게 자유를 선언하라. 나는 내가 자유롭다는 것을 아는 순간 흥분한 마음을 담아 단체 이메일을 보냈다. 유치하다는 걸 알지만 그것을 보내는 기분은 최고였다. 이 보다 더 기쁠 수 있을까? 정말 잘했고, 축하한다!

당신의 삶 전체가 이미 변화되었고, 술로부터 자유롭다는 엄청난 자각을 이미 경험했을지도 모른다. 나는 그때를 생생하게 기억한다. 경외심을 느꼈다. 내 인생에서 가장 행복한 순간들 중 하나이다. 아직까지 술로부터 자유롭다는 것을 느끼지 않았다 해도 괜찮다. 사람마다 자각할 때가 다른데, 어떤 사람은 이 책을 다 읽을 때에 느끼는가 하면 다른 사람은 술을 끊고 몇 주 후나 몇 달 후에 자각한다. 또는 술 없는 삶이 놀랍다는 게 모두 사실이라는 것을 깨달았을 때 자각하는 사람도 있다. 억지로 하려고 하지 않는 것이 아주 중요하다. 그때가 올 것이다. 예를 들면, 술 없이 즐길 수 있을 거라고 상상도 못했던 야외 파티나 바비큐, 나이트클럽과 같은 곳에서 술로부터 자유롭다는 걸 경험할 수 있다. 평소처럼 즐거운 시간을 보냈으면서도 술 마실 생각이 전혀 들지 않았다는 걸 갑자기 알게 된다. 그냥 그 순간까지 차분히 기다려라. 술로부터 자유롭다는 것이 갑자기 선명해질 때가 곧 온다.

몸은 단주 후 며칠에서 1주일 정도 해독 과정을 겪게 되며, 술이 체내에서 완전히 빠져나가는 데 열흘 이상 걸린다. 이 시간 동안 도파민 수치가 변하기 때문에 갈망이 올라오는데, 그 갈망을 굶겨 죽여야 한다. 그러면 갈망은 사라진다. 음주에 대한 심리적 욕구가 사라지면 갈망은 감당할 수 있게 된다. 마음이 자유롭기 때문에 이 갈망을 제거하는 것은 즐거운 경험이 될 수 있다. 갈망을 도파민 괴물이라고 생각해 보자. 자신의 치명적인 적을 굶겨 죽이려면 시간이 좀 걸릴지도 모른다. 그건 정상이다. 하지만 반드시 사라지게 될 것이다. 이제 통제하고 있는 것은 갈망이 아닌 자기 자신임을 잊지 말자. 그리고 자신을 잘 보살피면서 기분 좋아지는 일을 해 보자. 당신은 충분히 그럴 자격이 있다.

더 이상 술을 마시지 않는다는 사실을 마음껏 생각하면서 '나는 술을 마시지 않는다'보다는 '나는 술을 안 마셔도 된다'로 바꿔서 생각해 보자. 진짜로 술을 마실 필요가 없다. 진짜로 자유롭다. 더 이상 숙취나 당혹감, 두통을 경험할 필요도 없다. 무엇보다도 술을 얼마나 마셔야 하는지 가늠하면서 겪는 정신적 스트레스나 술 뒤에 숨어 있는 검은 그림자를 경험하지 않아도 된다. 아무도 술을 마셔라 또는 마시지 마라고 강요하지 않는다. 당신 자신이 자신의 운명을 지배하게 되었다. 정말 대단한 소식이다.

이 새로운 삶도 곧 적응이 된다. 몇 년, 어쩌면 몇 십 년 동안 상상할 수 있는 모든 이유를 대면서 술을 마셔 왔으니 습관이 남아 있을 수 있다. 그러나 실제로 왜 술을 마시고 싶은지 정확히 밝혀

내면 갈망은 사라져 버린다. 술을 마셔야 하는 이유는 단지 핑계일 뿐이며 실제로는 술을 원하지 않는다는 걸 알게 된다. 지금까지 자신의 마음이 스스로를 속인 거였다. 그래도 갈망이 계속 올라오면 이 책을 다시 읽거나 thisnakedmindcommunity.com을 방문해서 적응 과정에 도움이 되는 추가 방법을 찾아보자.

단 한 잔만 마셔도 악순환이 시작된다. 그런데도 '난 믿을 수 없어. 직접 확인해 볼거야' 하면서 고집을 부릴 수 있다. 혹시 한 잔을 마신다 해도 자신을 책망하지 말자. 그 경험을 통해 배우면 된다. 이럴 때일수록 자책하지 말고 자신을 사랑하면 된다. 그리고 당신이 인간일 뿐이라는 것을 기억하자. 단, 경계심을 늦추지 말자. 사회는 계속해서 술이 얼마나 놀라운지 보여 줄 것이고 술의 위대함에 대해 소리칠 것이다. 다 거짓말이다. 술 마셨던 과거에서 멀어질수록 삶은 더욱더 좋아진다.

'딱 한 잔만' 게임은 당신의 판단을 흐리게 하고 고통을 줄 것이다. 변한 것은 없고, 술은 여전히 중독성이 있으며, 위험은 여전히 존재한다. 그리고 술을 마시면서 진정한 즐거움을 경험할 수 없다는 것을 잘 안다. 술을 마실 필요가 없다는 것도 알고 있다. 그 전에도 술 마실 필요가 없는데 술이 필요하다고 생각했을 뿐이었다. 혹시라도 '딱 몇 잔만' 게임을 하기 시작하면 술 몇 잔만으로 즐거워진다고 자신을 다시 속이게 된다. 하지만 충분히 오랫동안 이 정신적인 전투를 해 왔다. 술의 본성을 다시 떠올려 보자. 술이 실제로 하는 모든 일을 기억하자. 망각 상태에 이르기까지 감각을 마비시키는 것이 술이었음을. …… 아, 그리고 단지 몸에 에탄올을 채웠던 것뿐임을. 술을 마시는 삶의 과정과 끝은 모두 똑같다.

술 한 잔으로 몇 년의 세월을 잃을 수 있을 뿐만 아니라 하나뿐인 삶에 대한 소중한 기억도 잃을 수 있다는 것을 스스로 계속해서 기억해야 한다.

여전히 주변 사회는 술을 '삶의 특효약'이라 칭송하기 때문에 한 잔 정도는 괜찮지 않을까 하는 생각이 든다. 하지만 '딱 한 잔'이란 건 정말 불편하다. 그 이유는? 딱 한 잔만 마시면 어떨까 하면서 망설이는 순간부터 정신적인 분열이 시작되기 때문이다. 내 경우, 술에 대해 다른 생각을 하는 순간 '술은 친구가 아니라 변장한 적이야'라고 기억하고, 중독이 얼마나 고통스러운지 그리고 자유로운 지금에 얼마나 감사하는지도 기억한다. 또한 술이 나를 피곤하고 짜증나게 할 뿐 진정한 기쁨을 주지 못한다는 것도 깊이 생각해 본다. 그러면 '딱 한 잔만' 게임의 고통이 차츰 사라진다. 자신이 어떤 갈망보다도 강하며, 스스로를 통제하고 있다는 것을 무조건 기억하자. 그리고 갈망은 곧 지나간다. 그러니 너무 걱정하지 말자. 단지 뇌가 술이 필요하다고 소리치기 시작하면 누가 주인인지 기억하면 된다. 바로 주인은 '나'이다.

주변의 술꾼들은 술을 끊은 당신의 변화를 불편하게 여길지도 모른다. 어쩌면 슬퍼할 수도 있다. 왜 불편해할까? 모두가 함께 술을 마신다면 이 술이 나쁘다고 생각하지 않을 텐데 누군가 술을 끊었다면 자신이 마시는 술에 대해 생각하게 된다. 술꾼들은 자신도 모르게 자신을 속이고, 거짓말을 하며, 그 거짓말을 믿고 있다.

자신이 술을 마시지 않는다는 것을 잊을까 봐 걱정이 된다면, 이 또한 괜찮다. 어느 날 내가 토닉과 라임을 마시고 있었는데 종업원이 한 잔 더 마시겠냐고 물었다. 나는 "네, 진토닉 좀 부탁해요."라고 말하고는 다시 불러 정정했다. 창피했다. 분명 그 종업원은 내가 진토닉을 마시고 싶어 한다고 생각했을 것이다. 사실 나는 술을 안 마시겠다는 생각조차 하지 않았고, 습관적인 말이 입에서 무심코 튀어나온 것뿐이다. 욕을 하지 않으려고 노력했는데 무심코 욕이 튀어나온 적이 있을 것이다. 이런 당황스러운 실수는 사실 좋은 소식이다. 더 이상 술에 대해 생각도 하지 않는다는 의미이기 때문이다. 사실 의식적으로 술 마시지 않으려고 노력하면서 의지력에 의존할 때에는 이런 실수를 절대로 저지르지 않는다. 술이 마음에서 너무 멀어져 '나는 술 마시지 않았다'는 것조차 기억하지 못했던 것이다. 정말 자유로워진 것이다.

이런 게 인생, 진정한 삶이다. 당신은 일상생활 속에서 기쁜 날, 대단한 날, 슬픈 날, 끔찍한 날들을 보내게 된다. 술이 삶을 행복하게 만든다면 술꾼일 때 정말 행복했어야 했다. 하지만 술은 삶을 매우 불행하게 만들 수 있다는 것을 안다. 이 삶을 있는 그대로, 가공하지 않은 있는 그대로의 벌거벗은 아름다움 속에서 살아도 괜찮다. 울고, 소리치고, 좌절하고, 느끼면 된다. 이게 인생이고, 유일한 삶이다. 그 삶을 있는 그대로 받아들이고 자기 자신도 받아들이자. 당신은 놀라운 사람이고, 가진 것이 너무도 많다. 좋은 하루가 오면 즐겁게 살면 된다. 만약 불행한 하루를 보내게 된다면 그날은 지나갈 것이라는 걸 기억하자. 그리고 만약 어떤 이유에서인지 힘든 날들이 지속된다면, 술을 마시지 못해서 고통스러운 우울증이나 불안을 느낀다면, 제발 주변에 도움을 요청해 보자. 그리고 술은 결코 도움이 되지 않는다는 것을 기억하자. 술은 고쳐야 할 진짜 문제를 숨기고 있다. 올바른 치료법을 찾는 것이 중요하다. 우울증은 나약함이 아니라 질병이다. 실제로 전문가로부터 삶을 개선할 수 있는 도움을 받을 수 있다. 제발 도움을 요청하자.

많은 사람이 믿는 것과 다른 몇 가지 해야 할 일이 있다. 첫 번째, **벌거벗은 마음**(naked mind)의 접근법을 이용해 보자. 모든 것을 의심하고, 모든 것을 점검하고, 사물을 다르게 보는 방법을 이용해 지금보다 더 비판적으로 생각해 보면 된다. 삶의 모든 영역에서 진실을 찾는 것은 아름다운 일이다.

많은 사람이 술을 끊고 난 후에 술 마시는 꿈을 꾼다고 한다. 괜찮다. 나도 술 마시는 꿈을 여러 번 꿨다. 꿈속에서 술을 반 파인트 정도 마시고 있다는 것을 알았고 다시 알코올중독의 얽힌 거미줄에 걸려들까 걱정하면서 불안해했다. 잠에서 깨어 꿈인 것을 알았고, 자유로운 것을 확인하면서 얼마나 감사했는지. 꿈속에서 너무도 즐겁게 술을 마신다면? 그것도 괜찮다. 지금까지 수년간 술을 마셔 왔으니 꿈속의 자아가 현실을 따라잡기 위해서는 어느 정도 시간이 필요하다. 술 마시는 꿈이 알코올중독으로 되돌아간다는 의미도 아니고, 진심으로 술 마시고 싶다는 뜻도 아니다. 그냥 술 마시는 꿈을 꾼 것뿐이다. 전혀 걱정할 필요가 없다. 아마 잠에서 깨어나면서 자신이 술에 자유롭고 진짜로 술을 마신 게 아니었다는 안도감을 느끼게 될 것이다.

두 번째, 술친구나 술 마시러 가곤 했던 장소를 일부러 피하지 말자. 이제 당신은 자신이 원하는 무엇이든 자유롭게 할 수 있게 되었다. 단, 자신에게 친절하게 그리고 자신이 그 활동이나 모임을 진정으로 즐길 수 있을 때에 참석해야 한다. 당신과 진정한 즐거움을 함께 할 수 없는 사람들과 시간을 보내거나 일을 하는 것은 이 아름다운 인생을 낭비하는 것이다. 당신은 자유롭다. 자유를 즐기라. 특히 술에 자유롭다는 사실을 더 많이 기억하면 할수록 더 많이 행복해진다.

나는 내가 술을 끊으면 주변에서 얼마나 강하게 반응할지에 대해 전혀 준비하지 않았다. 술꾼들은 누군가가 갑자기 술을 끊으면 매우 궁금해한다. 당연히 술에 대한 통제력을 잃은 알코올중독자라고 판단한다. 아이러니하게도 더 이상 술을 마시지 않는 당신이 술 문제를 가진 사람이 되어 버린다. 반면에 나에게 술 문제가 있느냐고 묻는 술꾼들은 여전히 술을 마시고 있다.

사람들은 "왜 술을 마시지 않아?"라며 그 이유를 공격적으로 묻는다. 그래서 술을 안 마시는 이유를 말하기 시작하면, 모든 사람이 술 마시는 이유를 말하기 시작한다. 물어본 적도 없는데, 자신들은 술을 마시는 데 아무 문제가 없다고 말하기 시작한다. 웃기지 않은가? 내가 사람들에게 더 이상 달걀을 먹지 않는다고 말했을 때 어느 누구도 달걀을 먹어야 하는 이유를 말하거나 달걀을 먹어도 문제가 없다고 주장하기 시작하지는 않았다.

사람들이 보이는 여러 가지 반응을 준비하면 된다. 괜찮다. 우리는 다른 사람을 위해서 단주하는 게 아니라 자신을 위해서 단주를 선택했다. 어쩌면 상대방이 당신을 질투할지도 모른다. 어떻게 당신이 술 없이도 즐겁게 지내는지, 여전히 행복하고 여유로운지 궁금해한다. 당신이 도대체 어떻게 단주를 했는지 궁금해하면서 당신의 강인함에 당황할 것이다.

기억하라. 모르는 게 약이라는 말은 틀리다. 누군가가 술에 갇혀 있는 것을 전혀 모른다면 술에 대한 자유로움 또한 경험할 수 없다. 술은 절대로 변하지 않는다. 술은 여전히 건강을 해치고, 돈을 앗아 가며, 에너지를 빼앗고, 신경을 날카롭게 한다. 술을 마시는 사람들은 계속해서 내성이 쌓이며, 1년 혹은 5년 후에 분명 지금보다 더 많은 술을 마시게 된다. 술에 대해서만큼은 모르는 게 약이 아니라 아는 게 약이다.

당신은 기대할 것들이 너무 많아졌다. 내 경우에는 술이 아닌 동료들과 함께 시간을 즐겁게 보냈다는 것을 알아서 너무 기뻤다. 오늘부터 무엇이든 즐기기 시작하면 된다. 하나씩 새롭게 경험해 보면서 세상의 가치를 만드는 것은 술이 아닌 삶이라는 사실에 경탄할 것이다. 이 책 이전에는 술을 끊는 것이 비참할 것이라고 생각했다. 삶이 너무도 지루할 거라고 생각했다. 사실은 그 반대이며, 술을 끊는 것은 영광스럽다. 이제는 술에 취하거나 중독되지 않고도 감탄스러운 시간을 보낼 수 있다. 정말은 대단한 소식이다.

이제 자유로워졌다. 지금부터 자신의 마음을 지켜 어렵게 얻은 자유를 계속 지켜 나가자. 이제부터 무엇이든 당신이 결정한다. 하지만 어떤 결정을 내리든 술은 변하지 않는다는 것을 기억해야 한다. 술은 항상 당신을 속이고 기만한다. 다시 술이 필요해지면서 신체적으로 중독되면(하룻밤만 술을 마셔도 중독될 수 있고, 단지 몇 잔만 마셔도 중독될 수 있다), 당신의 마음은 더 이상 온전히 당신의 것이 아니다. 술이 지배하는 마음이 속삭이는 속임수를 믿기 시작한다. 이런 속임수에 속아 술이 더 필요하다면서 더 많은 술을 마신다. 다시 분열을 느끼고, 이 분열을 끝내기 위해 다시 술을 찾는다. 그러면서 자신의 행동을 정당화하거나 술의 진실에 마음을 닫아 버린다. 경사진 길로 하강하고 만다. 술 자체는 절대 변하지 않는다. 술은 중독성이 있기 때문에 절주를 시도하면 술을 조절하기 위해, 즉 언제 마시고 언제 마시지 않을지를 결정하느라 엄청난 시간과 노력을 들이게 된다. 아주 쉽고 정당한 방법인 단주를 택하기로 결정해야 한다. 오늘 당신의 (무의식적인) 마음은 예전처럼 더 이상 술을 갈망하지 않는다. 이 기회에 자신을 해방시키라.

어떤 술꾼들은 단주가 가장 친한 친구를 잃는 것과 같다고 생각한다. 하지만 당신은 이 친구의 진실을 안다. 즉, 우리의 몸과 마음을 파괴하여 천천히 죽이고 싶어 하는, 등 뒤에서 칼을 꽂는 친구이다. 친구가 아니라 치명적인 적이다. 기회가 주어진다면 당신이 죽을 때까지 끔찍하고 혼란스러운 전투를 계속할 것이다. 이 친구를 절대로 내버려 두지 말라. 지금 그리고 영원히 그를 죽이라. 그의 죽음을 즐기고, 그의 무덤에서 춤을 추면 된다. 그의 죽음을 슬퍼할 필요가 전혀 없다는 것을 기억하자.

이 책에 있는 진실을 차근차근 여러 번 살펴보고 thisnakedmind community.com에서 열리는 포럼에도 참석하는 걸 권한다. 이야기를 듣고 격려를 받을 수 있다. 술을 찬성하는 수만 개의 메시지로 끊임없이 공격받는 이 세상에서 살기는 어렵다. 자신을 보호할 필요가 있다. 방심하면 다시 치명적인 적의 희생양이 될 것이고, 그것이 교활하게 당신의 목숨을 천천히 빼앗을 것이다.

마지막으로, 행복하게 살자. 당신은 이제 술을 끊는 것이 비극적인 것만은 아니라는 걸 알았다. 술의 진실을 알게 되어서, 새롭게 자유를 찾아서, 당신은 너무도 기쁘다. 친구를 잃은 게 아니라

적을 죽인 것이니, 전혀 슬퍼할 필요가 없다. 이제 자신의 인생에 귀중한 시간을 추가하였고 많은 돈을 아낄 수 있게 되었다. 이제부터 자신에게 진정한 행복을 가져다주는 일을 하면서 시간과 돈을 투자하자. 자신이 무엇을 즐기는지, 어떤 것을 기대하는지 그 목록을 만드는 것도 재미있다. 그런 다음 하나씩 직접 해 보는 거다. 그리고 멋진 **벌거벗은 인생**을 즐기면 된다!

여정: 재발

"그것에 굴복하지 않는 것이 좋다.
분해되는 것보다 다시 조립하는 것이 10배 더 오래 걸린다."
- 영화 〈헝거게임: 모킹제이(The Hunger Games: Mockingjay)〉

이 책 『벌거벗은 마음』은 알코올 회복에 대해 알아 가고, 술의
거짓을 벗겨 내고, 진실을 찾는 여정이다. 당신의 인생이 술과 무
관할 때 삶은 훨씬 더 나아질 것이다. 술과의 관계에서 평화를 얻
을 수 있는 가장 좋은 기회는 술 괴물을 굶겨서 썩게 하는 것이라
고 믿는다.

나는 '재발(relapse)'이라는 단어를 좋아하지 않는다. 그 단어가
낙인찍힐 수 있는 무언의 규칙과 판단을 강요하는 것 같아서이다.
그러나 우리는 재발을 무시할 수 없다. 술 괴물이 마지막 죽음을
향해 가는 여정 동안 한 번 이상 깨어날지도 모른다. 아무리 좋은

의도나 강한 헌신을 가지고 노력해도 술이 당신의 삶으로 되돌아갈 수 있음을 잊지 말아야 한다. 항상 재발이라는 현실을 직시해야 한다. 어느 누구도 재발을 피할 수 없다. 단, 우리의 지능은 재발이 어떻게 작동하는지 이해하여 재발의 덫을 피하면서 자신을 보호할 수 있게 해 준다.

재발로 인해 다시 술을 마시는 것은 별문제가 안 된다. 왜냐하면 재발과 함께 믿을 수 없을 정도의 고통이 따르기 때문이다. 그 술 괴물은 전보다 더 강하게 깨어날 것이며, 당신도 그 어느 때보다 깊은 구덩이에 있는 자신을 발견할 것이다. 사랑하는 사람들은 당신이 단주하겠다는 약속을 몸소 지키면서 알코올중독으로부터 치유되어 가는 걸 보아 왔다. 그런데 재발로 다시 술을 마시게 되면 사랑하는 사람들뿐 아니라 자신에게도 약속을 어긴 게 된다. 자신의 판단, 결심, 강인함에 대한 신뢰를 잃을 수도 있다. 그렇다면 단주하겠다고 약속하지 말았어야 하는 걸까? 아니다. 술을 완전히 끊겠다고 강하게 마음을 먹을 때 술에 대한 갈망이 현저히 떨어진다. 술 괴물의 먹잇감이 되면, 자기혐오, 중독 그리고 절망의 구렁텅이에 빠진 자신을 발견하게 될 것이다. 그 구렁텅이가 너무 깊어서 자유는 불가능해 보인다.

중독은 중독자와 술 사이에 힘을 겨루는 전쟁이다. 재발에 대해 내가 가장 두려워하는 것은 재발했을 때 전쟁에서 졌다고 쉽게 믿어 버린다는 것이다. 사회적으로도 자신이 내린 결정을 지키지 못하면 약한 사람으로 취급한다. 약속을 어기면 신임을 잃게 된다. 실수를 하면 쓸모없는 사람이라 믿는다. 그 결과, '이제 너무 늦었으니까' '마차에서 내리면 끝까지 가는 게 나아'라고 생각한다. 스스로도 더 이상 치료할 가치가 없다고 느낀다. 사랑하는 사람들의 미움을 받아도 마땅하다고 자책하면서 내면의 죄의식을 쌓는다. 그 결과, 술을 더 많이 마시고 심지어 자신을 아프게 벌한다. 실패의 공포에 질려서 정신을 잃기 위해 술을 마신다. 자신을 더 미워한다. 전보다 더 바닥으로 떨어지고 더 최악을 경험한다.

술과의 전투에서 졌다고 해서 전쟁에서 패배했다고 믿는 것은 잘못이다. 진실을 보자면, 각각의 전투는 더 나은 내일을 위해 우리를 더 강하게 만든다. 이 전투에서 동정심과 용서가 동반되어야 한다. 패배한 전투를 용서할 수 없는 실수로 보기보다 어떤 이유에서 재발하게 되었는지 반성하는 기회가 되어야 한다. 반드시 기억해야 할 것은 '전투에서 졌다고 해서 전쟁에서 패배한 것은 아니다'는 것이다.

재발이 되어 다시 술을 마시면 자신이 왜 술을 더 이상 마시지 않게 되었는지 알게 된다. 절주를 하기 위해 얼마나 많은 노력이 필요했는지 기억하게 된다. 숙취가 얼마나 고통스러운지도 기억한다. 내적 투쟁, 비난 그리고 속임수를 기억할 것이다. 재발은 첫 잔을 마신 후 혹은 몇 차례에 걸친 성공적인 절주 후 의지력이 고갈되었을 때 찾아온다. 재발이라는 실수로부터 그간 경험한 자유를 깊게 기억해 본다. 그동안 중독으로부터 얼마나 잘 회복되고 있었는지 이야기해 본다. 재발이 회복이라는 여정의 디딤돌이 되도록 하자.

자신이 과거에 술을 마신 이유를 조사해 봐야 한다. 그렇지 않으면 알코올중독으로부터 회복되면서 자신이 왜 술을 끊게 되었는지를 중요하게 여기지 않게 된다. 고통이 사라지면서 '정말 술이 위험한 걸까?' '내가 모르는 게 있나? 이제는 충분히 절주를 할 수 있지 않을까?' 등이 궁금해진다.

사회적으로 고립감을 느끼며 주변과 함께하고 싶을 때, 술을 마시면 더 많은 친구와 잘 어울릴 것 같은 궁금함이 생긴다. 외로움 때문에 힘들다면 주변과 함께하려고 노력해야 한다. 그러나 술은 절대로 외로움을 달래 주거나 우정을 제공하지는 않는다.

우울증이나 불안으로 고생스러워 술을 마시면 약화되거나 안도감을 받을 수 있지 않을까 생각할 수도 있다. 그러나 술을 마시는 것이 자동차 체크 엔진의 경고등을 끄는 것과 같다는 것을 기억하라. 술을 마심으로써 일시적으로 우울증이나 불안 같은 증상을 마비시킬 수는 있지만 절대로 치료할 수 없다. 또는 인생의 공허함을 메우기 위해 술을 마실 수도 있다. 사회적으로도 술이 내면의 공허함을 메우는 열쇠라고 계속해서 강조한다. 하지만 절대로 거짓말이다. 술은 내면에 더 큰 균열을 만들어 놓을 뿐이다.

다시 말하지만, 신체적으로 강하게 중독되었다면 곁에서 함께 싸워 줄 사람들 없이는 자유를 얻는 게 쉽지 않거나 심지어 불가능할 수도 있다. 재활센터나 지속적인 지지 집단이 필요할 수 있다. 지원을 요청해야 할 것 같다면 지금 지원을 요청하라. 가까운 사람들과 지원 가능성에 대해 의논하고, 전투가 벌어질 때 함께 싸울 준비가 되어 있는지 확인하라. 자신에게 필요한 도움은 무엇이든 얻으라. 도움을 청한다고 약해지는 게 아니다. 그 반대로 강해진다.

이제 재발을 극복할 수 있을 것이다. 이를 위해 각각의 유혹과 전투로부터 전쟁에 승리할 수 있는 방법을 얻어야 한다. 술과 싸우면서 술에 대한 진실과 술의 역할을 발견하고 배워야 한다.

- 술은 당신이 누구인지 전혀 모른다.
- 술은 당신에게 가치가 없다.
- 술은 당신이 아니다.
- 술은 당신의 문제와 외로움을 해결해 주지 않는다.
- 술은 당신이 찾는 어떤 대답도 제공하지 않는다.

중독으로부터의 회복은 여정이지 목적지가 아니다. 당신 말고는 아무도 걸을 수 없는 길이다. 당신 말고는 아무도 할 수 없는 선택들이다. 그러나 지금과는 전혀 다른 미래를 약속하고 있기에 앞으로 더 많은 전투를 치러야 한다고 해도 전쟁은 이미 승리한 것임을 알아야 한다.

24장

함께 나누며 나아가기

'왜 세상은 더 좋은 곳이 아닌가?'라는 질문으로
자신의 소중한 시간을 보내지 마라. 그 대신 '어떻게 하면
더 나아질 수 있을까?'를 질문하자. 그것에는 답이 있다.

– 레오 버스카글리아(Leo F. Buscaglia)

　인생은 멋진 여행이다. 우리가 여기에 있는 이유가 무엇을 의미하는지 이해하기 어려울 수 있다. 나는 인간으로서 우리의 책임은 서로를 그리고 지구를 보살피고 존중하는 것이라고 확신한다. 그러기 위해서는 먼저 자기 자신을 돌보고 존중해야 한다. 당신은 용감한 사람 중 한 명이다. 아이들과 이 사회 그리고 미래를 구하는 데 도움을 주면서 이 변화를 개척할 것이다.

　단, 먼저 자신을 사랑하고, 자신을 돌보며, 습관과 행동을 바꾸고 나서 세상을 바꿀 수 있다. 자신을 사랑하지도 않는데 어떻게 전쟁이나 배고픔을 돕고 아름다운 어머니 지구(Mother Earth)를 구할 수 있을까? 자신의 결정을 존중하지 않는데 다른 인간들을 사랑과 존중으로 받아들일 수 있을 만큼 개화되고 개방적인 사람이 될 수 있을까? 먼저 정신적으로나 신체적으로 건강해야 더 많은 것을 성취할 수 있다. 건강이 진정한 자기수용, 자존감 그리고 자기애와 결합될 때 더 큰 힘을 갖게 된다. 자신에 대한 사랑이 이 세계를 변화시키는 방법이다. 진부한 말처럼 들리겠지만, 모든 변화는 안에서부터 시작된다. 자신의 술 문제를 해결함으로써 정신적 능력, 내적 사랑 그리고 세계의 문제를 해결하려는 추진력을 갖게 된다. 사람들은 '평화는 집에서부터 시작되고 진실한 집은 당신 안에 있다'고 말하지 않는가.

　새로운 삶에 적응하는 데 시간을 갖고 천천히 실천해 보자. 술과 연결되어 있는 고리를 끊는 것을 즐겨 보자. 술 없이 상상할 수도 없었던 것들을 직접 경험하면서 예전보다 더 즐기게 된다. 이 모든 게 자신을 위한 게임이다. 게임을 하면서 결심이 단단해지고 감사함이 가득해진다.

> "인생은 자연스럽고 자발적인 변화의 연속이다.
> 그 변화에 저항하지 말라. 그러면 슬퍼질 뿐이다.
> 현실을 현실 그대로 내버려 두자.
> 무엇이든 그에 맞는 방식으로 자연스럽게 앞으로 흐르게 하자."
> - 라오 추(Lao Tzu)

　술로 인해 자신을 증오하는 트라우마로부터 몸과 마음은 곧 건강해질 것이다. 몸은 믿을 수 없을 정도로 대단한데, 아주 빠르게 스스로 독을 제거한다. 마음은 시간이 조금 더 걸릴 수 있다. 지금도 자신을 의심하고, 갈망이 좀처럼 사라지지 않으며, 불신의 시간을 갖고 있는지 모른다. 괜찮다! 걱정하지 말라. 생각하지 않으려고 애쓰지도 말라. 1987년 하버드 대학교의 한 연구는 인간이 어떤 생각을 억압할수록 더 많이 생각한다는 것을 확인하였다. 머릿속에 자연스럽게 떠오르는 것이 있다면 생각해도 괜찮다.[255] '아, 이게 떠오르는구나' 하면서 그냥 생각하면 된다. 아주 중요하다.

자기 자신을 잘 돌봐야 한다. 당연히 그럴 자격이 있다. 그리고 머지않아 평안하고 온전한 기분을 느끼면서 감사함도 함께 넘쳐날 것이다. 자신이 받은 선물을 다른 사람에게 나눠 주는 것, 누군가가 자유로워지는 것을 돕는 것에는 엄청난 힘과 삶의 긍정이 담겨 있다. 개인적으로 또는 사회 운동에 참여하여 주변과 아이들이 술을 올바르게 이해하도록 도와야 한다. 한 명을 돕는 것도 좋고, 꾸준하게 의견을 퍼뜨리는 것도 좋다. 함께 해야 할 일이 너무도 많다.

누구가를 돕는 것은 인생의 큰 행복의 비밀 중 하나이다. 연민(compassion)은 사실 꽤 이기적이다. 달라이 라마(Dalai Lama)는 ABC 뉴스의 TV 인터뷰에서 "연민을 실천하면 궁극적으로 자신에게 이익이 됩니다. 그래서 나는 보통 다음과 같이 말하죠. '인간은 이기적입니다. 하지만 어리석은 이기주의(자신만을 돕는 것)보다는 지혜로운 이기주의(남을 돕는 것)가 되십시오.'"[256] 사실 연민을 실천하고 타인을 도우면 아주 큰 만족감을 얻게 된다. 친절한 행동을 하면 초콜릿을 먹을 때와 매우 유사하게 뇌의 쾌락 센터가 활성화된다는 것을 뇌 스캔을 통해 확인할 수 있다. 선물을 받을 때와 자선 단체에 기부할 때에도 동일한 뇌의 쾌락 센터가 활성화된다. 타인을 돕는 것은 궁극적으로 자신을 돕는 것이며, 진정한 자연적 기쁨을 느끼는 길이다.[257] 타인에 대한 봉사는 인간으로서 행복의 중요한 부분이다.

이제 직접 실천해 볼 시간이다. 선행을 나누어 보자. 단, 부드럽게 다가가되 절대 판단하지 말라는 것을 기억해야 한다. 변화는 여기서 시작하고, 지금부터 시작한다. 이 변화에서 당신이 가장 중요한 부분이다. 세상은 최선을 다하는 당신이 필요하다. 세상은 한 번에 한 사람씩 구해 주는 걸 도와줄 당신이 필요하다. 결국 이 책 『벌거벗은 마음』은 세상에 왔을 때의 모습 그대로를 아끼고 존중하는 마음에 관한 것이다. 간단히 말하면 '벌거벗은(naked)'에 관한 것이다. 자신을 괴롭힌 오염 물질(술)을 제거하여 스스로를 구하고 이 놀라운 지구와 다음 세대(아이들)를 준비해야 한다.

함께 나누자. 당신 차례이다.

사랑하는 독자분께

지금 너무도 누군가를 돕고 싶으신가요? 즉시 실천할 수 있는 간단하고도 강력한 한 가지 방법을 소개하려 합니다. 자신의 이야기를 공유해 주세요. "제 이야기요? 전혀 관련이 없어요."라며 의아해할지 모르겠네요. 하지만 누구라도 알코올중독이 될 수 있다는 거, 기억하시죠. 당신의 이야기는 모든 사람에게 감동을 줄 것입니다. 그 이야기가 어떠하든, 읽으면서 감동을 받고 영감을 받을 거예요. 희망을 줄 겁니다. 누군가의 삶을 바꿀지도 모르죠.

혹시 "잠깐만요. 저는 아직 술 끊을 준비가 되지 않았어요."라고 생각하고 계신가요? 전혀 중요하지 않습니다. 『벌거벗은 마음』은 반드시 지켜야 할 규칙이 아니라 지식과 인식에 관한 내용이랍니다. 내면의 싸움을 끝내고 자기 자신의 평화를 찾는 내용이죠.

이 책에 담긴 내용이 당신에게 어떤 의미로 다가갈지 모르지만, 자신의 지식과 인식이 어떻게 변했는가가 중요합니다. 이런 변화가 타인에게 영감을 주게 되죠. 예를 들어, "저는 이런 상황에서는

351

절대로 술을 마시지 않겠다고 선택했는데, 정말 술 없이도 즐거운 시간을 보냈다는 걸 알았습니다."와 같은 작은 행동이면 됩니다. 강력하죠! 함께 나눌 가치가 충분합니다. 우리는 술이 삶의 필수라고 지속적으로 말하는 사회적 조건화를 타파할 수 있습니다.

당신의 목소리가 중요합니다. "와인 없이도 저녁 외식을 즐길 수 있습니다."라며 희망을 주는 것이 중요합니다. 자신의 이야기를 생생하게, 있는 그대로 진실되게 말하면 됩니다. 희망을 있는 그대로, 평화를 있는 그대로 써 보세요. 두려움에 대해서도 그리고 힘겨움에 대해서도 있는 그대로 써 보세요. 그냥 솔직하게 진심으로 말하면 됩니다.

여전히 알코올중독은 부정과 공포로 얼룩진 채 숨겨진 문제로, 낙인찍힌 문제로 남아 있습니다. 수백만의 사람이 "내가 술을 너무 많이 마시는 걸까?"라고 질문하기를 두려워하며, 혼자서 고통스러워하고 있습니다. 누군가 "당신, 알코올중독이네." "알코올중독은 평생 못 고치는 병이야."라고 지적하면 어쩌지 하면서 걱정합니다. 그래서 자신과 주변 사람들에게는 "전 아무 문제 없어요."라고 숨긴 뒤, 한밤중에 자신의 걱정을 인터넷에서 검색하는 거랍니다. 이름을 밝히지 않아도 좋습니다. 당신과 비슷한 사람들에게 자신의 이야기를 나누면서 희망을 갖도록 합시다. 우리 모두는 용감해야 합니다. 그리고 우리 모두는 술에 취약한 존재이며, 지금도 고통받고 있는 사람들에게 "당신은 혼자가 아닙니다."라고 알립시다. 열린 마음으로 서로 질문하고 대답하는 것이 필요합니다. 그러면서 "희망은 있습니다, 술을 더 적게 마시고 제거할 때 진정으로 더 나은 삶이 됩니다."라고 알려야 합니다.

글을 쓰고는 싶은데 무엇을 써야 할지 막막하다고요? 자신의 초기 경험부터 써 보는 건 어떨까요? 언제부터 술을 마시기 시작했고, 그때 어떤 느낌이었는지에 대해서 써 보는 겁니다. 그러면서 자신의 음주 생활과 그 과정에 대해 쓰세요. 자신의 여정에서 가슴 아픈 순간들을 공유해 주세요. 언제 그리고 어떤 이유로 변화해야 한다고 깨달았는지도 설명해 주세요. 그 여정은 어떠했는지, 오늘 기분은 어떠한지, 이 순간은 어떤지에 대해 하나씩 남겨 주세요. 오랜만에 희망의 빛이 느껴졌다면, 모두에게 나눠주세요. 술을 끊어야겠다는 생각이 들었다면 모두에게 공유해 주세요. 단, 유일하게 잊지 말아야 할 조건이 있어요. 진심 어린 마음으로 정직해야 한다는 것입니다. 그리고 자신의 이야기를 쓰는 것이 회복의 여정에서 자유를 찾고 아픔을 치유하는 강력한 방법이라는 것도요.

기회가 된다면 독립적인 개인 블로그를 만들어 보세요. 또는 현재 열심히 운영 중인 소셜 블로그에 가입할 수도 있습니다. 다시 말하지만, 자신의 이야기를 나누고 공유해 주는 것을 고려해 주어 고맙습니다. 당신이 어떤 결정을 내리든 자신의 여정에서 최선을 다하길 바랍니다. 응원합니다.

당신이 얼마나 대단한지 절대로 잊지 마세요.

"당신이 얼마나 강한지를 안다면, 당신은 아주 강한 것이다."

– 요기 바쟌(Yogi Bhajan)

사랑을 담아
애니 그레이스

P.S. 저는 알코올의 가슴 아픈 문제를 함께 고민하고 해결하기 위해 전체 도서 수익금의 일부를 기부하고 있습니다. 제 웹사이트 https://thisnakedmind.com/에 오시면 동참하실 수 있습니다.

P.P.S. 많은 독자가 자신의 무의식적 마음을 굳건히 다지기 위해 온라인 강좌에 참여하고 있답니다. 여러분도 함께 참여하시면 어떨까요? 자세한 내용은 https://thisnakedmind.com/을 참조하세요(https://thisnakedmind.com/reader).

이 책을 즐겁게 읽었다면, 서평을 남겨 주세요. 저에게 큰 힘이 됩니다. 감사해요!

■ 미주 ■

1   Bergland, C. (2014, March 20). *New Clues on the Inner Workings of the Unconscious Mind.* Retrieved May 21, 2015, from https://www.psychologytoday.com/blog/the-athletes-way/201403/new-clues-the-inner-workings-the-unconscious-mind

2   Carey, B. (2007, July 31). *Who's Minding the Mind?* The New York Times. Retrieved from http://www.nytimes.com/2007/07/31/health/psychology/31subl.html?pagewanted=all&_r=0

3   Bergland, C. (2014, March 20). *New Clues on the Inner Workings of the Unconscious Mind.* Retrieved May 21, 2015, from https://www.psychologytoday.com/blog/the-athletes-way/201403/new-clues-the-inner-workings-the-unconscious-mind

4   Bergland, C. (2014, March 20). *New Clues on the Inner Workings of the Unconscious Mind.* Retrieved May 21, 2015, from https://www.psychologytoday.com/blog/the-athletes-way/201403/new-clues-the-inner-workings-the-unconscious-mind

5   Polk, T. A. (Creator & Director) (2015, March 6). *The Addictive Brain.* Lecture conducted from The Great Courses.

6   *The Conscious, Subconscious, And Unconscious Mind-How Does It All Work?* (2014, March 13). Retrieved May 21, 2015, from http://themindunleashed.org/2014/03/conscious-subconscious-unconscious-mind-work.html

7   Siedle, E. (2012, September 26). *America's Best Doctor and His Miracle Cures: Dr. John E. Sarno.* Retrieved August 12, 2015, from http://www.forbes.com/sites/edwardsiedle/2012/09/26/americans-best-doctor-and-his-miracle-cures-dr-john-e-sarno/

8   Sarno, J. (1991). *The Manifestations of TMS. In Healing Back Pain: The Mind-body Connection* (1st ed., p. 16). New York, NY: Warner Books.

9   Hoyt, T. (n.d.). *Carl Jung on the Shadow.* Retrieved August 12, 2015, from http://www.practicalphilosophy.net/?page_id=952

10 Ozanich, S. (2011). *The Mind's Eyewitnesses. In The Great Pain Deception; Faulty Medical Advice is Making Us Worse* (pp. 145-151). Warren, OH: Silver Cord Records.

11 Heffley, S. (n.d.). *It's now a proven fact-Your unconscious mind is running your life!* Retrieved May 21, 2015, from http://www.lifetrainings.com/Your-unconscious-mind-is-running-you-life.html

12 Heffley, S. (n.d.). *It's now a proven fact-Your unconscious mind is running your life!* Retrieved May 21, 2015, from http://www.lifetrainings.com/Your-unconscious-mind-is-running-you-life.html

13 Gray, D. [Dave Gray]. (2015, January 23). *Liminal Thinking The Pyramid of Belief.* [Video file]. Retrieved from https://www.youtube.com/watch?v=2G_h4mnAMJg

14 Gray, D. [Dave Gray]. *Liminal Thinking How Beliefs Shape Everything and What To Do About It* (2015)

15 Gray, D. [Dave Gray]. (2015, January 23). *Liminal Thinking The Pyramid of Belief.* [Video file]. Retrieved from https://www.youtube.com/watch?v=2G_h4mnAMJg

16 Gray, D. [Dave Gray]. (2015, January 23). *Liminal Thinking The Pyramid of Belief.* [Video file]. Retrieved from https://www.youtube.com/watch?v=2G_h4mnAMJg

17   *The Conscious, Subconscious, And Unconscious Mind-How Does It All Work?* (2014, March 13). Retrieved May 21, 2015, from http://themindunleashed.org/2014/03/conscious-subconscious-unconscious-mind-work.html

18   Weller, L. (2014, December 15). *How To Easily Harness The Power Of Your Subconscious Mind.* Retrieved May 21, 2015, from http://www.binauralbeatsfreak.com/spirituality/how-to-easily-harness-the-power-of-your-subconscious-mind

19   Gray, D. [Dave Gray]. (2015, January 23). *Liminal Thinking The Pyramid of Belief.* 3:40-3:56. [Video file]. Retrieved from https://www.youtube.com/watch?v=2G_h4mnAMJg

20   Gray, D. [Dave Gray]. (2015, January 23). *Liminal Thinking The Pyramid of Belief.* 3:40-3:56. [Video file]. Retrieved from https://www.youtube.com/watch?v=2G_h4mnAMJg

21   Harris, D. (n.d.). *10% happier: How I tamed the voice in my head, reduced stress without losing my edge, and found self-help that actually works: A true story.*

22   Weller, L. (2014, December 15). *How To Easily Harness The Power Of Your Subconscious Mind.* Retrieved May 21, 2015, from http://www.binauralbeatsfreak.com/spirituality/how-to-easily-harness-the-power-of-your-subconscious-mind

23   Alcohol Facts and Statistics. (n.d.). Retrieved August 13, 2015, from http://www.niaaa.nih.gov/alcohol-health/overview-alcohol-consumption/alcohol-facts-and-statistics

24   Cook, Philip J. (2007). *Paying the Tab: The Costs and Benefits of Alcohol Control.* Princeton University Press.

25   Vale, J. (1999). *Kick the Drink... Easily!* Bancyfelin: Crown House. (p. 77)

26   Prosthetic Limbs, Controlled by Thought. (2015, May 20). Retrieved August 13, 2015.

27   Surgeon Promising Head Transplant Now Asks America for Help.

(2015, June 12). Retrieved August 13, 2015.

28   Genetic Science Learning Center (2014, June 22) Genes and Addiction. Learn. Genetics. Retrieved May 20, 2015, from http://learn.genetics.utah.edu/content/addiction/genes

29   Polk, T. A. (Creator & Director) (2015, March 6). *The Addictive Brain*. Lecture conducted from The Great Courses.

30   Vale, J. (1999). *Kick the Drink... Easily!* Bancyfelin: Crown House.

31   Polk, T. A. (Creator & Director) (2015, March 6). The Addictive Brain. Lecture conducted from The Great Courses.

32   Genetic Science Learning Center (2014, June 22) Genes and Addiction. Learn. Genetics. Retrieved May 20, 2015, from http://learn.genetics.utah.edu/content/addiction/genes

33   A. A. General Service Office. (2015, May 26). Estimates of A.A. Groups and Members as of January 1, 2015. Retrieved August 12, 2015, from http://www.aa.org/assets/en_US/smf-53_en.pdf

34   Alcoholics Anonymous World Services, Inc. (2001). *Alcoholics Anonymous: The big book*-4th ed.-(4th. ed.). New York City, NY: Alcoholics Anonymous World Services.

35   Alcoholics Anonymous World Services, Inc. (2001). *Alcoholics Anonymous: The big book*-4th ed.-(4th. ed.). New York City, NY: Alcoholics Anonymous World Services.

36   Alcoholics Anonymous World Services, Inc. (2001). *Alcoholics Anonymous: The big book*-4th ed.-(4th. ed.). New York City, NY: Alcoholics Anonymous World Services.

37   Alcoholics Anonymous World Services, Inc. (2001). *Alcoholics Anonymous: The big book*-4th ed.-(4th. ed.). New York City, NY: Alcoholics Anonymous World Services.

38   Anon. 1984. Alcoholism-an illness. In *This is A.A. an Introduction to the A.A. Recovery Program*. New York, NY: A.A. Publications.

39   Alcoholics Anonymous World Services, Inc. (2001). *Alcoholics Anonymous: The big book*-4th ed.-(4th. ed.). New York City, NY:

Alcoholics Anonymous World Services.

40 National Institute on Alcohol Abuse and Alcoholism. (2015, March 1). Alcohol Facts and Statistics. Retrieved June 15, 2015, from http://www.niaaa.nih.gov/alcohol-health/overview-alcohol-consumption/alcohol-facts-and-statistics

41 Anon. 1984. Alcoholism-an illness. In *This is A.A. an Introduction to the A.A. Recovery Program.* New York, NY: A.A. Publications.

42 Carr, Allen. *The Easy Way to Stop Drinking* (2005) Sterling Publishing Co, Inc. (p. 167)

43 Carr, Allen. *The Easy Way to Stop Drinking* (2003) Sterling Publishing Co. Inc.

44 Polk, T. A. (Creator & Director) (2015, March 6). The Addictive Brain. Lecture conducted from The Great Courses.

45 Kraft, S. (2011, February 11). "WHO Study: Alcohol Is International Number One Killer, AIDS Second." *Medical News Today.* Retrieved from http://www.medicalnewstoday.com/articles/216328.php

46 *High-Risk Drinking in College: What We Know and What We Need To Learn.* (2005, September 23). Retrieved May 20, 2015, from http://www.collegedrinkingprevention.gov/niaaacollegematerials/panel01/highrisk_05.aspx + Study in Link: (Wechsler H, Dowdall GW, Davenport A, Castillo S. Correlates of college student binge drinking. American Journal of Public Health 85(7):921-926, 1995a.).

47 Castillo, S. (2014, August 17). *How Habits Are Formed, And Why They're So Hard To Change.* Retrieved August 12, 2015, from http://www.medicaldaily.com/how-habits-are-formed-and-why-theyre-so-hard-change-298372

48 Castillo, S. (2014, August 17). *How Habits Are Formed, And Why They're So Hard To Change.* Retrieved August 12, 2015, from http://www.medicaldaily.com/how-habits-are-formed-and-why-theyre-so-hard-change-298372

49 Vale, J. (1999). *Kick the Drink... Easily!* Bancyfelin: Crown House.

50   National Foreign Assessment Center (U.S.); United States. Central Intelligence Agency. (n.d.). The world fact book. Retrieved August 12, 2015, from https://www.worldcat.org/title/world-factbook/oclc/671783777?referer=di&ht=edition

51   Berger, Jonah. *Contagious: Why Things Catch On* (2013) Simone & Schuster. (p. 150, 151)

52   Carr, Allen. *The Easy Way to Stop Drinking* (2003) Sterling Publishing Co. Inc.

53   Kraft, S. (2011, February 11). "WHO Study: Alcohol Is International Number One Killer, AIDS Second." *Medical News Today.* Retrieved from http://www.medicalnewstoday.com/articles/216328.php

54   Vale, Jason. *Kick the Drink... Easily!* (1999) Crown House Publishing Ltd.

55   Goldstein, R., Almenberg, J., Dreber, A., Emerson, J., Herschkowitsch, A., & Katz, J. (2008, April 18). AAWE Working Paper No. 16 *Do More Expensive Wines Taste Better? Evidence From a Large Sample of Blind Tastings* (V. Ginsburgh, Ed.). Retrieved August 12, 2015, from http://www.wine-economics.org/workingpapers/AAWE_WP16.pdf

56   Bohannon, J. Goldstein, R. & Herschkowitsch, A. (2009, April) AAWE Working Paper No. 16 Can People Distinguish Pâté From Dog Food? (V. Ginsburgh, Ed.). Retrieved August 12, 2015, from http://www.wine-economics.org/workingpapers/AAWE_WP36.pdf

57   Kempton, M., Ettinger, U., Foster, R., Williams, S., Calert, G., Hampshire, A., ⋯⋯ Smith, M. (2010). Dehydration affects brain structure and function in healthy adolescents. Retrieved May 21, 2015, from http://www.ncbi.nlm.nih.gov/pubmed/20336685

58   Carr, Allen. *The Easy Way to Stop Drinking* (2003) Sterling Publishing Co. Inc.

59   Berger, Jonah. *Contagious: Why Things Catch On* (2013) Simone & Schuster.

60   Nutt, D., King, L., & Phillips, L. (2010). Drug harms in the UK: A multicriteria decision analysis. Drug & Alcohol Misuse, 376(9752), 1558-1565.

61   Kraft, S. (2011, February 11). "WHO Study: Alcohol Is International Number One Killer, AIDS Second." *Medical News Today.* Retrieved from http://www.medicalnewstoday.com/articles/216328.php

62   One in 10 deaths among working-age adults due to excessive drinking. (2014, June 26). Retrieved May 21, 2015, from http://www.cdc.gov/media/releases/2014/p0626-excessive-drinking.html

63   Stahre M, Rober J, Kanny D, Brewer RD, Zhang X. Contribution of Excessive Alcohol Consumption to Deaths and Years of Potential Life Lost in the United States. Prev Chronic Dis 2014;11:130293. DOI: http://dx.doi.org/10.5888/pcd11.130293

64   "2013 Mortality Multiple Cause Micro-data Files," US Centers for Disease Control (Atlanta, GA), December 2014, Table 10, pp. 19-23. http://www.cdc.gov/nchs/nvss/mortality_public_use_data.htm

65   De Oliveira, E. (2000). Alcohol Consumption Raises HDL Cholesterol Levels by Increasing the Transport Rate of Apolipoproteins A-I and A-II. Clinical Investigation and Reports, 102, 2347-2352. doi:10.1161/01.CIR.102.19.2347

66   Holahan, C. (2010). Late-Life Alcohol Consumption and 20-Year Mortality. Alcoholism: Clinical and Experimental Research, 34(11).

67   Höfer, T., Przyrembel, H., & Verleger, S. (2004). New evidence for the Theory of the Stork. Retrieved May 20, 2015, from http://web.stanford.edu/class/hrp259/2007/regression/storke.pdf

68   Carr, Allen. *The Easy Way to Stop Drinking* (2005) Sterling Publishing Co, Inc. (p. 144)

69   Beyond hangovers: Understanding alcohol's impact on your health. (Vol. 13). (2010). Bethesda, MD: U.S. Dept. of Health and Human Services, National Institutes of Health, National Institute on Alcohol Abuse and Alcoholism.

70 Neuroscience: Pathways to Alcohol Dependence. (2009). Alcohol Alert, 77.

71 Beyond hangovers: Understanding alcohol's impact on your health. (Vol. 13). (2010). Bethesda, MD: U.S. Dept. of Health and Human Services, National Institutes of Health, National Institute on Alcohol Abuse and Alcoholism.

72 Polk, T. A. (Creator & Director) (2015, March 6). *The Addictive Brain*. Lecture conducted from The Great Courses.

73 DiSalvo, D. (2012, October 16). What Alcohol Really Does to Your Brain. Retrieved May 22, 2015, from http://www.forbes.com/sites/daviddisalvo/2012/10/16/what-alcohol-really-does-to-your-brain/

74 Beyond hangovers: Understanding alcohol's impact on your health. (Vol. 13). (2010). Bethesda, MD: U.S. Dept. of Health and Human Services, National Institutes of Health, National Institute on Alcohol Abuse and Alcoholism.

75 Beyond hangovers: Understanding alcohol's impact on your health. (Vol. 13). (2010). Bethesda, MD: U.S. Dept. of Health and Human Services, National Institutes of Health, National Institute on Alcohol Abuse and Alcoholism.

76 Beyond hangovers: Understanding alcohol's impact on your health. (Vol. 13). (2010). Bethesda, MD: U.S. Dept. of Health and Human Services, National Institutes of Health, National Institute on Alcohol Abuse and Alcoholism.

77 Beyond hangovers: Understanding alcohol's impact on your health. (Vol. 13). (2010). Bethesda, MD: U.S. Dept. of Health and Human Services, National Institutes of Health, National Institute on Alcohol Abuse and Alcoholism.

78 Beyond hangovers: Understanding alcohol's impact on your health. (Vol. 13). (2010). Bethesda, MD: U.S. Dept. of Health and Human Services, National Institutes of Health, National Institute on Alcohol

Abuse and Alcoholism.

79   Beyond hangovers: Understanding alcohol's impact on your health. (Vol. 13). (2010). Bethesda, MD: U.S. Dept. of Health and Human Services, National Institutes of Health, National Institute on Alcohol Abuse and Alcoholism.

80   Beyond hangovers: Understanding alcohol's impact on your health. (Vol. 13). (2010). Bethesda, MD: U.S. Dept. of Health and Human Services, National Institutes of Health, National Institute on Alcohol Abuse and Alcoholism.

81   Hypertensive heart disease: MedlinePlus Medical Encyclopedia. (2014, May 13). Retrieved June 15, 2015, from http://www.nlm.nih.gov/medlineplus/ency/article/000163.htm

82   Health Consequences of Excess Drinking. (n.d.). Retrieved June 15, 2015, from http://www.alcoholscreening.org/Learn-More.aspx?topicID=8&articleID=26

83   Beyond hangovers: Understanding alcohol's impact on your health. (Vol. 13). (2010). Bethesda, MD: U.S. Dept. of Health and Human Services, National Institutes of Health, National Institute on Alcohol Abuse and Alcoholism.

84   Beyond hangovers: Understanding alcohol's impact on your health. (Vol. 13). (2010). Bethesda, MD: U.S. Dept. of Health and Human Services, National Institutes of Health, National Institute on Alcohol Abuse and Alcoholism.

85   Beyond hangovers: Understanding alcohol's impact on your health. (Vol. 13). (2010). Bethesda, MD: U.S. Dept. of Health and Human Services, National Institutes of Health, National Institute on Alcohol Abuse and Alcoholism.

86   Beyond hangovers: Understanding alcohol's impact on your health. (Vol. 13). (2010). Bethesda, MD: U.S. Dept. of Health and Human Services, National Institutes of Health, National Institute on Alcohol Abuse and Alcoholism.

87 Beyond hangovers: Understanding alcohol's impact on your health. (Vol. 13). (2010). Bethesda, MD: U.S. Dept. of Health and Human Services, National Institutes of Health, National Institute on Alcohol Abuse and Alcoholism.

88 Beyond hangovers: Understanding alcohol's impact on your health. (Vol. 13). (2010). Bethesda, MD: U.S. Dept. of Health and Human Services, National Institutes of Health, National Institute on Alcohol Abuse and Alcoholism.

89 Beyond hangovers: Understanding alcohol's impact on your health. (Vol. 13). (2010). Bethesda, MD: U.S. Dept. of Health and Human Services, National Institutes of Health, National Institute on Alcohol Abuse and Alcoholism.

90 Beyond hangovers: Understanding alcohol's impact on your health. (Vol. 13). (2010). Bethesda, MD: U.S. Dept. of Health and Human Services, National Institutes of Health, National Institute on Alcohol Abuse and Alcoholism.

91 Rehm J, Shield K Alcohol consumption. In: Stewart BW, Wild CB, eds. World Cancer Report 2014. Lyon, France: International Agency for Research on Cancer; 2014.

92 Bagnardi V, Rota M, Botteri E, et al. Light alcohol drinking and cancer: a meta-analysis. Ann Oncol. 2013;24:301-308. Abstract

93 Allen, N., Beral, V., Casabonne, D., Kan, S., Reeves, G., Brown, A., & Green, J. (2009). Moderate Alcohol Intake and Cancer Incidence in Women. JNCI Journal of the National Cancer Institute, 101(5), 296-305. doi:10.1093/jnci/djn514

94 How alcohol causes cancer. (2015, March 23). Retrieved May 20, 2015, from http://www.cancerresearchuk.org/about-cancer/ causes-of-cancer/alcohol-and-cancer/how-alcohol-causes-cancer

95 Drinking Alcohol. (n.d.). Retrieved May 22, 2015, from www.breastcancer.org/risk/factors/alcohol

96   How alcohol causes cancer. (2015, March 23). Retrieved May 20, 2015, from http://www.cancerresearchuk.org/about-cancer/causes-of-cancer/alcohol-and-cancer/how-alcohol-causes-cancer

97   How alcohol causes cancer. (2015, March 23). Retrieved May 20, 2015, from http://www.cancerresearchuk.org/about-cancer/causes-of-cancer/alcohol-and-cancer/how-alcohol-causes-cancer

98   How alcohol causes cancer. (2015, March 23). Retrieved May 20, 2015, from http://www.cancerresearchuk.org/about-cancer/causes-of-cancer/alcohol-and-cancer/how-alcohol-causes-cancer

99   Drinking Alcohol and Breast Cancer Risk. (2015, May 7). Retrieved May 22, 2015, from http://ww5.komen.org/breastcancer/table3alcoholconsumptionandbreastcancerrisk.html

100 U.S. Breast Cancer Statistics. (2015, May 11). Retrieved May 22, 2015, from http://www.breastcancer.org/symptoms/understand_bc/statistics

101 Alcohol drinking. IARC Working Group, Lyon, 13-20 October 1987. IARC Monogr Eval Carcinog Risks Hum. 1988;44:1-378. Abstract

102 Lachenmeier DW, Przbylski MC, Rehm J. Comparative risk assessment of carcinogens in alcoholic beverages using the margin of exposure approach. Int J Cancer. 2012;131:E995-E1003. Abstract

103 How alcohol causes cancer. (2015, March 23). Retrieved May 20, 2015, from http://www.cancerresearchuk.org/about-cancer/causes-of-cancer/alcohol-and-cancer/how-alcohol-causes-cancer

104 Stokowski, L. (2014, April 30). No Amount of Alcohol Is Safe. Retrieved May 20, 2015, from http://www.medscape.com/viewarticle/824237

105 Alcohol Use Disorder. (2013, March 8). Retrieved May 21, 2015,

from http://www.nytimes.com/health/guides/disease/alcoholism/possible-complications.html

106 Alcohol Use Disorder. (2013, March 8). Retrieved May 21, 2015, from http://www.nytimes.com/health/guides/disease/alcoholism/possible-complications.html

107 Stokowski, L. (2014, April 30). No Amount of Alcohol Is Safe. Retrieved May 20, 2015, from http://www.medscape.com/viewarticle/824237

108 Carr, Allen. *The Easy Way to Stop Drinking* (2003) Sterling Publishing Co. Inc.

109 Lynsen, A. (2014, October 10). Alcohol. Retrieved August 12, 2015.

110 "Parenting to Prevent Childhood Alcohol Use." (n.d.). Retrieved August 13, 2015, from http://pubs.niaaa.nih.gov/publications/adolescentflyer/adolflyer.htm

111 One in 10 deaths among working-age adults due to excessive drinking. (2014, June 26). Retrieved May 21, 2015, from http://www.cdc.gov/media/releases/2014/p0626-excessive-drinking.html

112 Carr, Allen. *The Easy Way to Stop Drinking* (2005) Sterling Publishing Co, Inc.

113 Turner, S. & Rocca, L. *The Sober Revolution: Women Calling Time on Wine o'Clock* (2013) Accent Press Ltd.

114 Carey, B. (2007, July 31). *Who's Minding the Mind?* The New York Times. Retrieved from http://www.nytimes.com/2007/07/31/health/psychology/31subl.html?pagewanted=all&_r=0

115 Koch, C. (2011, October 20). *Probing the Unconscious Mind.* Retrieved May 20, 2015, from https://www.scientificamerican.com/article/probing-the-unconscious-mind/

116 Koch, C. (2011, October 20). *Probing the Unconscious Mind.* Retrieved May 20, 2015, from https://www.scientificamerican.com/article/probing-the-unconscious-mind/

117 Harris, D. (n.d.). *10% happier: How I tamed the voice in my head,*

reduced stress without losing my edge, and found self-help that actually works: A true story.

118 "Yalom's Ultimate Concerns". Changingminds.org. Retrieved 2015, May 10.

119 Harris, D. (n.d.). *10% happier: How I tamed the voice in my head, reduced stress without losing my edge, and found self-help that actually works: A true story.*

120 Kraft, S. (2011, February 11). "WHO Study: Alcohol Is International Number One Killer, AIDS Second." *Medical News Today.* Retrieved from http://www.medicalnewstoday.com/articles/216328.php

121 Carr, Allen. *The Easy Way to Stop Drinking* (2005) Sterling Publishing Co, Inc.

122 (2015). *Encyclopedia Britannica.* Retrieved from http://www.britannica.com/science/ethyl-alcohol

123 Cancer figures prompt calls for health warnings on alcohol products. (2015, July 16). Retrieved August 13, 2015, from http://www.northumberlandgazette.co.uk/news/local-news/cancer-figuresprompt-calls-for-health-warnings-on-alcohol-products-1-7361758

124 Weiss, Dr., M. (2011, November 9). Alcohol and Cancer: You Can't Drink to Your Health. Retrieved August 13, 2015.

125 (2014). What's More Dangerous: Marijuana or Alcohol? [Radio series episode]. In Freakonomics. Stephen Dubner.

126 Iliades, C. (2012, January 4). *Why Boozing Can Be Bad for Your Sex Life.* Retrieved May 20, 2015, from http://www.everydayhealth.com/erectile-dysfunction/why-boozing-can-be-bad-for-your-sexlife.aspx

127 Arackal, B., & Benegal, V. (2007). Prevalence of sexual dysfunction in male subjects with alcohol dependence. Retrieved May 20, 2015, from http://www.ncbi.nlm.nih.gov/pmc/articles/PMC2917074/

128 Fillmore, M. (2011, May 4). Acute alcohol-induced impairment of

cognitive functions: Past and present findings: International Journal on Disability and Human Development. Retrieved May 20, 2015, from: http://www.degruyter.com/dg/viewarticle/j$002fijdhd.2007.6 .2$002fijdhd.2007.6.2.115$002fijdhd.2007.6.2.115.xml;jsessionid=78 2F15AAC27867447BE36FADF54D7A42

129 Anderson, P. (2009, April 1). *Is it time to ban alcohol advertising?* Retrieved May 20, 2015, from http://www.ncbi.nlm.nih.gov/ pubmed/19435114

130 Smith, L., & Foxcroft, D. (2009, February 6). The effect of alcohol advertising, marketing and portrayal on drinking behaviour in young people: Systematic review of prospective cohort studies. Retrieved May 20, 2015, from http://www.biomedcentral.com/1471- 2458/9/51

131 Bergland, C. (2014, March 20). *New Clues on the Inner Workings of the Unconscious Mind.* Retrieved May 21, 2015, from https:// www.psychologytoday.com/blog/the-athletes-way/201403/new- clues-the-inner-workings-the-unconscious-mind

132 Bergland, C. (2014, March 20). *New Clues on the Inner Workings of the Unconscious Mind.* Retrieved May 21, 2015, from https:// www.psychologytoday.com/blog/the-athletes-way/201403/new- clues-the-inner-workings-the-unconscious-mind

133 Goldstein, R., Almenberg, J., Dreber, A., Emerson, J., Herschkowitsch, A., & Katz, J. (2008, April 18). AAWE WORKING PAPER No. 16 *Do More Expensive Wines Taste Better? Evidence From a Large Sample of Blind Tastings* (V. Ginsburgh, Ed.). Retrieved August 12, 2015, from http://www.wine-economics.org/ workingpapers/AAWE_WP16.pdf

134 Beck, Craig. *Alcohol Lied to Me: The Intelligent Way to Stop Drinking* (2003) Viral Success Limited

135 Beck, Craig. *Alcohol Lied to Me: The Intelligent Way to Stop Drinking* (2003) Viral Success Limited

136 Hill, K. (2012, February 16). *How Target Figured Out A Teen Girl Was Pregnant Before Her Father Did*. Retrieved May 20, 2015, from http://www.forbes.com/sites/kashmirhill/2012/02/16/howtarget-figured-out-a-teen-girl-was-pregnant-before-her-father-did/

137 Beck, Craig. *Alcohol Lied to Me: The Intelligent Way to Stop Drinking* (2003) Viral Success Limited.

138 Alcoholism Isn't What It Used To Be. (n.d.). Retrieved November 20, 2009, from http://www.spectrum.niaaa.nih.gov/features/alcoholism.aspx

139 Alcohol Deaths. (2014, June 30). Centers for Disease Control and Prevention. Retrieved August 12, 2015, from http://www.cdc.gov/features/alcohol-deaths/

140 Overdose Death Rates. (2015, February 1). Retrieved May 22, 2015, from http://www.drugabuse.gov/related-topics/trends-statistics/overdose-death-rates

141 Overdose Death Rates. (2015, February 1). Retrieved May 22, 2015, from http://www.drugabuse.gov/related-topics/trends-statistics/overdose-death-rates

142 The Impact of Alcohol Abuse on American Society. (1994). Retrieved May 20, 2015, from http://alcoholicsvictorious.org/faq/impact

143 The Impact of Alcohol Abuse on American Society. (1994). Retrieved May 20, 2015, from http://alcoholicsvictorious.org/faq/impact

144 The Impact of Alcohol Abuse on American Society. (1994). Retrieved May 20, 2015, from http://alcoholicsvictorious.org/faq/impact

145 Polk, T. A. (Creator & Director) (2015, March 6). *The Addictive Brain*. Lecture conducted from The Great Courses.

146 Mohr, M. (2015, April 28). The Role Of Alcohol Use In Sexual Assault. Retrieved May 21, 2015, from http://kinseyconfidential.org/role-alcohol-sexual-assault/

147 Mohr, M. (2015, April 28). The Role Of Alcohol Use In Sexual Assault. Retrieved May 21, 2015, from http://kinseyconfidential.org/

role-alcohol-sexual-assault/

148 Carey, K., Durney, S., Shepardson, R., & Carey, M. (n.d.).
Incapacitated and Forcible Rape of College Women: Prevalence
Across the First Year. *Journal of Adolescent Health,* 678-680.

149 Abbey, A. (2002). Alcohol-related sexual assault: A common
problem among college students. Journal of Studies on Alcohol,
Supplement J. Stud. Alcohol Suppl., (14), 118-128. http://dx.doi.
org/10.15288/jsas.2002.s14.118

150 Abbey, A. (2002). Alcohol-related sexual assault: A common
problem among college students. Journal of Studies on Alcohol,
Supplement J. Stud. Alcohol Suppl., (14), 118-128. http://dx.doi.
org/10.15288/jsas.2002.s14.118

151 Iliades, C. (2012, January 4). *Why Boozing Can Be Bad for Your
Sex Life.* Retrieved May 21, 2015, from http://www.everydayhealth.
com/erectile-dysfunction/why-boozing-can-be-bad-for-your-
sexlife.aspx

152 Cain, S. (2012). *Quiet: The power of introverts in a world that
can't stop talking.* New York: Crown.

153 The Impact of Alcohol Abuse on American Society. (1994). Retrieved
May 20, 2015, from http://alcoholicsvictorious.org/faq/impact

154 Impaired Driving: Get the Facts. (2015, May 19). Retrieved August
13, 2015, from http://www.cdc.gov/motorvehiclesafety/impaired_
driving/impaired-drv_factsheet.html

155 Arackal, B., & Benegal, V. (2007). "Prevalence of sexual dysfunction
in male subjects with alcohol dependence." Retrieved May 20, 2015,
from http://www.ncbi.nlm.nih.gov/pmc/articles/PMC2917074/

156 Duhigg, C. *The Power of Habit: Why we do What we do in Life
and Business* (2012) New York, New York: Random House.

157 Powell, Russel, Honey, P & Symbaluk, Diane. *Introduction to
Learning and Behavior* (2012) Wadwsorth Cengage Learning. (p.
441)

158 Holmes, A. (2012). Chronic alcohol remodels prefrontal neurons and disrupts NMDAR-mediated fear extinction encoding. Nature Neuroscience, 15, 1359-1361-1359-1361. doi:doi:10.1038/nn.3204

159 Polk, T. A. (Creator & Director) (2015, March 6). *The Addictive Brain*. Lecture conducted from The Great Courses.

160 Danbolt, N. (2001). Glutamate as a Neurotransmitter-An overview. Retrieved May 22, 2015, from http://www.neurotransporter.org/glutamate.html

161 DiSalvo, D. (2012, October 16). *What Alcohol Really Does to Your Brain*. Retrieved May 22, 2015, from http://www.forbes.com/sites/daviddisalvo/2012/10/16/what-alcohol-really-does-to-yourbrain/

162 DiSalvo, D. (2012, October 16). *What Alcohol Really Does to Your Brain*. Retrieved May 22, 2015, from http://www.forbes.com/sites/daviddisalvo/2012/10/16/what-alcohol-really-does-to-yourbrain/

163 DiSalvo, D. (2012, October 16). What Alcohol Really Does to Your Brain. Retrieved May 22, 2015, from http://www.forbes.com/sites/daviddisalvo/2012/10/16/what-alcohol-really-does-to-yourbrain/

164 Neuroscience: Pathways to Alcohol Dependence. (2009). Alcohol Alert, 77.

165 DiSalvo, D. (2012, October 16). *What Alcohol Really Does to Your Brain*. Retrieved May 22, 2015, from http://www.forbes.com/sites/daviddisalvo/2012/10/16/what-alcohol-really-does-to-yourbrain/

166 Watson, S. (2005, June 8). *How Alcoholism Works*. Retrieved May 22, 2015, from http://science.howstuffworks.com/life/inside-the-mind/human-brain/alcoholism4.htm

167 One in 10 deaths among working-age adults due to excessive drinking. (2014, June 26). Retrieved May 21, 2015, from http://www.cdc.gov/media/releases/2014/p0626-excessive-drinking.html

168 Neuroscience: Pathways to Alcohol Dependence. (2009). Alcohol Alert, 77.

169 DiSalvo, D. (2012, October 16). *What Alcohol Really Does to Your*

Brain. Retrieved May 22, 2015, from http://www.forbes.com/sites/daviddisalvo/2012/10/16/what−alcohol−really−does−to−yourbrain/

170 Vale, Jason. *Kick the Drink... Easily!* (2011) Crown House Publishing Ltd.

171 Vale, Jason. *Kick the Drink... Easily!* (2011) Crown House Publishing Ltd.

172 Hitti, M. (2005, January 19). 1/3 Fully Recover From Alcoholism. Retrieved May 21, 2015, from http://www.webmd.com/mental−health/addiction/news/20050119/13−fully−recover−fromalcoholism

173 Flanagin, J. (2014, March 25). *The Surprising Failures of 12 Steps.* Retrieved June 15, 2015, from http://www.theatlantic.com/health/archive/2014/03/the−surprising−failures−of−12−steps/284616/

174 *Alcoholism Isn't What It Used To Be.* (n.d.). Retrieved November 20, 2009, from http://www.spectrum.niaaa.nih.gov/features/alcoholism.aspx

175 Polk, T. A. (Creator & Director) (2015, March 6). *The Addictive Brain.* Lecture conducted from The Great Courses.

176 Duhigg, C. *The Power of Habit: Why we do What we do in Life and Business* (2012). New York, New York: Random House.

177 Alcohol and Crime. (1998). Retrieved May 21, 2015, from https://ncadd.org/learn−about−alcohol/alcohol−and−crime

178 Alcohol and Crime. (1998). Retrieved May 21, 2015, from https://ncadd.org/learn−about−alcohol/alcohol−and−crime

179 Alcohol Use Disorder. (2013, March 8). Retrieved May 21, 2015, from http://www.nytimes.com/health/guides/disease/alcoholism/possible−complications.html

180 The Impact of Alcohol Abuse on American Society. (1994). Retrieved May 20, 2015, from http://alcoholicsvictorious.org/faq/impact

181 The Impact of Alcohol Abuse on American Society. (1994). Retrieved May 20, 2015, from http://alcoholicsvictorious.org/faq/impact

182 Alcohol Awareness. (n.d.). Retrieved May 21, 2015, from http://

publichealth.hsc.wvu.edu/alcohol/effects-on-society/children-of-alcoholics/

183 Vale, J. (1999). *Kick the Drink... Easily!* Bancyfelin: Crown House.

184 Vale, J. (1999). *Kick the Drink... Easily!* Bancyfelin: Crown House.

185 Polk, T. A. (Creator & Director) (2015, March 6). *The Addictive Brain*. Lecture conducted from The Great Courses.

186 Polk, T. A. (Creator & Director) (2015, March 6). *The Addictive Brain*. Lecture conducted from The Great Courses.

187 Polk, T. A. (Creator & Director) (2015, March 6). *The Addictive Brain*. Lecture conducted from The Great Courses.

188 Polk, T. A. (Creator & Director) (2015, March 6). *The Addictive Brain*. Lecture conducted from The Great Courses.

189 Vale, J. (1999). *Kick the Drink... Easily!* Bancyfelin: Crown House.

190 Vale, J. (1999). *Kick the Drink... Easily!* Bancyfelin: Crown House.

191 Carr, A. (2005). *The Easy Way to Stop Drinking*. Sterling Publishing Co, Inc. (p. 154)

192 Carr, Allen. *The Easy Way to Stop Drinking*. (2005) Sterling Publishing Co, Inc. (p. 60)

193 Brière, F., Rohde, P., Seeley, J., & Klein, D. (2013, October 22). Comorbidity between major depression and alcohol use disorder from adolescence to adulthood. Retrieved May 21, 2015, from http://www.sciencedirect.com/science/article/pii/S0010440X13003088

194 Turner, S. & Rocca, L. (2013). *The Sober Revolution: Women Calling Time on Wine o'Clock*. Accent Press Ltd.

195 Turner, S. & Rocca, L. (2013). *The Sober Revolution: Women Calling Time on Wine o'Clock*. Accent Press Ltd.

196 Carr, Allen. *The Easy Way to Stop Drinking*. (2005) Sterling Publishing Co, Inc. (p. 144)

197 Polk, T. A. (Creator & Director) (2015, March 6). *The Addictive Brain*. Lecture conducted from The Great Courses.

198 Polk, T. A. (Creator & Director) (2015, March 6). *The Addictive*

Brain. Lecture conducted from The Great Courses.

199   Vale, J. (1999). *Kick the Drink... Easily!* Bancyfelin: Crown House.

200   Vale, J. (1999). *Kick the Drink... Easily!* Bancyfelin: Crown House. (p. 77)

201   Hepola, Sarah. *Blackout* (2015) Grand Central Publishing. (p. 17)

202   Melina, B. (2010, November 16). Why Do Medical Researchers Use Mice? Retrieved August 13, 2015.

203   Hari, J. (2015, January 20). *The Likely Cause of Addiction Has Been Discovered, and It Is Not What You Think.* Retrieved May 21, 2015, from http://www.huffingtonpost.com/johann-hari/the-real-cause-of-addicti_b_6506936.html

204   Turner, Sarah & Rocca, Lucy. *The Sober Revolution: Women Calling Time on Wine o'Clock* (2013) Accent Press Ltd.

205   Turner, S. & Rocca, L. *The Sober Revolution: Women Calling Time on Wine o'Clock* (2013) Accent Press Ltd.

206   The Impact of Alcohol Abuse on American Society. (1994). Retrieved May 20, 2015, from http://alcoholicsvictorious.org/faq/impact

207   *What Happens During an Alcohol Detox and How Long Does It Last?* (2012, January 13). Retrieved August 13, 2015.

208   Polk, T. A. (Creator & Director) (2015, March 6). *The Addictive Brain.* Lecture conducted from The Great Courses.

209   Polk, T. A. (Creator & Director) (2015, March 6). *The Addictive Brain.* Lecture conducted from The Great Courses.

210   Polk, T. A. (Creator & Director) (2015, March 6). *The Addictive Brain.* Lecture conducted from The Great Courses.

211   Polk, T. A. (Creator & Director) (2015, March 6). *The Addictive Brain.* Lecture conducted from The Great Courses.

212   Polk, T. A. (Creator & Director) (2015, March 6). *The Addictive Brain.* Lecture conducted from The Great Courses.

213   Polk, T. A. (Creator & Director) (2015, March 6). *The Addictive Brain.* Lecture conducted from The Great Courses.

214 Polk, T. A. (Creator & Director) (2015, March 6). *The Addictive Brain*. Lecture conducted from The Great Courses.

215 Polk, T. A. (Creator & Director) (2015, March 6). *The Addictive Brain*. Lecture conducted from The Great Courses.

216 Littlefield, A., & Sher, K. (2010). The Multiple, Distinct Ways that Personality Contributes to Alcohol Use Disorders. Social and Personality Psychology Compass, 767–782.

217 Littlefield, A., & Sher, K. (2010). The Multiple, Distinct Ways that Personality Contributes to Alcohol Use Disorders. Social and Personality Psychology Compass, 767–782.

218 Littlefield, A., & Sher, K. (2010). The Multiple, Distinct Ways that Personality Contributes to Alcohol Use Disorders. Social and Personality Psychology Compass, 767–782.

219 Turner, S. & Rocca, L. *The Sober Revolution: Women Calling Time on Wine o'Clock* (2013) Accent Press Ltd.

220 Pompili, M., Serafini, G., Innamorati, M., Dominici, G., Ferracuti, S., Kotzalidis, G., ⋯⋯ Lester, D. (2010, March 29). Suicidal Behavior and Alcohol Abuse. Retrieved May 22, 2015, from http://www.ncbi.nlm.nih.gov/pmc/articles/PMC2872355/

221 Pedersen, T. (2014). One-Third of Suicides Involve Heavy Alcohol Consumption. Psych Central. Retrieved on May 22, 2015, from http://psychcentral.com/news/2014/06/21/one-third-of-suicides-involve-heavy-alcohol-consumption/71515.html

222 Carey, B. (2007, July 31). *Who's Minding the Mind?* The New York Times. Retrieved from http://www.nytimes.com/2007/07/31/health/psychology/31subl.html?pagewanted=all&_r=0

223 Horsley, V., & Sturge, M. (1907). *Alcohol and the human body: An introduction to the study of the subject*. London: Macmillan and.

224 Carr, Allen. *The Easy Way to Stop Drinking* (2005) Sterling Publishing Co, Inc. (p. 262)

225 Polk, T. A. (Creator & Director) (2015, March 6). *The Addictive*

Brain. Lecture conducted from The Great Courses.

226 Polk, T. A. (Creator & Director) (2015, March 6). *The Addictive Brain*. Lecture conducted from The Great Courses.

227 Polk, T. A. (Director) (2015, March 6). *The Addictive Brain*. Lecture conducted from The Great Courses. Chapter 3.

228 Schultz, Wolfram, Peter Dayan, and P. Read Montague. "A Neural Substrate of Prediction and Reward." *Science* 275, no. 5306 (1997): 1593-599. Accessed July 27, 2015. doi:10.1126/science.275.5306.1593.

229 Robinson, T., & Berridge, K. (1993). The neural basis of drug craving: An incentive sensitization theory of addiction. *Brain Research Reviews,* 18, 247-291. Retrieved July 27, 2015, from http://deepblue.lib.umich.edu/bitstream/handle/2027.42/30601/0000238.pdf?sequence=1

230 Robinson, T., & Berridge, K. (1993). The neural basis of drug craving: An incentive sensitization theory of addiction. *Brain Research Reviews,* 18, 247-291. Retrieved July 27, 2015, from http://deepblue.lib.umich.edu/bitstream/handle/2027.42/30601/0000238.pdf?sequence=1

231 Robinson, T., & Berridge, K. (1993). "The neural basis of drug craving: An incentive sensitization theory of addiction". *Brain Research Reviews,* 18, 247-291. Retrieved July 27, 2015, from http://deepblue.lib.umich.edu/bitstream/handle/2027.42/30601/0000238.pdf?sequence=1

232 Turner, Sarah & Rocca, Lucy. *The Sober Revolution: Women Calling Time on Wine o'Clock* (2013) Accent Press Ltd.

233 Gupta, D., & Cohen, E. (2010, October 19). "Brain chemical may explain alcoholism gender differences." Retrieved May 22, 2015, from http://thechart.blogs.cnn.com/2010/10/19/brain-chemical-may-explain-alcoholism-gender-differences/

234 *One in 10 deaths among working-age adults due to excessive*

drinking. (2014, June 26). Retrieved May 21, 2015, from http://www.cdc.gov/media/releases/2014/p0626-excessive-drinking.html

235 Levitin, D. (2015, January 18). *Why the modern world is bad for your brain*. Retrieved August 13, 2015.

236 Polk, T. A. (Creator & Director) (2015, March 6). *The Addictive Brain*. Lecture conducted from The Great Courses.

237 Polk, T. A. (Creator & Director) (2015, March 6). *The Addictive Brain*. Lecture conducted from The Great Courses.

238 Lachenmeier, D., & Rehm, J. (2015). Comparative risk assessment of alcohol, tobacco, cannabis and other illicit drugs using the margin of exposure approach. Scientific Reports Sci. Rep., 5, 8126-8126. doi:10.1038/srep08126

239 Jackson, C., Ennett, S., Dickinson, D., & Bowling, J. (2012). Letting Children Sip. Archives of Pediatrics & Adolescent Medicine Arch Pediatr Adolesc Med, 166(11), 1053-1053. doi:10.1001/archpediatrics.2012.1198

240 Overdose Death Rates. (2015, February 1). Retrieved May 22, 2015, from http://www.drugabuse.gov/related-topics/trends-statistics/overdose-death-rates

241 Kraft, S. (2011, February 11). "WHO Study: Alcohol Is International Number One Killer, AIDS Second." *Medical News Today*. Retrieved from http://www.medicalnewstoday.com/articles/216328.php

242 Lachenmeier, D., & Rehm, J. (2015). Comparative risk assessment of alcohol, tobacco, cannabis and other illicit drugs using the margin of exposure approach. Scientific Reports Sci. Rep., 5, 8126-8126. doi:10.1038/srep08126

243 Lachenmeier, D., & Rehm, J. (2015). Comparative risk assessment of alcohol, tobacco, cannabis and other illicit drugs using the margin of exposure approach. Scientific Reports Sci. Rep., 5, 8126-8126. doi:10.1038/srep08126

244 Carr, Allen. *The Easy Way to Stop Drinking* (2005) Sterling

Publishing Co, Inc.

245 Carey, B. (2007, July 31). *Who's Minding the Mind?* The New York Times. Retrieved from http://www.nytimes.com/2007/07/31/health/psychology/31subl.html?pagewanted=all&_r=0

246 *The Conscious, Subconscious, And Unconscious Mind-How Does It All Work?* (2014, March 13). Retrieved May 21, 2015, from http://themindunleashed.org/2014/03/conscious-subconscious-unconscious-mind-work.html

247 *The Conscious, Subconscious, And Unconscious Mind-How Does It All Work?* (2014, March 13). Retrieved May 21, 2015, from http://themindunleashed.org/2014/03/conscious-subconscious-unconscious-mind-work.html

248 Duhigg, C. (2012). Starbucks and the Habit of Success, When Willpower Becomes Automatic. In *The power of habit: Why we do what we do in life and business* (p. 337). New York, New York: Random House.

249 Polk, T. A. (Creator & Director) (2015, March 6). *The Addictive Brain*. Lecture conducted from The Great Courses.

250 Is There a Cure for Alcoholism? (n.d.). Retrieved May 22, 2015, from http://drugabuse.com/is-there-a-cure-for-alcoholism/

251 Polk, T. A. (Creator & Director) (2015, March 6). *The Addictive Brain*. Lecture conducted from The Great Courses.

252 Hari, J. *Chasing the scream: The first and last days of the war on drugs* (2015) Bloomsbury USA.

253 Stahre M, Roeber J, Kanny D, Brewer RD, Zhang X. Contribution of Excessive Alcohol Consumption to Deaths and Years of Potential Life Lost in the United States. Prev Chronic Dis 2014;11:130293. DOI: http://dx.doi.org/10.5888/pcd11.130293

254 Carr, Allen. *The Easy Way to Stop Drinking* (2005) Sterling Publishing Co, Inc. (p. 262)

255 Najmi, S., & Wegner, D. (n.d.). Hidden Complications of Thought

Suppression. *International Journal of Cognitive Therapy*, 210–223.

256 Harris, D. (n.d.). *10% happier: How I tamed the voice in my head, reduced stress without losing my edge, and found self-help that actually works: A true story.* (p. 184)

257 Harris, D. (n.d.). *10% happier: How I tamed the voice in my head, reduced stress without losing my edge, and found self-help that actually works: A true story.* (p. 184)

애니 그레이스(Annie Grace)

미국 콜로라도주 아스펜 외곽에 수도와 전기가 없는 통나무 오두막집에서 자랐다. 자신이 마케팅에 열정적임을 알고 마케팅으로 석사학위를 받은 후, 기업 생활에 뛰어들었다. 26세의 나이에 다국적 기업에서 최연소 부사장이 되었고, 이때부터 음주 경력이 본격적으로 시작되었다. 35세에 세계적인 C-레벨 마케팅에서 28개국 마케팅을 관리하면서 하루에 거의 두 병의 와인을 마셨다.

결국 변화가 필요하다는 것을 알았고, 박탈감과 낙인찍힌 삶에 굴복하지 않겠다는 굳은 결심을 하게 되면서 통제력을 회복할 수 있는 고통 없는 길을 찾기 시작했다. 애니는 더 이상 술을 마시지 않는다. 그리고 더 행복한 하루하루를 보내고 있다. 애니는 『벌거벗은 마음』을 쓰고 전 세계와 공유하기 위해 자신의 임원직을 떠났다. 여가 시간에는 스키를 타거나 여행하는 것을 좋아하고 아름다운 가족과 함께 시간 보내는 것을 즐긴다. 애니는 남편, 두 아들과 함께 콜로라도 산자락에서 산다.

역자 소개

김성재(Sungjae Kim)
서울대학교 간호대학 정신간호학 박사
전 한국정신간호학회장
　　한국중독전문가협회장
현 서울대학교 간호대학 교수

박경은(Kyungeun Park)
성균관대학교 사범대학 교육학 박사
중독전문가 1급
국제중독전문가 1급
현 삼육대학교 중독과학과 박사과정

주세진(Sejin Ju)
서울대학교 간호대학 정신간호학 박사
전 한국중독전문가협회장
　　콜롬보플랜 국제중독전문가 한국대표
　　천안시중독관리통합지원센터장
현 남서울대학교 간호학과, 중독재활 상담대학원 교수

벌거벗은 마음
알코올중독에서 벗어나 인생의 자유와 행복 찾기
This Naked Mind
Control Alcohol, Find Freedom, Discover Happiness & Change Your Life

2021년 2월 25일 1판 1쇄 발행
2022년 2월 10일 1판 2쇄 발행

지은이 • Annie Grace
옮긴이 • 김성재 · 박경은 · 주세진
펴낸이 • 김 진 환
펴낸곳 • (주) **학지사**

　　　　04031 서울특별시 마포구 양화로 15길 20 마인드월드빌딩 5층
대표전화 • 02) 330-5114　　　팩스 • 02) 324-2345
등록번호 • 제313-2006-000265호
홈페이지 • http://www.hakjisa.co.kr
페이스북 • https://www.facebook.com/hakjisabook

ISBN 978-89-997-2341-4　03180

정가 **16,000**원

출판 · 교육 · 미디어기업 **학지사**

간호보건의학출판 **학지사메디컬** www.hakjisamd.co.kr
심리검사연구소 **인싸이트** www.inpsyt.co.kr
학술논문서비스 **뉴논문** www.newnonmun.com
원격교육연수원 **카운피아** www.counpia.com